Michael Klevenhaus

Grammatikübungsbuch
SCHOTTISCH-GÄLISCH

BUSKE

Michael Klevenhaus, geb. 1961, studierte Schottisch-Gälisch am »College Sabhal Mòr Ostaig« auf der Isle of Skye und schloss im Jahre 2008 als erster Deutscher sein Studium der schottischen Landeskunde auf Gälisch mit einem M.A. ab. Er ist Leiter des von ihm 2002 gegründeten »Deutschen Zentrums für Gälische Sprache und Kultur« in Bonn, der ersten und einzigen professionellen Sprachschule für Schottisch-Gälisch in Deutschland, wo er Gälisch unterrichtet sowie Musik- und Liederworkshops – auch mit Gastdozenten aus Schottland – anbietet. Darüber hinaus ist Michael Klevenhaus Lehrbeauftragter für Schottisch-Gälisch an der Universität Bonn und in Sabhal Mòr Ostaig sowie Autor weiterer Titel zur schottisch-gälischen Sprache, u.a. des »Lehrbuches der schottisch-gälischen Sprache« (ISBN 978-3-87548-520-2). Er ist zudem als Korrespondent für das gälischsprachige »BBC Radio nan Gàidheal«, als Kulturvermittler, Übersetzer gälischer Literatur ins Deutsche, Schauspieler und Sänger tätig. 2013 wurde er in Edinburgh mit dem »Duais na Gàidhlig« für seine Verdienste um die schottisch-gälische Sprache ausgezeichnet. Die von Michael Klevenhaus gelehrte Variante des Schottisch-Gälischen ist der Dialekt von South-Uist.

Bibliografische Information der Deutschen Nationalbibliothek
Die Deutsche Nationalbibliothek verzeichnet diese Publikation in der Deutschen Nationalbibliografie; detaillierte bibliografische Daten sind im Internet über ‹http://portal.dnb.de› abrufbar.

ISBN 978-3-87548-695-7

 Umschlaggestaltung: QART – Büro für Gestaltung, Hamburg. Druck und Bindung: freiburger graphische betriebe GmbH & Co. KG. Gedruckt auf alterungsbeständigem Papier; hergestellt aus 100% chlorfrei gebleichtem Zellstoff. Printed in Germany.

Inhaltsverzeichnis

Vorwort

Das »Grammatikübungsbuch Schottisch-Gälisch« richtet sich an Anfänger mit ersten Grundkenntnissen sowie an fortgeschrittene Lernende, die ihr Wissen vertiefen oder wieder auffrischen möchten.

Getreu dem schottisch-gälischen Sprichwort »Is fhèarr an saoghal ionnsachadh na 'sheachnadh« (dt. etwa: »Es ist besser, (alles über) die Welt zu lernen, als sich ihr zu verschließen«) lassen sich mit diesem Buch alle wesentlichen Aspekte der schottisch-gälischen Grammatik schnell und gezielt nachschlagen und üben. Dabei können Sie selber entscheiden, in welcher Reihenfolge und in welchem Lerntempo Sie den Stoff behandeln möchten. Das Buch ist lehrwerkunabhängig konzipiert und eignet sich als kursbegleitende Übungsgrammatik ebenso wie zum selbstständigen Lernen.

In 44 überschaubaren Kapiteln werden die grundlegenden Themen der komplexen schottisch-gälischen Grammatik prägnant und verständlich erklärt. Als Einstieg werden die wichtigsten Lenitionsregeln wiederholt. Zur Veranschaulichung aller Grammatikthemen dienen neben den Erklärungen zahlreiche Tabellen, Übersichten und Beispielsätze mit Übersetzungen. Jedes Kapitel schließt mit einer Vielzahl abwechslungsreicher Übungen zur unmittelbaren Anwendung des gelernten Stoffes. Mithilfe des Lösungsschlüssels können Sie die Ergebnisse der Übungen und damit Ihre Kenntnisse des jeweiligen Grammatikthemas überprüfen und einzelne Punkte, wenn nötig, gezielt wiederholen.

Dem Verb »is« wird in diesem Buch ein ausführliches Kapitel gewidmet, das den Lernenden aufgrund seiner systematischen Darstellung eine große Hilfe sein dürfte. Besondere Beachtung finden auch die Präpositionen, da ihre Anwendung im Schottisch-Gälischen stark vom Deutschen abweicht. Ihnen werden sechs Kapitel gewidmet.

Wo aus Platzgründen auf einzelne Aspekte der Grammatik nicht eingegangen werden konnte, wird auf das »Lehrbuch der schottisch-gälischen Sprache« vom selben Autor verwiesen. Dort können Sie die entsprechenden Informationen nachlesen und Übungen zum jeweiligen Thema machen. Unter www.buske.de/schottisch finden Sie zudem zwei kostenlose Extrakapitel zu den Zahlen im Schottisch-Gälischen mit Erläuterungen und zahlreichen Übungen sowie eine Deklinationstabelle aller zusammengesetzten Präpositionen.

Das »Grammatikübungsbuch Schottisch-Gälisch« enthält ein über 1.200 Wörter umfassendes schottisch-deutsches Vokabelverzeichnis, in welchem die in diesem Buch verwendeten Vokabeln mit wichtigen grammatischen Angaben aufgeführt sind. So lässt sich ein gesuchtes Wort schnell übersetzen und in die entsprechende grammatische Klasse einordnen. Alle Abkürzungen zum Vokabelverzeichnis finden Sie auf Seite 212. Zu den Übungsaufgaben gibt es zum Teil zusätzliche Vokabelhilfen.

Anhand des Stichwortregisters, das alle wichtigen Grammatikthemen aus dem Buch zusammenfasst, kann gezielt nach bestimmten Grammatikaspekten gesucht werden.

Danksagung

Mein Dank gilt Janni Diez für das akribische Gegenlesen der Rohfassung und die hilfreichen Anmerkungen sowie Marion Wöll für das Erstellen der Wörterliste.

Mòran Taing do na caraidean a leanas: Ailean Domhnullach, Beathag Mhoireasdan, Caitrìona Nic an t-Saoir, Ciorstain NicIlleChiar, Sìm MacCoinnich nach maireann agus Crìsdean Dillon nach maireann, agus a h-uile duine eile an Alba, a thug taic is cuideachadh dhomh tro na bliadhnaichean, airson mo chuid Ghàidhlig a lìomhadh.

Ohne ihn würde es gar nicht gehen: Klaus Herkenrath.

Und schließlich gilt mein besonderer Dank Maureen Grönke vom Helmut Buske Verlag für die wunderbare Zusammenarbeit sowie dem Verlag insgesamt, der es ermöglicht, dass es Lehrmaterialien für die schottisch-gälische Sprache auf Deutsch gibt.

Viel Freude und Erfolg beim Lernen!

Michael Klevenhaus

Abkürzungsverzeichnis

best.	bestimmt
f.	feminin
Gen.	Genitiv
Len.	Lenition
m.	maskulin
neg.	negativ
Nom.	Nominativ
Pers.	Person
Pl.	Plural
rel.	relativ
Sg.	Singular
ugs.	umgangssprachlich
unbest.	unbestimmt

1 Lenition

Wenn Sie mit diesem Buch Ihre grammatischen Fähigkeiten im Schottisch-Gälischen üben und verbessern möchten, ist davon auszugehen, dass Sie bereits entsprechende Vorkenntnisse der Sprache mitbringen. So wird Ihnen auch das Phänomen der Lenition im Schottisch-Gälischen nicht unbekannt sein. Es kann trotzdem nicht schaden, hier die wichtigsten Lenitionsregeln kurz zu wiederholen.

Technisch gesehen wird Lenition angezeigt, indem einem Konsonanten ein h nachgestellt wird. Bei den Konsonanten *l*, *n*, und *r* wird dies nicht gemacht, sie werden dennoch hörbar leniert. Ausführlichere Informationen zum Thema finden Sie im »Lehrbuch der schottisch-gälischen Sprache«.

Die folgende Tabelle zeigt, wie lenierte Konsonanten ausgesprochen werden, je nachdem, ob sie in der Umgebung heller Vokale (e, i) oder dunkler Vokale (a, o, u) stehen.

Konsonant	leniert	hell	IPA	dunkel	IPA
b	bh	w	/v/	w	/v/
c	ch	(i)ch	/ç/	(a)ch	/x/
d	dh	j	/j/	gh	/ɣ/
f	fh	–		–	
g	gh	j	/j/	gh	/ɣ/
l	l	l	/l/	l	/L/
m	mh	w	/v/	w	/v/
n	n	n	/n/	n	/n/
p	ph	f	/f/	f	/f/
r	r	r	/r/	r	/r/
s	sh	h	/h/	h	/h/
t	th	h	/h/	h	/h/

Die Kombinationen sl, sn und sr können leniert werden:

slàinte	mo shlàinte	*meine Gesundheit*
snàmh	shnàmh mi	*ich schwamm*
sràid	bho shràid gu sràid	*von Straße zu Straße*

Die Kombinationen sg, sm, sp und st können nicht leniert werden:

sgrìobh	sgrìobh e	*er schrieb*
spìocach	caileag spìocach	*ein geiziges Mädchen*
stiùir	air an stiùir	*am Steuer*

Auslöser der einfachen Lenition

Einfache Lenition bedeutet, dass nur das Wort leniert wird, welches unmittelbar hinter dem die Lenition auslösenden Wort steht. Auslöser sind:

Possessivpronomen: mo, do, a	mo chàr, do chàr, a chàr
auf einen Vokal endende Präpositionen (außer gu): bho, de, do/a, tro, ro, mu	bho Pheairt, a Bharraigh
air	air fhichead
f nach Kopula is (auch in Kombinationen)	's fhada bhon uair sin
der Komparativ nas	nas fhaide
der Superlativ as	as fhaide
bu-Kopula im Präteritum und Konjunktiv	bu ghasta leam
glè, ro, gun	glè bheag, ro shoilleir, gun bhainne
fast alle Präfixe, z.B. droch, seann, deagh, ath, sàr, leth, so-, do-, mì-	seann chàr, deagh dhùrachd, sàr phìobaire, leth bhliadhna, do-chreidinneach
das Relativpronomen a	a cheannaich, a cheannaicheas, a cheannaicheadh
Verben im Präteritum und Konjunktiv	cheannaich, cheannaicheadh
Genitiv Plural unbest.	taigh-chearc, tòrr chàraichean, ri taobh thaighean
Genitiv der Ortsnamen ohne best. Artikel	Oilthigh Ghlaschu, Bun-sgoil Shlèite
aon, dà, a' chiad	aon fhear, dà fhear, a' chiad fhear

Auslöser der durchgehenden Lenition

Bei der durchgehenden Lenition leniert das die Lenition auslösende Wort alle folgenden Wörter einer grammatischen Einheit. Auslöser sind:

Vokativ Singular und Plural	a charaid chòir, a charaidean chòire
unbest. feminine Substantive im Nom.	caileag bheag bhòidheach
best. feminine Substantive im Nom.	a' chaileag bheag bhòidheach
unbest. maskuline Substantive im Gen.	taigh balaich bhig ghasta
best. maskuline Substantive im Gen.	taigh a' bhalaich bhig ghasta
Gen. der männlichen Eigennamen	taigh Sheumais bhig
unbest. feminine Substantive im Dativ	le caileig bhig bhòidhich
best. maskuline und feminine Substantive im Dativ	anns a' bhàta bheag, leis a' chaileig bhig bhòidhich

Lenitionsblockade

Bei Dentallauten (d, t, l, n, s) wird die Lenition blockiert, wenn zwei Wörter aufeinander treffen, von denen der letzte Buchstabe des ersten und der erste Buchstabe des zweiten Wortes aus dieser Lautgruppe stammen. Diese Regel ist nach wie vor relativ intakt, sie gilt auch dann, wenn laut Grammatik eigentlich leniert werden müsste.

bestimmter Artikel im Dativ	anns an taigh, aig an doras
gun	gun siùcair
seann	seann taigh
Genitiv Plural unbest.	mòran taighean
Personalpronomen nach Verbformen, die auf *s* enden	is tu, is tusa, is sinne, is sibhse cuin a bhios / bhitheas tu
Verneinung mit cha*	cha dèan, cha dùin, cha suidh
Futur und Konditional: thu wird zu tu	bidh tu**, bhiodh/bhitheadh tu, chuireadh tu
bu (Präteritum von is)	bu toil leam
aon, a' chiad	aon seòmar, a' chiad duine
Jahresangaben in Jahrhunderten	anns an dàrna linn deug
Ortsnamen	Dùn Dèagh
Familiennamen	Clann Dòmhnaill

* wurde früher immer *chan* geschrieben. | ** wobei heute auch immer öfter *bidh thu* zu finden ist.

Übungen

1. Lenieren Sie folgende unbestimmte feminine Substantive, indem Sie den bestimmten Artikel voransetzen.

Beispiel: bean → a' bhean

1. caora ____________
2. màthair ____________
3. bùth ____________
4. piuthar ____________
5. fideag ____________
6. coimhearsnachd ____________
7. grian ____________
8. Beurla ____________

2. Lenieren Sie, wenn möglich, die folgenden Wortkombinationen.

1. seann pìob ______________________
2. mo ceann ______________________
3. aon cù ______________________
4. dà càr ______________________
5. tòrr cèilidhean ______________________
6. seann taigh ______________________
7. sàr bàrd ______________________
8. gun salainn ______________________
9. ri taobh sràidean ______________________
10. beagan seachdainean ______________________

3. Bilden Sie, wenn möglich, von folgenden Verbstämmen lenierte Formen.

Beispiel: dùisg → dhùisg

1. buain
2. ceannaich
3. sgrìobh
4. seòl
5. snàmh
6. freagair
7. leugh
8. cruinnich
9. ruith
10. tadhail

4. Verneinen Sie folgende Sätze mit *cha*.

1. Ceannaichidh mi briogais ùr a-màireach.
2. Is toil leam ceòl.
3. Dùinidh mi an doras.
4. Fosglaidh e an uinneag.
5. Snàmhaidh Iain anns an loch.
6. Seòlaidh am bàta seachad oirnn.
7. Thug e pinnt dhomh ann an taigh-òsta.
8. Bidh mi aig an taigh a-màireach.
9. Cheannaichinn coimpiutair ùr.
10. Sgrìobhaidh iad aiste.

5. Lesen Sie den Text und korrigieren Sie die falschen Lenitionen.

Nuair a bha mi anns a' bhaile, thachair mi ri Chalum. `S e duine ghasta a th' ann agus chaid sinn gu chafaidh còmhla gus cupa tì òl. Thàinig e dìreach à Bharraigh far an do chuir e beagan sheachdainean seachad gus a chuid Ghàidhlig a gleansadh. Bha e ann airson a' chiad thurais. Agus mar a thuirt e fhèin, bha e ga ionndrainn gu mòr on a till e a Glaschu. Ach air a' thaobh eile, thuirt e, còrdadh am mòr-bhaile ris cuideachd – gu h-àraid na bùthan mòra, na taighean-dealbh agus na charaidean uile a tha a' fuireach an seo. `S e ailtire a tha ann an Calum agus tha e air mòran thaighean a thogail anns am baile seo. Gu mì-fortanach chan e àite shàmhach a tha ann an Ghlaschu. Sin rud a bha math ann am Barraigh – cuairt fhada air an thràigh far nach chluinneadh tu ach a' ghaoth agus far am faigheadh tu seallaidhean cho bhrèagha nach faca sùil riamh roimhe.

2 Genus und Kasus der Substantive | Der Nominativ

Genus

Substantive können im Schottisch-Gälischen maskulin oder feminin sein.

- Maskulina enden in der letzten Silbe überwiegend auf einem dunklen Vokal: a, o, u.
- Feminina enden in der letzten Silbe überwiegend auf einem hellen Vokal: e oder i.

Diese Regeln decken etwa 80 Prozent der schottisch-gälischen Substantive ab. Weitere Hilfen zur Bestimmung des Genus liefern die nachfolgenden Erläuterungen:

1. Bei einigen Wörtern ist das Genus durch ihre inhaltliche Bedeutung in der Natur bestimmt (= natürliches Geschlecht): so z.B. màthair (f.) *Mutter*, athair (m.) *Vater*, tarbh (m.) *Stier*, bò (f.) *Kuh*.

2. Substantive mit folgenden Endungen sind maskulin:

-an	Verkleinerungsformen, Ableitungen	an t-òban	*die kleine Bucht*
-as	abstrakte Begriffe	an litreachas	*die Literatur*
-adh	zahlreiche Verbalnomen	an sgrìobhadh	*das Schreiben*
-ar/air	Berufsbezeichnungen	an clachair	*der Maurer*

3. Substantive mit folgenden Endungen sind feminin, obwohl sie auf einen dunklen Vokal enden:

-ag	Verkleinerungsformen	a' chaileag	*das Mädchen*
-achd	abstrakte Begriffe	an naidheachd	*die Nachricht*

4. Zudem kann das Genus einiger Substantive je nach Dialekt variieren.

Ursprünglich wurden die schottisch-gälischen Substantive in weit mehrere Deklinationsarten kategorisiert. Durch die heute übliche Vereinfachung ergeben sich viele Abweichungen von den hier genannten Regeln, die man lernen muss.

Kasus

Es gibt fünf Fälle im Schottisch-Gälischen:

Nominativ*	1. Fall (Grundform)	*wer oder was?*
Genitiv	2. Fall	*wessen?*
Dativ	3. Fall	*wem?*
Akkusativ*	4. Fall	*wen oder was?*
Vokativ	Anredefall	

* Die Formen für den Nominativ und den Akkusativ sind identisch.

Der Nominativ

Im Schottisch-Gälischen gibt es unbestimmte und bestimmte Substantive. Einen unbestimmten Artikel gibt es nicht, das Substantiv steht in diesem Fall allein:

taigh *(ein) Haus*
uinneag *(ein) Fenster*

Der bestimmte Artikel im Nominativ

Der bestimmte Artikel lautet in seiner Grundform an:

an taigh *das Haus*
an uinneag *das Fenster*

Wie im Deutschen ändert sich der bestimmte Artikel je nach Genus und Kasus. Der große Unterschied zum Deutschen besteht jedoch darin, dass dies auch in Abhängigkeit vom Anfangsbuchstaben des Substantivs geschehen kann. Außerdem kann es auch bei dem Substantiv selbst sowohl am Wortanfang als auch am Wortende zu Veränderungen kommen.

1. Maskuline Substantive im Nominativ (und Akkusativ)

	Anfangsbuchstabe des Substantivs					
	Vokal	b, p, m	f	c, g	d, t, l, n, r, sg, sm, sp, st	s
Nominativ unbestimmt	each *Pferd*	balach *Junge*	fear *Mann*	càr *Auto*	tarbh *Stier*	seòmar *Zimmer*
bestimmter Artikel	an t-	am	am	an	an	an
Nominativ bestimmt	an t-each *das Pferd*	am balach *der Junge*	am fear *der Mann*	an càr *das Auto*	an tarbh *der Stier*	an seòmar *das Zimmer*

2. Feminine Substantive im Nominativ (und Akkusativ)

	Anfangsbuchstabe des Substantivs				
	Vokal	b, p, m, c, g	f	d, t, l, n, r, sg, sm, sp, st	s
Nominativ unbestimmt	uinneag *Fenster*	cailleach *alte Frau*	feusag *Bart*	sgoil *Schule*	seachdain *Woche*
bestimmter Artikel	an	a' + Lenition	an + Lenition	an	an t-
Nominativ bestimmt	an uinneag *das Fenster*	a' chailleach *die alte Frau*	an fheusag *der Bart*	an sgoil *die Schule*	an t-sràid *die Woche*

Übungen

1. maskulin oder feminin? Bestimmen Sie das Genus der folgenden Substantive.

1. fear | 2. dràibhear | 3. caileag | 4. gleann | 5. leabhar | 6. bràthair | 7. uinneag | 8. dùthaich | 9. drochaid | 10. beul

2. Bestimmen Sie das Genus der folgenden Substantive und ergänzen Sie den richtigen bestimmten Artikel im Nominativ.

1. càr	__________	11. feasgar	__________
2. cat	__________	12. sgoil	__________
3. seòmar	__________	13. mac	__________
4. feusag	__________	14. eaglais	__________
5. botal	__________	15. seachdain	__________
6. balach	__________	16. muir	__________
7. màthair	__________	17. eadar-lìon	__________
8. beinn	__________	18. naidheachd	__________
9. gleann	__________	19. athair	__________
10. litir	__________	20. dùthaich	__________

3. Das Genus der folgenden Substantive lässt sich nicht über die oben genannten Regeln erschließen, sondern muss stets mitgelernt werden. Ergänzen Sie jeweils den richtigen bestimmten Artikel.

1. taigh (m.)	__________	6. craobh (f.)	__________
2. bròg (f.)	__________	7. gaoth (f.)	__________
3. luch (f.)	__________	8. breug (f.)	__________
4. sròn (f.)	__________	9. easbaig (m.)	__________
5. caora (f.)	__________	10. bò (f.)	__________

4. Ergänzen Sie den bestimmten Artikel und das Substantiv im Nominativ.

1. Chunnaic mi ____________________ (den Mann).
2. Dhùin Iain ____________________ (die Tür)
3. Tha ____________________ (das Wasser) fuar.
4. Chunnaic mi ____________________ (einen Berg).
5. Ghlan Màiri ____________________ (das Zimmer).
6. Chunnaic ____________________ (das Mädchen) ______________ (das Auto).
7. Chuala mi ________________ (einen Hund) agus ____________ (eine Katze).
8. Cuin a chluicheas tu ____________________ (die Flöte)?
9. Tha ____________________ (die Schule) dùinte an-diugh.
10. Sguab Dòmhnall ____________________ (die Straße).
11. Tha ____________________ (die Stadt) glè mhòr.
12. Tha ____________________ (das Land) uabhasach brèagha.
13. Thoiribh dhomh ____________________ (eine Tasse)!
14. Tha ____________________ (die Kuh) ag ionaltradh.
15. Dhìrich ______________ (der Vater) agus ____________ (der Sohn) a' bheinn.

3 Der Genitiv

Der Genitiv dient im Schottisch-Gälischen u.a. zur Wiedergabe von Besitzverhältnissen sowie zur Markierung eines Substantivs, das dem Verbalnomen folgt (⇨ Kapitel 18). Die Genitivform eines Nomens steht in schottisch-gälischen Wörterbüchern immer nach der Nominativform, und obwohl der Genitiv meist nach den hier beschriebenen Regeln gebildet wird, gibt es zahlreiche Ausnahmen, die man lernen muss.

Bildung

Zur Bildung des Genitivs wird die letzte Silbe eines Substantivs meistens durch Einfügen eines -i- aufgehellt. Bei femininen Substantiven wird zudem häufig ein -e an das Nomen angehängt:

balach (m.)	*ein Junge*	→	balaich	*eines Jungen*
bròg (f.)	*ein Schuh*	→	bròige	*eines Schuhs*

Bei einsilbigen Substantiven führt dies häufig zu einem Vokalwechsel, z.B.:

a > i	mac	*ein Sohn*	→	mic	*eines Sohnes*
ea > ei	each	*ein Pferd*	→	eich	*eines Pferdes*
ea > i	cearc	*ein Huhn*	→	circe	*eines Huhns*
ia > ei	iasg	*ein Fisch*	→	èisg	*eines Fisches*
o > ui	bòrd	*ein Tisch*	→	bùird	*eines Tisches*

Substantive, die auf einen Vokal enden, wie z.B. bàta *Boot* oder banca *Bank*, werden in der Regel nicht aufgehellt.

Unbestimmte Substantive im Genitiv

Wenn Sie eine Wortgruppe mit einem unbestimmten Substantiv (z.B. *Ast eines Baumes*) ins Schottisch-Gälische übertragen möchten, benötigen Sie keinen bestimmten Artikel. Das erste Substantiv steht im Nominativ, das zweite im Genitiv. Diese Konstruktion ist wichtig, um zusammengesetzte Begriffe bilden zu können (⇨ Kapitel 7):

doras seòmair *Tür eines Zimmers*

Bestimmte Substantive im Genitiv

Die Veränderungen im Genitiv erfolgen auch bei bestimmten Substantiven. Zusätzlich löst der bestimmte Artikel bei Maskulina Lenition aus:

am balach	*der Junge*	→	a' bhalaich	*des Jungen*
am feasgar	*der Abend*	→	an fheasgair	*des Abends*

Bei Substantiven, die mit d oder t beginnen, wird die Lenitionsblockade wirksam:

an doras	*die Tür*	→	an dorais	*der Tür*

Die Form des bestimmten Artikels ist bei maskulinen Substantiven wieder abhängig vom ersten Buchstaben des Nomens:

	Anfangsbuchstabe des Substantivs				
	Vokal	b, p, m, c, g	f	d, t, l, n, r, sg, sm, sp, st	s
Genitiv unbestimmt	eich *eines Pferdes*	balaich *eines Jungen*	fir *eines Mannes*	tairbh *eines Stiers*	seòmair *eines Zimmers*
bestimmter Artikel	an	a' + Lenition	an + Lenition	an	an t-
Genitiv bestimmt	an eich *des Pferdes*	a' bhalaich *des Jungen*	an fhir *des Mannes*	an tairbh *des Stieres*	an t-seòmair *des Zimmers*

Für Feminina lautet der bestimmte Artikel im Genitiv immer na. Beginnt das Substantiv mit einem Vokal, lautet er na h-. Es wird nicht leniert:

a' chailleach	*die alte Frau*	→	na cailliche	*der alten Frau*
an fheusag	*der Bart*	→	na feusaige	*des Bartes*
an sgoil	*die Schule*	→	na sgoile	*der Schule*
an t-seachdain	*die Woche*	→	na seachdaine	*der Woche*
an uinneag	*das Fenster*	→	na h-uinneige	*des Fensters*

Die folgenden Beispiele zeigen den Vokalwechsel:

a' chearc	*das Huhn*	→	na circe	*des Huhns*
a' ghrian	*die Sonne*	→	na grèine	*der Sonne*

Hier einige Beispiele für die Anwendung des bestimmten Genitivs.

Tha doras an t-seòmair dùinte.	*Die Tür des Zimmers ist geschlossen.*
Bha pìob a' bhalaich daor.	*Der Dudelsack des Jungen war teuer.*
Is toil leam dath na briogaise.	*Ich mag die Farbe der Hose.*
Tha taigh na cailliche air bruach na h-aibhne.	*Das Haus der alten Frau steht am Ufer des Flusses.*
Tha blas a' chofaidh seo eagalach.	*Der Geschmack dieses Kaffees ist furchtbar.*

Der Genitiv bei Eigennamen

Um im Schottisch-Gälischen ein Besitzverhältnis mit Eigennamen auszudrücken, muss der Name des Besitzers in den Genitiv gesetzt werden. Auch hier wird bei männlichen Namen leniert und aufgehellt (+ -i in der letzten Silbe). Ein weiblicher Name wird nicht leniert, aber, sofern möglich, hinten aufgehellt. Beachten Sie auch die Stellung des Eigennamens an zweiter Stelle:

taigh Sheumais (m.)	*James' Haus*
taigh Seonaig (f.)	*Seonags Haus*

Der Genitiv in Verbindung mit dem Verbalnomen

Ein Substantiv, das dem Verbalnomen folgt, muss im Genitiv stehen. Mehr hierzu finden Sie in Kapitel 18.

Übungen

1. Bilden Sie jeweils die unbestimmte und bestimmte Form des Genitivs.

1. càr			11. feasgar		
2. cat			12. sgoil		
3. seòmar			13. mac		
4. feusag			14. eaglais		
5. botal			15. seachdain		
6. sgoil			16. bogsa		
7. clàrsach			17. each		
8. beinn			18. naidheachd		
9. gleann			19. uinneag		
10. doras			20. rathad		

2. Die folgenden Substantive bilden den Genitiv abweichend von den oben beschriebenen Regeln. Weisen Sie jeweils die richtige Genitivform aus dem Kasten zu und bilden Sie anschließend die bestimmte Form des Nomens im Genitiv.

dùthcha taighe droma èisg mara litreach dighe bà sgèine locha

1. taigh (m.) ____________
2. loch (m.) ____________
3. druim (m.) ____________
4. deoch (f.) ____________
5. sgian(f.) ____________
6. dùthaich (f.) ____________
7. iasg (m.) ____________
8. muir (f.) ____________
9. litir (f.) ____________
10. bò (f.) ____________

3. Füllen Sie die Lücken mit der richtigen Genitivform.

1. Chunnaic mi taigh ____________________ (des Mannes).
2. Dhùn Iain doras ____________________ (der Kirche).
3. Tha blas ____________________ (des Wassers) uabhasach.
4. Ghlan Màiri seòmar____________________ (des Sohnes).
5. Dh'fhosgail a' chaileag uinneag ____________________ (des Autos).
6. Is toil leam fonn ____________________ (der Flöte).
7. Tha oifis ____________________ (der Post) dùinte an-diugh.
8. Tha Dòmhnall a' càradh solas ____________________ (der Straße).
9. Sheas iad air mullach ____________________ (des Berges).
10. Ghoid Seòras airgead ____________ (des Jungen).

4. Bilden Sie den Genitiv der folgenden männlichen und weiblichen Vornamen.

taigh	Mìcheal, Dòmhnall, Seòras, Teàrlach, Uilleam, Ailean
bàta	Beathag, Màiri, Eilidh, Mòrag, Peigi, Sìne

5. Bilden Sie die unbestimmten Genitivkonstruktionen.

1. Tür eines Zimmers ______________________
2. Fenster einer Schule ______________________
3. Farbe eines Autos ______________________
4. Bart eines Mannes ______________________
5. Seite eines Buches ______________________
6. Schlüssel einer Türe ______________________
7. Farbe eines Fensters ______________________

6. Lesen Sie die folgenden Erläuterungen und bilden Sie anschließend bestimmte Genitivkonstruktionen.

Wenn Sie die schottisch-gälischen Beispiele aus Übung 3 mit ihrer deutschen Übersetzung vergleichen, sehen Sie, dass im Gälischen bei bestimmten Genitivkonstruktionen immer nur *ein* bestimmter Artikel steht, im Deutschen hingegen *zwei* (doras na h-eaglaise *die Tür der Kirche*). Im Gälischen steht der bestimmte Artikel einer Wortfolge immer vor dem letzten Wort, welches dann im Genitiv steht. Die Substantive davor stehen alle im Nominativ:

iuchair na h-eaglaise	*der Schlüssel der Kirche*
iuchair doras na h-eaglaise	*der Schlüssel der Tür der Kirche*
dath iuchair doras na h-eaglaise	*die Farbe des Schlüssels der Tür der Kirche*

1. die Tür des Zimmers ______________________
2. das Fenster der Schule ______________________
3. die Farbe des Autos ______________________
4. der Bart des Mannes ______________________
5. die Seite des Buches ______________________
6. der Schlüssel der Türe ______________________
7. die Farbe des Fensters ______________________

4 Der Dativ

Unbestimmte Substantive im Dativ

Der unbestimmte Dativ, also der Dativ unbestimmter Substantive ohne Artikel, ist im Schottisch-Gälischen relativ einfach: Bei maskulinen Substantiven ändert sich nichts, es sei denn, ein vorangehendes Wort bewirkt die Lenition des Substantivs. Feminine Substantive werden in der letzten Wortsilbe durch Einfügen eines -i- aufgehellt.

Die folgenden Beispiele zeigen Verbindungen von Präpositionen und unbestimmten Substantiven im Dativ, da fast alle einfachen Präpositionen im Schottisch-Gälischen mit dem Dativ gebildet werden (⇨ Kapitel 30–32). Je nachdem, zu welcher Gruppe die Präpositionen gehören, werden in Kombination mit diesen bei den unbestimmten Substantiven folgende Veränderungen wirksam:

Gruppe 1	aig, air	keine Änderung des folgenden Substantivs
Gruppe 2	ann an, le, à, ri	keine Änderung des folgenden Substantivs
Gruppe 3	fo, do*, tro, ro, bho, de*, a, mu	lösen beim folgenden Substantiv Lenition aus

* *do* und *de* werden vor Vokal und leniertem f zu *do dh'* und *de dh'*

bàta (m.)	*ein Boot*	→	aig bàta	*bei einem Boot*
doras (m.)	*eine Tür*	→	tro dhoras	*durch eine Tür*
bròg (f.)	*ein Schuh*	→	ann am bròig	*in einem Schuh*
caileag (f.)	*ein Mädchen*	→	le caileig	*mit einem Mädchen*
creag (f.)	*ein Felsen*	→	ro chreig	*vor einem Felsen*

Bestimmte Substantive im Dativ

Der bestimmte Artikel weist im Dativ je nach Anfangsbuchstabe des dazugehörigen Nomens wieder unterschiedliche Formen auf und löst beim nachfolgenden Substantiv ggfs. Lenition aus (Lenitionsblockade vor *d* und *t*). Feminine Substantive werden auch hier durch Einfügen eines -i- in der letzten Wortsilbe aufgehellt.

	Anfangsbuchstabe des Substantivs				
	Vokal	b, p, m, c, g	f	d, t, l, n, r, sg, sm, sp, st	s
Dativ unbestimmt	each (m.) uinneig (f.)	balach (m.) caileig (f.)	fear (m.) feusaig (f.)	tarbh (m.) sgoil (f.)	seòmar (m.) seachdain (f.)
bestimmter Artikel	an	a' + Lenition	an + Lenition	an	an t-
Dativ bestimmt	an each an uinneig	a' bhalach a' chaileig	an fhear an fheusaig	an tarbh an sgoil	an t-seòmar an t-seachdain

In Kombination mit dem bestimmten Artikel verändern sich manche Präpositionen:

Gruppe 1	aig, air	keine Änderung der Präposition + bestimmter Artikel + Lenition
Gruppe 2	ann an, le, à, ri	anns, leis, às, ris + bestimmter Artikel + Lenition
Gruppe 3	fo, do, tro, ro, bho, de, a, mu	verbinden sich mit dem bestimmten Artikel zu fon, don/dhan, tron, ron, bhon, den/dhen + Lenition

Gruppe 1

am bàta (m.)	*das Boot*	→	aig a' bhàta	*bei dem Boot*
am bòrd (m.)	*der Tisch*	→	air a' bhòrd	*auf dem Tisch*

Gruppe 2

a' bhròg (f.)	*der Schuh*	→	anns a' bhròig	*in dem Schuh*
a' chaileag (f.)	*ein Mädchen*	→	leis a' chaileig	*mit dem Mädchen*
balach (m.)	*ein Junge*	→	ris a' bhalach	*zu dem Jungen*
seòmar (m.)	*ein Zimmer*	→	às an t-seòmar	*aus dem Zimmer*

Gruppe 3

baile (m.)	*ein Dorf*	→	don bhaile	*zu dem Dorf*
fèis (f.)	*ein Fest*	→	don fhèis	*zu dem Fest*
fear (f.)	*ein Mann*	→	den fhear	*von dem Mann*
doras (m.)	*eine Tür*	→	tron doras	*durch die Tür*
uinneag (f.)	*ein Fenster*	→	bhon uinneig	*von dem Fenster*
creag (f.)	*ein Felsen*	→	ron chreig	*vor dem Felsen*

Übungen

1. Setzen Sie die folgenden Substantive in den unbestimmten Dativ. Benutzen Sie je eine Präposition der Gruppen 1–3 nacheinander.

1. càr	______________	11. litir	______________
2. cat	______________	12. taigh	______________
3. seòmar	______________	13. sùil	______________
4. mac	______________	14. seachdain	______________
5. feusag	______________	15. muir	______________
6. botal	______________	16. dùthaich	______________
7. balach	______________	17. each	______________
8. clàrsach	______________	18. doras	______________
9. beinn	______________	19. iasg	______________
10. gleann	______________	20. grian	______________

2. Setzen Sie die Substantive aus Übung 1 nun jeweils in den bestimmten Dativ. Benutzen Sie wieder je eine Präposition der Gruppen 1–3.

3. Übersetzen Sie ins Schottisch-Gälische.

1. vom Haus zur Schule
2. im Zimmer auf dem Tisch
3. auf dem Tisch unter der Zeitung
4. am Tisch in der Tasse
5. in der Stadt auf der Straße
6. von der Stadt auf das Land
7. im Garten auf dem Baum
8. in der Flasche im Geschäft
9. im Flur in der Tasche
10. im Meer unter Wasser

4. Ist der bestimmte Artikel jeweils richtig? Wenn nicht, wie muss er dann lauten?

1. anns am feasgar
2. leis a' sheòmar
3. leis a' bhalaich
4. tron dhoras
5. air an eich
6. den clàrsach
7. air a' chàir
8. anns an t-eaglais
9. air a' dhùthaich
10. leis an t-iasg
11. leis a' bhò
12. anns an shgoil

5. Füllen Sie die Lücken jeweils mit der passenden Präposition und Dativform des Substantivs.

1. Chunnaic mi an duine ____________________ (auf dem Berg).
2. Dhùin Iain an uinneag ____________________ (in der Schule).
3. Tha an t-uisge ____________________ (in der Küche) fuar.
4. Chunnaic mi Màiri ____________________ (in der Stadt).
5. Ghlan Màiri am bòrd ____________________ (in dem Zimmer).
6. Chunnaic mi an nighean ____________________ (in dem Auto) ____________________ (auf der Straße).
7. Chuala mi Dòmhnall ____________________ (mit einem Hund) agus ____________________ (einer Katze).
8. Cuin a chluicheas tu ball-coise ____________________ (mit dem Freund)?
9. Tha an sgoil ____________________ (in Fort William) dùinte an-diugh.
10. Sguab Dòmhnall an t-sràid ____________________ (in der Nacht).
11. Tha an diosgo ____________________ (in der Stadt) glè mhòr.
12. Tha a' bheatha ____________________ (auf dem Land) uabhasach brèagha.
13. Thoiribh dhomh cupa ____________________ (vom Tisch).
14. Tha a' bhò ag ionaltradh ____________________ (im Wald).
15. Dhìrich an t-athair ____________________ (zum Gipfel) agus ruith am mac ____________________ (zum Strand).

5 Der Vokativ

Der Vokativ (Anredefall) wird im Schottisch-Gälischen gebraucht, um jemanden mit seinem Namen anzusprechen.

Vornamen

Vornamen im Vokativ werden leniert, sofern dies möglich ist. Zudem wird bei einem männlichen Vornamen die letzte Silbe durch Einfügen eines -i- aufgehellt, bei einem weiblichen jedoch nicht. Namen, die mit einem Konsonanten beginnen, wird im Vokativ ein A vorangestellt. Anders verhält es sich bei Namen, die mit einem F, gefolgt von einem Vokal, oder direkt mit einem Vokal beginnen: Hier wird kein A vorangestellt:

Mìcheal (m.)	A Mhìcheil	Sìne (f.)	A Shìne
Pàdraig (m.)	A Phàdraig	Mòrag (f.)	A Mhòrag
Fionnlagh (m.)	Fhionnlaigh	Flòraidh (f.)	Fhlòraidh
Iain (m.)	Iain	Eilidh (f.)	Eilidh

Nomen

Auch Nomen, die keine Eigennamen sind, können nach den oben genannten Regeln in den Vokativ gesetzt werden:

balach	A bhalaich!	*Junge!*
gaisgeach	A ghaisgich!	*(Du) Held!*
gràdh	A ghràidh!	*Schatz!*

Diese können z.B. auch mit den Possessivpronomen kombiniert werden:

gràdh	Mo ghràidh!	*Mein Schatz!*
balach	Mo bhalaich	*Mein Junge!*

Übung

1. Setzen Sie die folgenden Namen in den Vokativ.

1. Niall ____________
2. Seòras ____________
3. Seumas ____________
4. Teàrlach ____________
5. Calum ____________
6. Dòmhnall ____________
7. Màiri ____________
8. Seonag ____________
9. Beathag ____________
10. Peigi ____________
11. Anna ____________
12. Caitrìona ____________

6 Der Plural

Der Artikel im Plural

Wie im Deutschen gibt es auch im Schottisch-Gälischen keinen unbestimmten Artikel im Plural.

Der bestimmte Artikel im Plural ist – unabhängig vom Genus des Substantivs – immer gleich. Er lautet in den einzelnen Kasus wie folgt:

Nominativ / Akkusativ	na	na gillean	*die Jungen*
Genitiv	nan/nam	bàta nan gillean	*das Boot der Jungen*
Dativ	na	aig na gillean	*bei den Jungen*

Der bestimmte Artikel na wird zu na h-, wenn das darauffolgende Wort mit einem Vokal beginnt, z.B. na h-uinneagan »die Fenster«. Im Genitiv wird der bestimmte Artikel nan zu nam, wenn das darauffolgende Substantiv mit b, p, f oder m beginnt, z.B. bàta nam balach »das Boot der Jungen«.

Nominativ/Akkusativ und Dativ Plural

Die typische Endung für den Plural lautet im Nominativ/Akkusativ und Dativ -an bzw. -ean (inkl. Sonderformen):

na caileagan *die Mädchen*
na tubhailtean *die Handtücher*

Weitere Möglichkeiten der Pluralbildung sind u.a. die Aufhellung (a), der Vokalwechsel (b) sowie die Endungen -tean, -annan oder -(a)ichean (c):

(a)	am bàrd	*der Dichter*	bàird	*die Dichter*
(b)	am bòrd	*der Tisch*	bùird	*die Tische*
(c)	am baile	*der Ort*	bailtean	*die Orte*
	an oidhche	*die Nacht*	oidhcheannan	*die Nächte*

Welcher dieser Regeln ein Substantiv folgt, müssen Sie lernen. Als Hilfe finden Sie in den Wörterlisten dieses Buches neben der Genitiv-Singular- daher stets die Nominativ-Plural-Form eines Nomens mit angegeben.

Zum Dativ Plural

Im unbestimmten Dativ Plural in Kombination mit einfachen Präpositionen sind die Anschlussregeln die gleichen wie im Dativ Singular (⇨ Kapitel 4).

In Kombination mit dem bestimmten Artikel werden folgende Regeln angewendet:

Gruppe 1	aig, air	keine Änderung der Präposition + bestimmter Artikel *na* bzw. *na h-*
Gruppe 2	ann an, le, à, ri	anns, leis, às, ris + bestimmter Artikel *na* bzw. *na h-*
Gruppe 3	fo, do, tro, ro, bho, de	keine Änderung, der bestimmte Artikel *na* bzw. *na h-* wird nicht leniert

Genitiv Plural

Zur Bildung des Genitiv Plural ist die Endung im Nominativ Plural entscheidend. Endet dieser dunkel, so ist die Genitivendung identisch. Endet dieser hell, ist die Form des Genitiv Plural identisch mit der des Nominativ Singular:

Nominativ Plural		Genitiv Plural	
na taighean	*die Häuser*	nan taighean	*der Häuser*
na balaich	*die Jungen*	nam balach	*der Jungen*

Der unbestimmte Genitiv Plural wird grundsätzlich leniert:

grunn bhliadhnaichean air ais *vor einer Anzahl Jahren (vor einigen Jahren)*

Übersicht

Die Möglichkeiten der regelmäßigen Pluralbildung sind in der folgenden Tabelle zusammengefasst.

Kasus	Singular bestimmt	Plural unbestimmt	Plural bestimmt
Pluralendung auf -(e)an			
Nominativ*	an taigh *das Haus*	taighean	na taighean
Genitiv		thaighean	nan taighean
Dativ		ann an taighean	anns na taighean
Aufhellung + ean			
Nominativ*	am monadh *das Moor*	monaidhean	na monaidhean
Genitiv		mhonaidhean	nam monaidhean
Dativ		ann am monaidhean	anns na monaidhean
nur Aufhellung			
Nominativ*	am bàrd *der Dichter*	bàird	na bàird
Genitiv		bhàrd	nam bàrd
Dativ		aig bàird	aig na bàird

* und Akkusativ

Kasus	Singular bestimmt	Plural unbestimmt	Plural bestimmt
	Vokalwechsel		
Nominativ*	am bòrd *der Tisch*	bùird	na bùird
Genitiv		bhòrd	nam bòrd
Dativ		air bùird	air na bùird
	Endung auf -tean		
Nominativ*	am baile *der Ort*	bailtean	na bailtean
Genitiv		bhailtean	nam bailtean
Dativ		ann am bailtean	anns na bailtean
	Endung auf -annan		
Nominativ*	an oidhche *die Nacht*	oidhcheannan	na h-oidhcheannan
Genitiv		oidhcheannan	nan oidhcheannan
Dativ		ann an oidhcheannan	anns na h-oidhcheannan
	Endung auf -(a)ichean**		
Nominativ*	an leabhar *das Buch*	leabhraichean	na leabhraichean
Genitiv		leabhraichean	nan leabhraichean
Dativ		ann an leabhraichean	anns na leabhraichean

* und Akkusativ | ** Diese Endung wird oft zur Pluralbildung von Lehnwörtern benutzt, z.B. *nurs – nursaichean* »Krankenschwester – Krankenschwestern«.

Im Folgenden werden vier unregelmäßig deklinierte Substantive aufgeführt, die häufig vorkommen:

	cù (m.) *Hund*	bò (f.) *Kuh*	sgian (f.) *Messer*	bean (f.) *Ehefrau*
		Singular		
Nominativ	an cù	a' bhò	an sgian	a' bhean
Genitiv	a' choin	na bà	na sgèine	na mnatha
Dativ	a' chù	a' bhòin	an sgithinn	a' mhnaoi
		Plural		
Nominativ	na coin	na bà	na sgeanan	na mnathan
Genitiv	nan con	nam bò	nan sgeanan	nam ban
Dativ	na coin	na bà	na sgeanan	na mnathan

Vokativ Plural

Zur Bildung des Vokativ Plural muss Folgendes beachtet werden: Ist der unbestimmte Genitiv Plural eines Substantivs (abgesehen von der Lenition) identisch mit dem Nominativ Singular, lautet die Endung im Vokativ Plural -a. Bei Substantiven, die mit f oder Vokal beginnen, wird kein a vorangestellt:

Nominativ Singular	Genitiv Plural unbestimmt	Vokativ Plural	Deutsch
cat	chat	a chata!	*Katzen!*
balach	bhalach	a bhalacha!	*Jungs!*
bàrd	bhàrd	a bhàrda!	*Dichter!*
fear	fhear	fheara!	*Männer!*

Ist der unbestimmte Genitiv Plural (abgesehen von der Lenition) identisch mit dem unbestimmten Nominativ Plural, wird die gleiche Form für den Vokativ benutzt:

Nominativ Plural unbestimmt	Genitiv Plural unbestimmt	Vokativ Plural	Deutsch
caileagan	chaileagan	a chaileagan	*Mädels!*
mathraichean	mhathraichean	a mhathraichean!	*Mütter!*
athraichean	athraichean	athraichean!	*Väter!*
caraidean	charaidean	a charaidean	*Freunde!*

Übungen

1. Erkennen Sie die grammatische Form.

1. thaighean | 2. bàtaichean | 3. a charaidean | 4. tro na bailtean | 5. nam beann | 6. aig na balaich | 7. na balaich | 8. anns na seòmraichean | 9. bùird | 10. nam bòrd | 11. nan càraichean | 12. de na h-ùbhlan | 13. às na Stàitean Aonaichte | 14. tro na dùthchanan | 15. seachad air na monaidhean | 16. do na sgoiltean | 17. air na sràidean | 18. phìoban | 19. nan litrichean | 20. nam bò

2. Stimmt der Genitiv Plural? Wenn nicht, wie muss er richtig lauten?

1. nam balachan | 2. sgoiltean | 3. na litrichean | 4. thaighean | 5. chàraichean | 6. bhàrdachan | 7. nam bàtaichean | 8. nam bhailtean | 9. bheann | 10. nam craobh

3. Stimmt der bestimmte Nominativ Plural? Wenn nicht, wie muss er lauten?

1. na beanntan | 2. na h-fearan | 3. na pìoban | 4. na leabhraichean | 5. an taighean | 6. na seòmair | 7. na sràidichean | 8. nam botalan | 9. am bùthan | 10. na uinneagan

4. Setzen Sie die Substantive in den bestimmten Nominativ Plural.

1. a' bheinn
2. am fear
3. a' phìob
4. an leabhar
5. an taigh
6. an seòmar
7. an t-sràid
8. am botal
9. a' bhùth
10. an uinneag

5. Wenden Sie den unbestimmten Genitiv Plural an und übersetzen Sie.

1. neben Häusern
2. vor Bergen
3. hinter Gärten
4. gegenüber Autos
5. in Richtung auf Berge
6. am Ende von Straßen
7. über Dächern
8. neben Bäumen
9. hinter Jungen
10. neben Barden

6. Übersetzen Sie ins Schottisch-Gälische und wenden Sie den bestimmten Genitiv Plural an.

1. Ich sah Hirsche (*fèidh*) vor den Bergen.
2. Hinter den Gärten wächst ein Baum.
3. In Richtung auf die Berge wird es kälter.
4. Am Ende der Straßen beginnt der Strand.
5. Über den Dächern kann man die Burg sehen.

7. Setzen Sie folgende Substantive in den unbestimmten Dativ Plural.

1. in Kirchen | 2. aus Zimmern | 3. in Nachrichten | 4. zu Booten | 5. auf Autos

8. Was stimmt hier nicht? Wie muss es richtig heißen?

1. ann a' bhailtean | 2. fo craobhan | 3. air beann | 4. do taighean | 5. le lhitrichean

9. Setzen Sie folgende Substantive in den bestimmten Dativ Plural.

1. in den Kirchen
2. aus den Zimmern
3. in den Nachrichten
4. in den Booten
5. auf den Autos
6. mit den Briefen
7. in den Städten
8. auf den Bergen
9. in den Häusern
10. auf den Bäumen

10. Finden Sie alle Pluralformen und unterstreichen Sie diese.

Am pìobaire stiallach agus na radain »Der Rattenfänger von Hameln«

Tha baile Hamelin air a shuidheachadh ann am Brunsuig, faisg air baile-mòr Hanòbhair. Tha an abhainn Weser a' ruith seachad dlùth do bhallachan a' bhaile air an taobh a deas. Àite as taitniche chan fhaca sùil riamh; ach aig an àm anns an do thachair ceann-fath mo sgeòil, o chionn còig ceud bliadhna, chuireadh e doilgheas air neach a bhith a' faicinn mar a bha muinntir a' bhaile air an creach le radain. →

Radain! Chuir iad teicheadh air na coin, agus mharbh iad cait. Theum iad na leanabain anns a' chreathaill; dh'ith iad an càise anns na fiodhain; dh'imlich iad an eanraich à liadhan nan còcairean; tholl iad na baraillean 's dh'ith iad an sgadan. Rinn iad nid an bonaidean-caomhanta nam fear, agus le an sgreadail agus le an sgiamhail, air còig fichead fuaim is fonn, chuir iad na mnathan o bhruidhinn agus mhill iad an cuid cèilid-hean.

11. Übersetzen Sie ins Schottisch-Gälische.

1. Freunde! Seid ihr zusammen mit Dòmhnall in den Autos nach Deutschland gefahren?
2. Die Autos neben den Häusern kommen aus Deutschland.
3. Die Mädchen mit den Harfen standen neben den Türen der Kirchen.
4. Wir kauften die Häuser von Seumas und wohnten in der Stadt neben der Bank.
5. Er sah die Häuser auf der anderen Seite der Inseln.
6. Er ging von den Zimmern durch den Flur in die Gärten und legte sich unter die Bäume.
7. Morgens saßen die Katzen auf den Tischen neben den Flaschen und tranken die Milch von den Tellern der alten Männer.
8. Er schreibt die Briefe an Màiri heute auf der Bank neben den Bäumen im Garten.
9. Die Mädchen spielen heute gegen die Jungen.
10. Die Franzosen wohnen in Frankreich, die Deutschen trinken Bier und in Schottland spielen Männer und Frauen auf Dudelsäcken und Harfen.

12. Ergänzen Sie die fehlenden Wörter.

1. *Die Jungs hüten die Kühe auf der Insel.*
   Tha ________________ a' buachailleachd ________________ anns ________________.
2. *Viele Minister waren gegen die Inititiative des Parlaments.*
   Bha tòrr ____________________________ an aghaidh ____________________________.
3. *In der Gemeinde gibt es zwei Bibliotheken und drei Kirchen.*
   Tha ____________________ agus ____________________ anns____________________.
4. *Der schottische Ministerpräsident sprach über die Wirtschaft der Länder der EU.*
   Bha ____ a' bruidhinn mu
   ____.
5. *Jeden Sommer besuchen eine Unmenge deutscher Touristen Schottland.*
   Bidh ____ a' tadhal
   air____.

Vokabelhilfe

Initiative	iomairt (f.)
Wirtschaft	eaconomaidh (f.)
die Europäische Union	an t-Aonadh Eòrpach (m.)
eine Unmenge von	an t-uabhas de (m.)

7 Zusammengesetzte Substantive

Zusammengesetzte Substantive können im Schottisch-Gälischen aus den folgenden Wortarten bestehen: 1. Präfix + Nomen, 2. Adjektiv + Nomen, 3. Nomen + Adjektiv, 4. Nomen + Nomen.

Werden zwei Wörter mit einem Bindestrich zu einem neuen Begriff zusammengesetzt, rutscht die Wortbetonung auf das hintere Wort und liegt dann auf dem zweiten Teil des zusammengesetzten Begriffs:

taigh beag	*ein kleines Haus*	beide Wörter werden gleich betont
taigh-beag	*Toilette*	Betonung liegt auf dem zweiten Wortteil

Beispiele für zusammengesetzte Substantive nach den oben genannten Mustern 1–3:

	Präfix + Nomen	Adjektiv + Nomen	Nomen + Adjektiv
Singular			
Nominativ	an co-dhùnadh	am mòr-bhaile	an taigh-beag
Genitiv	a' cho-dhùnaidh	a' mhòr-bhaile	an taigh-bhig
Dativ	leis a' cho-dhùnadh	anns a' mhòr-bhaile	anns an taigh-bheag
Plural			
Nominativ	na co-dhùnaidhean	na mòr-bhailtean	na taighean-beaga
Genitiv	nan co-dhùnaidhean	nam mòr-bhailtean	nan taighean-beaga
Dativ	leis na co-dhùnaidhean	anns na mòr-bhailtean	anns na taighean-beaga

Nomen + Nomen

Hier steht das zweite Nomen im Genitiv, wird aber wie ein Adjektiv behandelt und entsprechend dekliniert.

a) Das erste Nomen ist feminin (Beispiel: a' mhuc-mhara *der Wal*)

muc ist feminin, muir steht im Genitiv (mara) und wird leniert, da es wie ein Adjektiv hinter einem femininen Substantiv behandelt wird.

Nominativ Sg.	a' mhuc-mhara	*der Wal*
Genitiv Sg.	na muice-mara	*des Wals*
Dativ Sg.	leis a' mhuic-mhara	*mit dem Wal*
Nominativ Pl.	na mucan-mara	*die Wale*
Genitiv Pl.	nam mucan-mara	*der Wale*
Dativ Pl.	leis na mucan-mara	*mit den Walen*

b) Das erste Nomen ist maskulin (Beispiel: an seòmar-cadail *das Schlafzimmer*)

Nominativ Sg.	an seòmar-cadail	*das Schlafzimmer*
Genitiv Sg.	an t-seòmair-chadail	*des Schlafzimmers*
Dativ Sg.	anns an t-seòmar-chadail	*im Schlafzimmer*
Nominativ Pl.	na seòmraichean-cadail	*die Schlafzimmer*
Genitiv Pl.	nan seòmraichean-cadail	*der Schlafzimmer*
Dativ Pl.	anns na seòmraichean-cadail	*in den Schlafzimmern*

c) Das zweite Nomen steht im Genitiv Plural (Beispiel: an taigh-chearc *das Hühnerhaus*)

Nominativ Sg.	an taigh-chearc	*das Hühnerhaus*
Genitiv Sg.	an taigh-chearc	*des Hühnerhauses*
Dativ Sg.	anns an taigh-chearc	*im Hühnerhaus*
Nominativ Pl.	na taighean-chearc	*die Hühnerhäuser*
Genitiv Pl.	nan taighean-chearc	*der Hühnerhäuser*
Dativ Pl.	anns na taighean-chearc	*in den Hühnerhäusern*

Beachten Sie für zusammengesetzte Substantive folgende wichtige Hinweise:

1. Innerhalb der zusammengesetzten Begriffe kann die Lenitionsblockade wirksam werden: an seòmar-suidhe, aber: anns an t-seòmar-suidhe.
2. Wortfolgen, deren zweites Wort mit *f* beginnt, werden im zweiten Wort im gesprochenen Gälisch oft nicht dekliniert: an t-ionad-fàilte, aber: aig an ionad-fàilte
3. Es gibt zunehmend die Tendenz, den Bindestrich wegzulassen. Das hat zur Folge, dass die Deklination ebenso weggelassen wird und sich nur noch der bestimmte Artikel und der Wortanfang des zusammengesetzten Substantivs ändern. Oder es wird trotzdem dekliniert und man versteht den Zusammenhang nicht mehr. Das geschieht insbesondere bei offiziellen Dokumenten und Titeln. Weiterführende Informationen zu zusammengesetzten Substantiven finden Sie im »Lehrbuch der schottisch-gälischen Sprache« (Lektion 38).

Übungen

1. Deklinieren Sie die folgenden Begriffe mit dem bestimmten Artikel im Singular und Plural.

àite-bìdh *Restaurant*
caol-shràid *Gasse*
taigh-dhealbh *Kino*
fear-ceasnachaidh *Ermittler*
greim-crìdhe *Herzanfall*

2. Übersetzen Sie ins Schottisch-Gälische.

1. Er nahm die Küken aus dem Hühnerhaus und fütterte sie.
2. Das Moorhuhn wohnt nicht im Hühnerhaus oder in der Großstadt.
3. Der Beginn der Tragödie war schon furchtbar, der Rest davon war entsetzlich schlecht.
4. Hunderte starben bei dem Erdbeben in Italien.
5. Die Bauern erschießen die Graukrähen in South-Uist.
6. Hast du den neuen Film im Kino gesehen?
7. Die Beweise des schlauen Ermittlers waren dürftig.

Vokabelhilfe

die Küken	na h-iseanan	*Tragödie*	bròn-chluich (f.)
Hühnerhaus	taigh-chearc (m.)	*Erdbeben*	crith-thalmhainn (f.)
füttern	biathaich, biathadh	*Graukrähe*	feannag-ghlas (f.)
Moorhuhn	cearc-fhraoich (f.)	*Beweis(e)*	fianais (f.)
Großstadt	mòr-bhaile (m.)	*arm, dürftig*	bochd

3. Calum schreibt Màiri auf der Rückreise nach Schottland eine E-Mail vom Flughafen Schiphol bei Amsterdam. Suchen Sie alle zusammengesetzten Substantive im Text und unterstreichen Sie sie. Um welche Art Zusammensetzung handelt es sich jeweils?

Haidh a Mhàiri, dè do chor? An cois a' phuist-dealain seo gheibh thu na dealbhan a thog sinn an-raoir anns an àite-bhìdh faisg air an taigh-dhealbh anns an robh sin. Mar a thuirt thu, cha robh e furasta àite-parcaidh a lorg ach anns an taigh-pharcaidh faisg air a' bhun-sgoil. Ach ràinig sinn an taigh-dhealbh mus do thòisich am film.

Dhiochuimhnich mi ainm an fhilm ach bha rudeigin ann le muic-mhara air choireigin ann an Canada. Bha Donnchadh airson fhaicinn. Tha an t-àite-bìdh ann an caol-shràid bhig, agus is ann anns a' chaol-shràid seo a thog sin an dealbh eile. Nach eil e romansach? Chòrd an deireadh-seachdain ann an Amsterdam ruinn gu mòr. Tha sinn a-nise anns a' phort-adhair ann an Schipol agus nì an t-itealan laighe ann an Glaschu aig còig uairean feasgar. Am bi thu ann? Bhiodh e math lioft fhaighinn a Pheairt. Cuir teagsa thugam.

Chì mi feasgar thu.

Tata is pòg :-)
Calum

8 Ortsnamen

Die verschiedenen Arten schottisch-gälischer Ortsnamen (bestimmte, unbestimmte, zusammengesetzte) machen es für Lernende häufig schwer, diese mit Präpositionen zusammenzubringen, um etwa »von …«, »aus …«, »in …« oder »nach …« ausdrücken zu können. Die folgenden Beispiele sollen hier helfen. Es gibt vier Sorten von Ortsnamen im Schottisch-Gälischen:

1. Ortsnamen ohne bestimmten Artikel

Glaschu	Glasgow	Bedeutung nicht endgültig geklärt
Barraigh	Barra	*Insel des hl. Barr*
Leòdhas	Lewis	*Leods Insel*
Muile	Mull	*bergige Insel*
Geàrrloch	Gairloch	*kurzer See*

Zur Bildung des Genitivs wird der Ortsname leniert und, wenn möglich, hinten aufgehellt:

Oilthigh Ghlaschu *die Glasgower Universität*
muinntir Leòdhais *die Bevölkerung von Lewis*

Zur Bildung des Dativs wird der Ortsname wie ein unbestimmtes maskulines Substantiv behandelt:

ann an Glaschu	*in Glasgow*
à Glaschu	*aus Glasgow*
bho Ghlaschu	*von Glasgow*
a Ghlaschu	*nach Glasgow*

2. Aus mehreren unbestimmten Substantiven zusammengesetzte Ortsnamen

Inbhir Nis	Inverness	*Mündung des Ness*
Lìos Mòr	Lismore	*großer Garten*
Bun Easain	Bunessan	*am Fuß des Wasserfalls*
Obar Dheathain	Aberdeen	*Mündung des Dee*
Dùn Èideann	Edinburgh	*Edwins Burg*

Zur Bildung des Genitivs wird der erste Teil des Ortsnamens leniert:

oilthigh Dhùn Èideann	*die Universität von Edinburgh*
muinntir Dhrochaid Charra	*die Bevölkerung von Carr Bridge*
muinntir Lios Mhòir*	*die Bevölkerung von Lismore*

* *mòr* ist ein Adjektiv und muss hier in den Genitiv gesetzt werden.

Zur Bildung des Dativs wird der Ortsname wie ein unbestimmtes maskulines Substantiv behandelt:

ann an Dùn Èideann	*in Edinburgh*
à Dùn Èideann	*aus Edinburgh*
bho Dhùn Èideann	*von Edinburgh*
a* Dhùn Èideann	*nach Edinburgh*

* *a dh'* bei Ortsnamen, die mit Vokal beginnen: a dh'Uibhist

3. Ortsnamen mit bestimmtem Artikel

An Gearasdan	Fort William	*die Garnison*
An t-Òban	Oban	*die kleine Bucht*
An Eaglais Bhreac	Falkirk	*die gefleckte Kirche*
An t-Àth Leathann	Broadford	*die breite Furt*
An t-Sròn Reamhar	Stranraer	*die dicke Nase (gemeint ist: Landzunge)*

Diese Ortsnamen werden wie bestimmte Substantive dekliniert. Wenn sie ein Adjektiv beinhalten, wird dieses ebenfalls nach den geltenden Regeln dekliniert.

Genitiv

aiseag an Òbain	*die Fähre von Oban (wörtl.: die Fähre der kleinen Bucht)*
bus an Àth Leathainn	*der Bus nach Broadford*

Dativ

anns an Òban	*in Oban*
às an Òban	*aus Oban*
bhon Òban	*von Oban*
don/dhan Òban	*nach Òban*

4. Aus mehreren bestimmten Substantiven zusammengesetzte Ortsnamen

Diese Ortsnamen bestehen meist aus Genitivkonstruktionen. Die Bestimmtheit beider Teile des Namens wird über den bestimmten Artikel vor dem letzten Substantiv ausgedrückt. Dieses steht im Genitiv:

Baile a' Chaolais	Ballachulish	*der Ort der Meerenge*
Bagh a' Chaisteil	Castlebay	*die Bucht der Burg*
Tobar na Màthar	Motherwell	*Brunnen der (Gottes-)Mutter*
Taigh an Uillt	Taynuilt	*der Ort des Baches*
Baile a' Mhanaich	Balivanich	*der Ort des Mönches*

Zur Bildung des Genitivs werden diese Ortsnamen wie ein Begriff behandelt, das erste Wort der Genitivkette wird leniert:

muinntir Bhaile a' Chaolais	*die Bevölkerung von Ballachulish*
sgoil Thobar na Màthar	*die Schule von Motherwell*

Zur Bildung des Dativs wird der erste Teil des Ortsnamens wie ein unbestimmtes maskulines Substantiv behandelt. Die Bestimmtheit wird über den bestimmten Artikel vor dem Genitiv des letzten Teils des Namens ausgedrückt:

ann am Baile a' Chaolais	*in Ballachulish*
à Baile a' Chaolais	*aus Ballachulish*
bho Bhaile a' Chaolais	*von Ballachulish*
a Bhaile a' Chaolais	*nach Ballachulish*

Ortsnamen im Plural

1. Ortsnamen mit bestimmtem Artikel

Na Stàitean Aonaichte	*die Vereinigten Staaten*
Na Crìochan	*Borders (die Grenzen)*
Na h-Innseachan	*Indien*

Diese Ortsnamen werden wie andere Substantive im Plural dekliniert:

Nominativ	Genitiv	Dativ
Na Stàitean Aonaichte	muinntir nan Stàitean Aonaichte	anns/às/ do na Stàitean Aonaichte
Na Crìochan	bailtean nan Crìochan	anns/às/ do na Crìochan
Na h-Innseachan	muinntir nan Innseachan	anns/às/ do na h-Innseachan

Eine Ausnahme bildet der Name Na Hearadh »Harris«, der zwar wie ein Plural aussieht, aber keiner ist. Hier lautet der Genitiv *muinntir na Hearadh*, der Dativ dann wieder *anns na Hearadh*.

2. Ortsnamen aus zwei Substantiven, von denen das zweite im Plural steht

Diese Ortsnamen bestehen meist aus Genitivkonstruktionen. Die Bestimmtheit beider Teile des Namens wird über den bestimmten Artikel vor dem letzten Substantiv ausgedrückt. Dieses steht im Genitiv:

Baile nam Frisealach	Fraserburgh	*Ort der Familie Fraser*
Loch nam Madadh	Lochmaddy	*Fjord der Muscheln*
Baile nam Feusagan	Musselburgh	*Ort der Miesmuscheln*
Caladh nan Clach	Stonehaven	*Hafen der Steine*

Zur Bildung des Genitivs werden diese Ortsnamen wie ein Begriff behandelt, das erste Wort der Genitivkette wird leniert:

muinntir Bhaile nam Frisealach	*die Bevölkerung von Fraserburgh*
caladh Bhaile nam Feusagan	*der Hafen von Musselburgh*

Zur Bildung des Dativs wird der erste Teil des Ortsnamens wie ein unbestimmtes maskulines Substantiv behandelt. Die Bestimmtheit wird wieder über den bestimmten Artikel vor dem Genitiv des letzten Teils des Namens ausgedrückt:

ann an Loch nam Madadh	*in Lochmaddy*
a Bhaile nam Frisealach	*nach Fraserburgh*

Übungen

1. Übersetzen Sie ins Schottisch-Gälische.

1. Die Bevölkerung von Barra war glücklich, als die neue Fähre von Oban (die Obaner Fähre) ankam.
2. Gestern war ich in Lewis, morgen fahre ich nach Gairloch und dann von Gairloch nach Mull.
3. Die Berge von Mull (die Muller Berge) sind sehr hoch.
4. Die Abtei von Lismore war wichtig in der Geschichte Schottlands.
5. Die Glasgower Universität hat Tausende von Studenten.
6. Der Präsident der Vereinigten Staaten fuhr nach Irland.

Vokabelhilfe

Abtei	abaid (f.)
Präsident	ceann-suidhe (m.)

2. Die Ortsnamen sind hier falsch. Korrigieren Sie sie.

1. a Bun Easain (*2 Möglichkeiten*)
2. anns an Lios Mhòr
3. muinntir a' Bhaile a' Mhanaich
4. bhon t-Òban do an t-Sròn Reamhar
5. anns an Taigh an Uillt
6. bhon Bhagh a' Chaisteil
7. bho Caladh nan Clach tro dh'Inbhir Nis a Glaschu
8. ann an Tobar a' Mhàthair agus anns an Glaschu
9. muinntir an Gearastain
10. Sgoil Baile a' Mhanaich

3. kreuz und quer durch Schottland ... Übersetzen Sie ins Schottisch-Gälische.

1. Er erreichte Glasgow mit dem Flugzeug und fuhr nach Inverness.
2. Sie fuhr den ganzen Tag von Bunessan nach Aberdeen, und in Aberdeen gab es kein Zimmer mehr.
3. Sie nahmen die Straße von Edinburgh nach Oban und von Oban nach Fort William.
4. In Fort William kauften sie etwas zu essen und fuhren anschließend nach Ballachulish zurück.
5. Habt Ihr die Fähre von Stranraer nach Irland genommen?

4. Finden Sie alle Orts- und Ländernamen und unterstreichen Sie diese inklusive Präpositionen.

Nuair a chaidh mi a dh'Alba airson a' chiad uair, ràinig mi port-adhair Phreastbhaig sa' mhadainn. Ghabh mi an trèana a Ghlaschu agus an uair sin dh'fhuirich mi ann am Pàislig fad dà latha. Dhràibh mi bho Phàislig a Pheairt agus choinnich mi ri caraid an sin. Dh'fhàg sinn Peairt còmhla is chuir sinn seachdain seachad anns na h-eileanan.

Bha ticead bàta againn bho Ùige anns an Eilean Sgitheanach a Loch nam Madadh, dhràibh sin suas a dh'Uibhist a Deas, agus dh'fheuch sinn am bàta a ghabhail bho Loch Baghasdail a Mhalaig. Gu mì-fhortanach cha deach am bàta seo, mar a thachras gu math tric, mar sin dhràibh sin air ais sìos gu tuath a Phort nan Long ann an Uibhist a Tuath. An ath mhadainn ghabh sin am bàta do na Hearadh, chùm sinn oirnn a Leòdhas far am faca sinn Tursachan Chalanais agus an taigh-solais ann an Nis.

Chuir sinn seachad oidhche ann an Steòrnabhagh agus ghabh sinn am bàta a dh'Ulapul. Ràinig sinn Ulapul, chaidh sinn a Gheàrrloch an uair sin. Bhon a shin dhràibh sinn a Chaol Loch Aillse seachad air Loch Duich le Caisteal Eilein Donnain, don Gearasdan, bhon Ghearsdan air ais tro Bhaile a' Chaolais a Thaigh an Droma agus bho Thaigh an Droma air ais a Ghlaschu. Cha robh sinn ann am Baile nam Frisealach – cha robh ùine gu leòr againn. Dh'fhàg sin an càr an sin, cheannaich sin ticead trèana is ghabh sinn an t-itealan a' feitheamh ruinn ann am Preastbhaig.

Nuair a ràinig sinn Bonn anns a' Ghearmailt, bha sinn uabhasach fhèin toilichte ach sgìth. Fanaidh an caraid agam seachdain ann am Bonn agus an uair sin thèid e air saor-làithean don Spàinnt.

5. Ordnen Sie die folgenden schottisch-gälischen Ortsnamen ihren englischen Entsprechungen zu.

1.	Edinburgh		Peairt
2.	Glasgow		Na Hearadh
3.	Perth		Baile Eilidh
4.	Inverness		An Aghaidh Mhòr
5.	The Isle of Skye		An Gearasdan
6.	South-Uist		Dùn Èideann
7.	Ballachulish		Caol Loch Aillse
8.	Aviemore		An t-Eilean Sgitheanach
9.	Fort William		Baile a' Chaolais
10.	Kyle of Lochalsh		Uibhist a Deas
11.	Helensburgh		Glaschu
12.	Harris		Inbhir Nis

9 Allgemeines zum Verb

Alle einfachen Zeitformen im Schottisch-Gälischen werden mit dem Verbstamm gebildet, da es keinen Infinitiv gibt. Der Verbstamm ist identisch mit dem Imperativ. Diese Form finden Sie als Ausgangsform in jedem Wörterbuch.

draibh — *fahren, fahr!*
ionnsaich — *lernen, lern!*

Schottisch-gälische Verben werden nicht konjugiert, d.h. die Form eines Verbs ist innerhalb eines Tempus für alle Personen gleich. (Es gibt einige Ausnahmen, die in diesem Buch an entsprechender Stelle erläutert werden.) Für das Verständnis einer Form ist daher das Personalpronomen (⇨ Kapitel 26) unabdingbar:

dhraibh mi — *ich fuhr*
dhraibh iad — *sie fuhren*

Es gibt je Tempus jeweils zwei unterschiedliche Formen eines Verbs: eine Aussageform und eine abhängige Form. Diese werden wie folgt gebraucht:

Aussageform	Form, mit der Aussagesätze gebildet werden und mit der man »ja« sagt
abhängige Form	Form, mit der Verneinungen, Fragen und Nebensätze gebildet werden und mit der man »nein« sagt

Die abhängige Form allein ergibt keinen Sinn, sondern muss z.B. immer mit einer Verneinungspartikel (z.B. *cha(n)* »nicht«), einem Fragewort oder einer Fragepartikel (z.B. *a(n/m), nach*) oder einem Nebensatz stehen:

Chan eil mi trang. — *Ich bin nicht fleißig.*
An dùin thu an doras? — *Kannst du die Tür schließen?*

Beachten Sie auch, dass es im Schottisch-Gälischen kein Wort für »ja« und »nein« gibt. Sie müssen dazu jeweils das Verb (Aussage- oder abhängige Form) wiederholen:

A bheil thu trang? — *Bist du fleißig?*
Tha. / Chan eil. — *Ja. / Nein.*

Es gibt im Schottisch-Gälischen keine einfachen Verbformen für das Präsens. Hier wird entweder die Verlaufsform (⇨ Kapitel 18) oder das Futur benutzt (⇨ Kapitel 12).

10 Präteritum

Die Aussageform im Präteritum wird gebildet, indem der Verbstamm leniert wird und das Personalpronomen folgt. Die Verbform ist auch hier für alle Personen gleich:

dhraibh mi	*ich fuhr*	dhraibh sinn	*wir fuhren*
dhraibh thu	*du fuhrst*	dhraibh sibh	*ihr fuhrt*
dhraibh e	*er fuhr*	dhraibh iad	*sie fuhren*
dhraibh i	*sie fuhr*		

Die abhängige Form besteht aus der Partikel *do* gefolgt vom lenierten Verbstamm:

Cha do dhraibh mi a Ghlaschu.	*Ich fuhr nicht nach Glasgow.*
An do dhraibh e a Pheairt?	*Fuhr er nach Peairt?*
Dhraibh. / Cha do dhraibh.	*Ja. / Nein.*
Thuirt e, gun do dhraibh e a dh'Uibhist	*Er sagte, dass er nach Uist fuhr.*

Die Konsonanten l, n und r zeigen auch im Präteritum keine Lenition im Schriftbild, obwohl man sie hören kann:

Leugh mi leabhar.	*Ich las ein Buch.*
An do nigh thu do làmhan?	*Wuschest du deine Hände?*
An do ruith thu dhachaigh?	*Ranntest du nach Hause?*

Da die Konsonantengruppen sg, sm, sp und st nicht leniert werden können, bleiben sie auch im Präteritum, wie sie sind:

Sgrìobh e litir.	*Er schrieb einen Brief.*
Smaoinich sinn ort.	*Wir dachten an dich.*

Verbstämmen, die mit Vokal beginnen, wird dh' vorangestellt:

Dh'ith mi ubhal.	*Ich aß einen Apfel.*
An do dh'ith thu banana?	*Aßest du eine Banane?*
Dh'ith. / Cha do dh'ith.	*Ja. / Nein.*

Da der Konsonant *f* nach Lenition stimmlos wird, wird auch ihm ein dh' vorangestellt, wenn der Buchstabe nach dem *f* ein Vokal ist:

Dh'fhuirich mi ann an taigh-òsta.	*Ich wohnte in einem Hotel.*
An do dh'fhuirich thu ann an Dùn Èideann?	*Wohntest du in Edinburgh?*

Übersicht Präteritum

Verbform	Verbstamm beginnt mit …				
	b, c, d, g, m, p, t	a, e, i, o, u	f gefolgt von Vokal	s	sg, sm, sp, st
Verbstamm	coisich	ionnsaich	fàg	snàmh	stad
Aussageform	choisich mi	dh'ionnsaich mi	dh'fhàg mi	shnàmh mi	stad mi
Frage	An do choisich thu?	An do dh'ionnsaich thu?	An do dh'fhàg thu?	An do shnàmh thu?	An do stad thu?
neg. Frage	Nach do choi-sich thu?	Nach do dh'ionnsaich thu?	Nach do dh'fhàg thu?	Nach do shnàmh thu?	Nach do stad thu?
Ja. / Nein.	Choisich. / Cha do choisich.	Dh'ionnsaich. / Cha do dh'ionnsaich.	Dh'fhàg. / Cha do dh'fhàg.	Shnàmh. / Cha do shnàmh.	Stad. / Cha do stad.

Übungen

Die folgenden Übungen finden Sie mit den gleichen Verben ebenfalls in den Kapiteln »Futur« und »Konditional«. Auf diese Weise können Sie gut beobachten, wie sich die grammatischen Formen in anderen Tempora verändern, und bekommen Routine in der Bildung der einzelnen Formen. Zusätzlich können Sie diese Übungen mit jedem anderen Verb aus der Wörterliste am Ende des Buches machen.

1. Leiten Sie vom Verbstamm jeweils die Aussage- bzw. abhängige Form im Präteritum ab.

1. glac	*fang!*	ghlac	do ghlac
2. leugh	*lies!*		
3. caidil	*schlaf!*		
4. ceannaich	*kauf!*		
5. òl	*trink!*		
6. fàg	*verlasse!*		
7. tilg	*wirf!*		
8. sluig	*schluck!*		
9. pòg	*küss!*		
10. cuidich	*hilf!*		

2. Bilden Sie nach folgendem Muster kleine Sätze mit jedem Verb aus Übung 1.

Ghlac e.	*Er fing.*
Cha do ghlac e.	*Er fing nicht.*
An do ghlac e?	*Fing er?*
Nach do ghlac e?	*Fing er nicht?*
Ghlac. / Cha do ghlac.	*Ja. / Nein.*

3. Übersetzen Sie ins Schottisch-Gälische.

1. Er fing gestern Abend Fische und Hummer.
2. Er las das Buch im Bett.
3. Sie schliefen in einem Hotel in Òban.
4. Wir kauften das Haus in Edinburgh.
5. Ich trank gestern zu viel.
6. Du hast Màiri verlassen.
7. Sie warf den Hund aus dem Haus.
8. Er schluckte die Pillen.
9. Er küsste Mòrag.
10. Iain half Teàrlach auf dem Boot.

Vokabelhilfe

Fisch	iasg, èisg (m.)	*zu viel*	cus
Hummer	giomach, -aich (m.)	*heraus aus*	a-mach à
Bett	leabaidh, leapa (f.)	*Pillen*	pilichean

4. Verneinen Sie die ins Schottisch-Gälische übersetzten Sätze aus Übung 3.

5. Beginnen Sie jeden Satz aus Übung 3 mit *Thuirt e, gun …* »Er sagte, dass …« und schließen Sie mit der richtigen Form an. Alle Sätze mit geraden Nummern werden verneint.

Thuirt e, gun do …	*Er sagte, dass …*
Thuirt e, nach do …	*Er sagte, dass … nicht*

6. Hier sind Fehler versteckt. Wie muss es richtig heißen?

1. Cha sgrìobh mi an litir an-dè.
2. An do draibh thu a Dhùn Bheagain an-raoir.
3. Do phòg Iain Màiri aig an doras.
4. Fhosgail e uinneag anns a' chidsin.
5. Thuirt e nach gun do ith e am pasta.
6. Nach fhàg e Màiri an-ùiridh?
7. Lheugh sinn an leabhar.
8. Dh'ionnsachadh iad Gàidhlig agus Gearmailtis.
9. An d' ith thu do bhracaist?
10. Nach chaidil e gu math?

11 Unregelmäßige Verben im Präteritum

Im Gegensatz zu anderen Sprachen gibt es im Schottisch-Gälischen nur zehn unregelmäßige Verben. Diese allerdings können sehr unregelmäßig sein. Das trifft hauptsächlich auf die Formen des Präteritums zu. Im Futur und Konditional werden sie teilweise regelmäßig gebildet.

Überblick über die unregelmäßigen Verben im Präteritum

	Aussageform	Frage/ abhängige Form	Ja. / Nein.
abair *sagen*	thuirt mi	An tuirt thu?	Thuirt. / Cha tuirt.
breith *gebären*	rug mi	An do rug thu?	Rug. / Cha do rug.
cluinn *hören*	chuala mi	An cuala tu?	Chuala. / Cha chuala.
dèan *machen, tun*	rinn mi	An do rinn thu?	Rinn. / Cha do rinn.
faic *sehen*	chunnaic mi	Am faca tu?	Chunnaic. / Chan fhaca.
faigh *bekommen*	fhuair mi	An d' fhuair thu?	Fhuair. / Cha d' fhuair.
rach *gehen*	chaidh mi	An deach thu? An deachaidh tu?*	Chaidh. / Cha deach. Cha deachaidh.*
ruig *erreichen*	ràinig mi	An do ràinig thu?	Ràinig. / Cha do ràinig.
thig *kommen*	thàinig mi	An tàinig thu?	Thàinig. / Cha tàinig.
thoir *geben*	thug mi	An tug thu?	Thug. / Cha tug.

* regionale Variante

Rug Màiri leanabh anns an ospadal. — *Màiri gebar ein Kind im Krankenhaus.*
Chuala mi thu aig an doras. — *Ich hörte dich an der Tür.*
An d' fhuair Mìcheal barrachd airgid? — *Bekam Mìcheal zusätzliches Geld?*
Ràinig mi Alba feasgar. — *Ich erreichte Schottland am Abend.*
Thàinig Niall dhachaigh an-dè. — *Niall kam gestern nach Hause.*

Übungen

1. Setzen Sie die angegebenen Verben in der richtigen Form ein.

Di-Luain ___________ (ging) Dòmhnall don ospadal airson Màiri fhaicinn. ___________ (gebar) Màiri balach beag, ach cha robh fios aige air. ______________ (hörte nicht) e ach gun ________________ (ging) i don ospadal gu h-obann. Nuair a dh'fhosgail e doras seòmar Màiri ________________ (hörte) e guth leanaibh agus ________________ (sah) e Màiri anns an leabaidh. _________________ (gab) i bainne don bhalach bheag aice. An toiseach _______________ (erreichte nicht) e cìoch Màiri ach mu dheireadh thall _______________ (bekam) e grèim oirre is dh'òl e. _______________ (sah nicht) Dòmhnall a' bhanaltram is _______________ (gab) e pòg do Mhàiri. Beagan as dèidh sin _______________ (kam) an dotair agus _______________ (sagte) e gum biodh Màiri agus an leanabh slàn fallain.

2. Bilden Sie sinnvolle Fragen zu jedem Satz aus Übung 1.

3. Beantworten Sie die folgenden Fragen mit »ja« und »nein«.

1. An deach Dòmhnaill don ospadal Di-Màirt?
2. An do rug Màiri nighean neo balach?
3. Am faca Dòmhnall gun deach Màiri don ospadal?
4. An tug Màiri briosgaidean don leanaibh?
5. An tuirt an dotair gum biodh Màiri tinn.

4. Stellen Sie zu jedem Satz aus Übung 1 nun eine verneinte Frage im Präteritum und beantworten Sie diese mit »ja« oder »nein«.

Beispiel: Nach deach Dòmhall don ospadal airson Màiri fhacinn? Chaidh.

5. Übersetzen Sie ins Schottisch-Gälische. Beachten Sie, dass hier das Präteritum gebraucht wird, auch wenn die deutschen Sätze im Perfekt stehen.

1. Ich kam aus Òban und fuhr (ging) nach Fort William.
2. Beathag gab mir die Bücher, die heute in Edinburgh ankamen.
3. Hast du Seumas gestern nicht gesehen?
4. Ich habe dich gestern nicht gesehen, als du in Glasgow angekommen bist.
5. Das Huhn legte zwei Eier (legen: *breith*).
6. Ich bekam das Geld nicht, das lain dir gab.
7. Er sagte, dass er die Arbeit gemacht hatte.

6. Calum und Donnchadh kommen aus dem Urlaub und berichten Sìne über ihren Aufenthalt auf den Inseln. Setzen Sie die richtige Verform im Präteritum ein.

1. _______________ (faic) sinn mòran rudan inntinneach.
2. Nach _______________ (faic) sinn Tursachan Chalanais?
3. _______________ (faic), ach _______________ (rach) sinn a Steòrnabhagh an toiseach.
4. _______________ (cluinn) mi sin. Tha sin inntinneach. Dè _______________ (dèan) sibh an sin?
5. _______________ (ruig) sinn Leòdhas air a' bhàta.
6. _______________ (faigh) sinn seòmar snog ann an taigh-òsta.
7. Bha sinn cho leig. Cha do _______________ (dèan) sinn mòran.

12 Futur

Zur Bildung der Aussageform im Futur wird dem Verbstamm die Endung -idh/-aidh angehängt, je nachdem, ob der Stamm im letzten Vokal hell oder dunkel endet:

dùinidh mi	*ich werde schließen*
feuchaidh e	*er wird probieren*

Nach der Aussageform des Futurs wird das Personalpronomen thu zu tu:

Ithidh tu do bhracaist.	*Du isst dein Frühstück.*

Die abhängige Form ist mit dem Verbstamm identisch. Die Negativpartikel *cha* leniert den Stamm, es sei denn, dieser beginnt mit d, t, oder s:

cha bhuail mi	*ich werde schlagen*
cha snàmh e	*er wird schwimmen*

Mit dem Futur drückt man zukünftig stattfindende Handlungen, wiederkehrende Handlungen in der Gegenwart oder die Möglichkeit einer Handlung aus:

Dùinidh mi an doras.	*Ich werde die Tür schließen. / Ich schließe die Tür. / Ich kann die Tür schließen.*
An dùin thu an doras?	*Wirst du die Tür schließen? / Schließt du immer die Tür? Kannst du die Tür schließen?*
Nach dùin thu an doras?	*Wirst/Kannst du nicht die Tür schließen?*
Dùinidh. / Cha dùin.	*Ja. / Nein.*
..., nach dùin e an doras	*..., dass er nicht die Tür schließen kann/wird*

Das relative Futur

Im Futur wird nach dem Relativpronomen a eine besondere Form, das sogenannte relative Futur, verwendet: lenierter Stamm + Endung -as/-eas:

Tha fhios gu bheil an leabhar a cheannaicheas mi uabhasach tarraingeach.	*Bestimmt ist das Buch, das ich kaufen werde, furchtbar spannend.*
Dè an dath a tha aig a' chàr a cheannaicheas tu?	*Welche Farbe hat das Auto, das du kaufen wirst?*

Beginnt der Stamm mit *f* vor Vokal oder Vokal, wird auch hier dh' vorangestellt:

Tha an cànan a dh'ionnsaicheas mi doirbh.	*Die Sprache, die ich lerne, ist schwer.*
Am baile a dh'fhàgas mi ro dhaor.	*Die Stadt, die ich verlassen werde, ist zu teuer.*

Das relative Futur wird auch in Verbindung mit den folgenden Konjunktionen benutzt: nuair a »als, wenn«, ged a »obwohl«, ma »wenn«.

Beachten Sie aber, dass nach nuair nach »wenn nicht«, ged nach »obwohl nicht« und mura »falls nicht« aufgrund der Verneinung die abhängige Form des Futurs benutzt werden muss.

Ged nach bi i fuar a-màireach, cha tèid mi don tràigh. — *Obwohl es morgen nicht kalt sein wird, gehe ich nicht an den Strand.*

Übersicht Futur

Verbform	Verbstamm beginnt mit …				
	b, c, g, m, p,	a, e, i, o, u	f gefolgt von Vokal	d, t, s	sg, sm, sp, st
Verbstamm	coisich	ionnsaich	fàg	snàmh	stad
Aussageform	choisichidh mi	ionnsaichidh mi	fàgaidh mi	snàmhaidh mi	stadaidh mi
Frage	An coisich thu?	An ionnsaich thu?	Am fàg thu?	An snàmh thu?	An stad thu?
neg. Frage	Nach coisich thu?	Nach ionnsaich thu?	Nach fhàg thu?*	Nach snàmh thu?	Nach stad thu?
Ja. / Nein.	Coisichidh. / Cha choisich.	Ionnsaichidh. / Chan ionnsaich.	Fàgaidh. / Chan fhàg.	Snàmhaidh. / Cha snàmh.	Stadaidh. / Cha stad.
rel. Futur	a choisicheas	a dh'ionnsaicheas	a dh'fhàgas	a shnàmhas	a stadas

* Die negative Fragepartikel *nach* leniert *f*.

Coisichidh Inge bho Ghlaschu don Ghearsadan. — *Inge wird von Glasgow nach Fort William wandern.*

Nach ionnsaich thu Gàidhlig nuair a bhios tu ann an Alba? — *Wirst/Kannst du nicht Gälisch lernen, wenn du in Schottland bist?*

Fàgaidh mi Malaig air an trèana madainn a-màireach. — *Ich werde Mallaig morgen mit dem Zug verlassen.*

An snàmh Iain bho Bharraigh a dh'Uibhist? — *Schwimmt Iain von Barra nach Uibhist?*

Stadaidh am bus an seo aig 3 uairean feasgar. — *Der Bus hält hier um 3 Uhr nachmittags.*

Sin an cànan a dh'ionnsaicheas mi an-dràsta. — *Das ist die Sprache, die ich im Moment lerne.*

Übungen

1. Leiten Sie vom Verbstamm jeweils die Aussage- bzw. abhängige Form im Futur ab.

1. glac	*fang!*	glacaidh	glac
2. leugh	*lies!*		
3. caidil	*schlaf!*		
4. ceannaich	*kauf!*		
5. òl	*trink!*		
6. fàg	*verlasse!*		
7. tilg	*wirf!*		
8. sluig	*schluck!*		
9. pòg	*küss!*		
10. cuidich	*hilf!*		

2. Bilden Sie nach dem folgenden Muster wieder kleine Sätze mit jedem Verb aus Übung 1.

Glacaidh e.	*Er wird fangen.*
Cha ghlac e.	*Er wird nicht fangen.*
An glac e?	*Wird er fangen?*
Nach glac e?	*Wird er nicht fangen.*
Glacaidh. / Cha ghlac.	*Ja. / Nein.*

3. Übersetzen Sie ins Schottisch-Gälische.

1. Er wird morgen Fische und Hummer fangen.
2. Er kann das Buch im Bett lesen.
3. Sie schlafen immer in einem Hotel in Òban.
4. Wir werden nächste Woche das Haus in Edinburgh kaufen.
5. Ich werde morgen zu viel trinken.
6. Du wirst Màiri nächstes Jahr verlassen.
7. Sie werden den Hund aus dem Haus werfen.
8. Er wird die Pillen schlucken.
9. Er wird Mòrag küssen.
10. Iain wird Teàrlach auf dem Boot helfen.

Vokabelhilfe

morgen	a-màireach
immer	an-còmhnaidh
nächste Woche	an ath-sheachdain
nächstes Jahr	an ath-bhliadhna

4. Verneinen Sie die ins Schottisch-Gälische übersetzten Sätze aus Übung 3.

5. Beginnen Sie jeden Satz aus Übung 3 mit *Tha ag ràdh, …* »Er sagt, dass …« und schließen Sie mit der richtigen Form an. Alle Sätze mit geraden Nummern werden verneint.

Tha e ag ràdh, gun …	*Er sagt, dass …*
Tha e ag ràdh, nach …	*Er sagt, dass … nicht*

6. Hier sind Fehler versteckt. Wie muss es im Futur richtig heißen?

1. Cha do sgrìobh mi an litir a-màireach.
2. An dhraibh thu a Dhùn Bheagain a-nochd.
3. Phògaidh Iain Màiri aig an doras.
4. Fhosgailidh e uinneag anns a' chidsin.
5. Tha e ag ràdh nach do dh'ith e am pasta.
6. Nach fàgaidh e Màiri an ath-bhliadhna?
7. Leughidh sinn an leabhar.
8. Dh'ionnsachaidh iad Gàidhlig agus Gearmailtis.
9. An ithidh tu do bhracaist?
10. Nach do chaidil e gu math?

7. »Wenn / Obwohl …«. Übersetzen Sie ins Schottisch-Gälische.

1. Wenn ich morgen in Stirling sein werde, werde ich die Burg besichtigen.
2. Obwohl ich in Mallaig bin, nehme ich nicht die Fähre.
3. Wenn ich nicht das Haus kaufe, kaufe ich ein neues Boot.
4. Obwohl Màiri in Uibhist wohnt, spricht sie kein Gälisch.
5. Obwohl wir nicht lernen, sind wir nicht schlecht in der Schule.

Vokabelhilfe

besichtigen	tadhail air
nehmen	gabh

8. Setzen Sie die folgende Geschichte in das einfache Futur.

Nuair a bhios mi ann an Alba an ath thuras, bidh mi a' tadhail air àitichean far nach robh mi riamh roimhe. Bidh mi a' dràibheadh a Lèodhas agus bidh mi a' cur beagan làithean seachad anns an eilean bhòidheach seo. Bidh mi a' fuireach ann an taigh-òsta ann an Steòrnabhagh agus bidh mi a' dràibheadh mun cuairt an eilein. Bidh mi a' togail mòran dealbhan, tha fhios. Bidh mi a' cumail orm do na Hearadh agus bidh mi a' ceannachd pios fada de chlo Hearach gus seacaid a dhèanamh. Bidh mi a' gabhail a' bhàta bhon Tairbeart air ais don Eilean Sgitheanach agus bidh mi a' fàgail a' chàir ann an taigh-òsta ann am Port Rìgh is bidh mi a' coiseachd beagan anns an Eilean. Is dòcha gum bi mi a' dìreadh beinn cuideachd.

13 Unregelmäßige Verben im Futur

	Aussageform	Frage/ abhängige Form	Ja. / Nein.	relatives Futur
abair *sagen*	their/ canaidh mi	An can thu?	Canaidh. / Cha chan.	a chanas
breith *gebären*	beiridh mi	Am beir thu?	Beiridh. / Cha bheir.	a bheireas
cluinn *hören*	cluinnidh mi	An cluinn thu?	Cluinnidh. / Cha chluinn.	a chluinneas
dèan *tun, machen*	nì mi	An dèan thu?	Nì. / Cha dèan.	a nì
faic *sehen*	chì mi	Am faic thu?	Chì. / Chan fhaic.	a chì
faigh *bekommen*	gheibh mi	Am faigh thu?	Gheibh. / Chan fhaigh.	a gheibh
rach *gehen*	thèid mi	An tèid thu?	Thèid. / Cha tèid.	a thèid
ruig *erreichen*	ruigidh mi	An ruig thu?	Ruigidh. / Cha ruig.	a ruigeas
thig *kommen*	thig mi	An tig thu?	Thig. / Cha tig.	a thig
thoir *geben*	bheir mi	An toir thu?	Bheir. / Cha toir.	a bheir

Beiridh a' chearc ugh gach latha. — *Das Huhn legt jeden Tag ein Ei.*
An cluinn thu mi? — *Kannst du mich hören?*
Cha dèan mi dad a-màireach. — *Morgen mache ich nichts.*
An tèid thu don bhaile còmhla rium? — *Gehst du mit mir in die Stadt?*
Chì mi a-màireach thu. — *Ich werde dich morgen sehen.*
Gheibh mi càr ùr Di-Luain. — *Am Montag bekomme ich ein neues Auto.*
Canaidh mi e ma thogras mi. — *Ich sage das, wenn ich Lust dazu habe.*
Cuin a ruigeas am bàta Ìle? — *Wann erreicht das Boot Ìle?*
Cuin a thig thu an ath-sheachdain? — *Wann kommst du nächste Woche?*
Bheir mi deoch dhut. — *Ich gebe dir ein Getränk.*

Übungen

1. Setzen Sie die richtigen unregelmäßigen Verben im Futur ein.

________________ (wird gehen) Màiri don ospadal an ath-sheachdain agus ________________ (wird gebären) i leanabh. Chan eil fhios aig an duine aice, ________________ (dass sie ein Kind gebären wird). Tha an duine aice aig muir fad bliadhna agus nuair a ____________ (wird zurückkehren) e, ____________ (wird sehen) e a leanabh aig aois dà mhìos. Ach ____________ (wird senden) Màiri post-dealain le dealbh thuige gus am ____________ (wird sehen) e am balach aige. Sgrìobh an duine aice gun ____________ (wird bringen) tòrr airgid leis agus gum ____________ (wird bekommen) an teaghlach taigh ùr.

Vokabelhilfe

fad bliadhna	*ein Jahr lang*	post-dealain	*E-Mail*
aois (f.)	*Alter*	tòrr	*eine Menge*
mìos	*Monat*	teaghlach	*Familie*
cuir gu	*senden*		

2. Stellen Sie zu jedem Satz aus Übung 1 eine Frage im Futur und beantworten Sie diese mit »ja« oder »nein«.

Beispiel: An tèid Dòmhnall don ospadal airson Màiri fhacinn? Thèid.

3. Übersetzen Sie ins Schottisch-Gälische.

1. Gehen wir in die Stadt?
2. Ich kann dich hören, aber ich höre dir nicht zu.
3. Ich komme um 8 Uhr in Glasgow an und sehe dich dann.
4. Das ist das Huhn, welches fünf Eier jeden Tag legt.
5. Kannst du mir das Buch geben?
6. Ich sage nichts, bevor ich zu viel sage.
7. Ich bekomme den Bus nicht, wenn ich mich nicht beeile.
8. Ich gebe dir kein Geld, du wirst nichts bekommen.
9. Die Fähre kann Barra nicht erreichen, es ist zu stürmisch.
10. Kannst du mir das Salz geben?

Vokabelhilfe

zuhören	èist ri
Huhn	cearc (f.)
nichts	dad
bevor	mus
zu viel	cus
sich beeilen	dèan cabhag
Barra	Barraigh

4. Wählen Sie aus jeder Spalte ein Satzteil aus und bilden Sie sinnvolle Sätze.

Bheir	an tacsaidh	mi	an-diugh
An tig	thu	leanabh	a-màireach
Gheibh	Màiri	air a' bheinn	an t-seachdain-sa
An cluinn	mi	don bhaile	an-dràsta
Thèid	e	na fèidh	as t-samhradh
Chì	Eilidh	càr ùr	aig ochd uairean

1. Bheir ______
2. An tig ______
3. Gheibh ______
4. An cluinn ______
5. Thèid ______
6. Chì ______

5. Màiri und Calum überlegen, was sie heute Abend machen sollen. Setzen Sie die richtigen Verbformen ein.

1. A Chaluim, dè do bheachd, an ______ (rach) sinn don bhaile a-nochd?
2. Chan eil fhios agam, a Mhàiri. Is dòcha, gun ______ (thig) Iain còmhla ruinn?
3. Tha mi an dòchas, gun ______ (thig).
4. Am ______ (faic) thu do mhàthair a-nochd?
5. Chan ______ (faic), ach ______ (faic) a-màireach.
6. Agus dè ______ (dèan) sibh a-màireach?
7. ______ (faigh) mi càr ùr agus dràibhidh sinn a Dhùn Èideann.
8. An ______ (can) thu sin a-rithist? Cha ______ (cluinn) mi thu.

6. Ersetzen Sie die folgenden Satzstrukturen in der Verlaufsform durch Strukturen mit dem einfachen Futur.

1. gum bi mi a' faicinn Chaluim
2. nach eil e a' faighinn dad ri ithe
3. am bi thu a' tighinn don bhaile
4. oir tha e a' cluinntinn fuaim na trèana
5. ma bhios am bus a' ruigsinn Dhùn Èideann
6. ged nach eil mi a' dèanamh na h-obrach seo

14 Konditional

Zur Bildung der Aussageform im Konditional wird dem lenierten Stamm die Endung -eadh/-adh angehängt, je nachdem, ob der Stamm im letzten Vokal hell oder dunkel endet:

dhùineadh i	*sie würde schließen*
dh`òladh e	*er würde trinken*
chuireadh e litir thugam	*er könnte/würde mir einen Brief schreiben*

Die abhängige Form hat die gleichen Endungen. Nur wird hier der Stamm nicht leniert. Ausnahme: Die Negativpartikel *cha* leniert den Stamm, es sei denn, dieser beginnt mit d, t, oder s:

An cuireadh tu litir thugam?	*Könntest/Würdest du mir einen Brief schreiben?*
Nach cuireadh e litir thugam?	*Könnte/Würde er mir nicht einen Brief schreiben?*
Cha chuireadh.	*Ja. / Nein.*
Thuirt e, gun/nach cuireadh e litir thugam.	*Er sagte, dass er mir einen/keinen Brief schicken könnte/würde.*
an litir a chuireadh e thugam	*der Brief, den er mir schicken könnte/würde*

Beachten Sie, dass es im Konditional Sonderformen für die 1. Person Singular und Plural gibt. Die Endung -(a)inn entspricht *mi*, die Endung -maid bedeutet *sinn*. Da hier die Personenendung jeweils schon direkt am Verb hängt, folgt nach diesen Formen kein Personalpronomen:

stadainn	*ich würde stoppen*
cheannaicheamaid	*wir würden kaufen*

Thu wird im Konditional zu tu (Lenitionsblockade):

An cuireadh tu litir thugam?	*Könntest/Würdest du mir einen Brief schreiben?*

Mit dem Konditional drückt man möglicherweise stattfindende Handlungen und wiederkehrende Handlungen in der Vergangenheit aus. Die Form wird auch als Höflichkeitsform benutzt:

Dhùininn an doras.	*Ich würde die Tür schließen.* *Ich schloss immer die Tür.* *Ich könnte die Tür schließen.*
Cheannaicheadh tu taigh mòr.	*Du würdest ein großes Haus kaufen.*
Dh'òladh e/i uisge-beatha.	*Er/Sie würde Whisky trinken.*
Cheannaicheamaid càr ùr.	*Wir würden ein neues Auto kaufen.*
Chosgadh iad fortan air aodaich ùr.	*Sie würden ein Vermögen für neue Kleider ausgeben.*

Die Formen für »ja« und »nein« werden – wie immer – neutral für alle Personen benutzt, also auch als Antwort auf die Sonderformen mit *-(a)inn* und *-maid*:

An òlamaid sin? *Würden wir das trinken?*

Dh'òladh. / Chan òladh. *Ja. / Nein.*

Übersicht Konditional

Verbform	Verbstamm beginnt mit …				
	b, c, g, m, p	a, e, i, o, u	f gefolgt von Vokal	d, t, s	sg, sm, sp, st
Verbstamm	coisich	ionnsaich	fàg	snàmh	stad
Aussageform 1. Pers. Sg.	choisichinn	dh'ionnsaichinn	dh'fhàgainn	shnàmhainn	stadainn
	choisicheadh tu, e, i, sibh, iad	dh'ionnsaicheadh tu, e, i, sibh, iad	dh'fhàgadh tu, e, i, sibh, iad	shnàmhadh tu, e, i, sibh, iad	stadadh tu, e, i, sibh, iad
Aussageform 2. Pers. Pl.	choisicheamaid	dh'ionnsaicheamaid	dh'fhàgamaid	shnàmhamaid	stadamaid
Frage	An coisicheadh tu?	An ionnsaicheadh tu?	Am fàgadh tu?	An snàmhadh tu?	An stadadh tu?
neg. Frage	Nach coisicheadh tu?	Nach ionnsaicheadh tu?	Nach fhàgadh tu?	Nach snàmhadh tu?	Nach stadadh tu?
Ja. / Nein.	Choisicheadh. / Cha choisicheadh.	Dh'ionnsaicheadh. / Chan ionnsaicheadh.	Dh'fhàgadh. / Chan fhàgadh.	Shnàmhadh. / Cha snàmhadh.	Stadadh. / Cha stadadh.

Chanainn, gu bheil e gasta. *Ich würde sagen, dass er nett ist.*

Cha dèanadh tu a-rithist e. *Das würdest du nicht wieder tun.*

Chuireadh e seachad cola-deug ann an Alba gach samhradh fad bhliadhnaichean. *Er verbrachte (regelmäßig) jahrelang vierzehn Tage im Sommer in Schottland.*

Cha chuireamaid ar cuid saor-làithean seachad ann an dùthaich cunnartach. *Wir würden unsere Ferien nicht in einem gefährlichen Land verbringen.*

An itheadh sibh giomach ann an Uibhist? *Würdet Ihr Hummer in Uist essen?*

Chan ionnsaicheadh iad dad anns an sgoil seo fad dà bhliadhna. *In dieser Schule lernten sie zwei Jahre lang nichts.*

nan + abhängige Form des Konditionals: »wenn/falls«

Nan »wenn/falls« wird zu nam, wenn das folgende Wort mit b, p, f oder m beginnt.

Nan ceannaicheadh e an taigh, dh'fhuiricheadh e ann. — *Falls er das Haus kaufen würde, würde er darin wohnen.*

Dhraibhinn fhìn a Ghlaschu nam biodh càr agam. — *Ich würde selbst nach Glasgow fahren, wenn ich ein Auto hätte.*

Nam fuiricheamaid ann, bhiodh e glè thoilichte. — *Falls wir darin wohnen würden, wäre er sehr glücklich.*

mura + abhängige Form des Konditionals: »wenn nicht / falls nicht«

Mura bithinn ann an Alba, chan ionnsaichinn Gàidhlig. — *Wenn ich nicht in Schottland wäre, würde ich nicht Gälisch lernen.*

Übungen

1. Leiten Sie vom Verbstamm jeweils die Aussage- bzw. abhängige Form im Konditional ab.

1.	glac	*fang!*	ghlacadh	glacadh
2.	leugh	*lies!*		
3.	caidil	*schlaf!*		
4.	ceannaich	*kauf!*		
5.	òl	*trink!*		
6.	fàg	*verlasse!*		
7.	tilg	*wirf!*		
8.	sluig	*schluck!*		
9.	pòg	*küss!*		
10.	cuidich	*hilf!*		

2. Bilden Sie nach dem bereits bekannten Muster kleine Sätze mit jedem Verb aus Übung 1. Zusätzlich können Sie die Formen der 1. Person Singular und Plural üben.

Ghlacadh e. — *Er würde fangen.*
Cha ghlacadh e. — *Er würde nicht fangen.*
An glacadh e? — *Würde er fangen?*
Nach glacadh e? — *Würde er nicht fangen?*
Ghlacadh. / Cha ghlacadh. — *Ja. / Nein.*
Ghlacainn. — *Ich würde fangen.*
Ghlacamaid. — *Wir würden fangen.*

3. Übersetzen Sie ins Schottisch-Gälische und achten Sie dabei auf die Sonderformen. Verneinen Sie anschließend alle Sätze.

1. Er würde morgen Fische und Hummer fangen.
2. Er könnte das Buch im Bett lesen.
3. Sie schliefen immer in einem Hotel in Òban.
4. Wir würden das Haus in Edinburgh kaufen.
5. Ich würde morgen zu viel trinken.
6. Du würdest Màiri verlassen.
7. Sie würden den Hund aus dem Haus werfen.
8. Er würde die Pillen schlucken.
9. Er würde Mòrag küssen.
10. Iain würde Teàrlach auf dem Boot helfen.

4. Was wäre, wenn …? Übersetzen Sie ins Schottisch-Gälische.

1. Wenn ich auf dem Meer wäre, würde ich Fische und Hummer fangen.
2. Wenn du zu Hause wärst, würdest du das Buch im Bett lesen.
3. Wenn wir in Oban wären, schliefen wir in einem Hotel.
4. Wenn wir in Edinburgh Arbeit hätten, würden wir das Haus dort kaufen.
5. Wenn ich auf dem cèilidh wäre, würde ich zu viel trinken.
6. Wenn ich Màiri nicht verlassen würde, würde sie mich heiraten.
7. Wenn der Hund nicht schmutzig wäre, würden sie ihn nicht aus dem Haus werfen.
8. Wenn die Pillen nicht helfen würden, würde er sie nicht schlucken.
9. Wenn er nicht schüchtern wäre, würde er Mòrag küssen.
10. Iain würde Teàrlach nicht auf dem Boot helfen, wenn es stürmisch wäre.

Vokabelhilfe

schmutzig	salach
schüchtern	diùid
helfen	cuidich, cuideachadh

5. Hier sind Fehler versteckt. Wie muss es richtig heißen?

1. Cha do sgrìobhadh mi an litir a-màireach.
2. An draibheadh thu a Dhùn Bheagain a-nochd.
3. Phògaidh Iain Màiri aig an doras.
4. Dh'fhosgailiadh e uinneag anns a' chidsin.
5. Tha e ag ràdh nach ithidh e am pasta.
6. Nach fàgaidh e Màiri an ath-bhliadhna?
7. Leughadh sinn an leabhar.
8. Dh'ionnsaidh iad Gàidhlig agus Gearmailtis.
9. An ith thu do bhracaist?
10. Nach do chaidleadh e gu math?

6. Beginnen Sie jeden Satz aus Übung 3 mit *Thuirt e, gun* … »Er sagte, dass …« und schließen Sie mit der richtigen Form an. Alle Sätze mit geraden Nummern werden verneint.

15 Unregelmäßige Verben im Konditional

	Aussageform	1. Pers. Sg. 1. Pers. Pl.	Frage/ abhängige Form	Ja. / Nein.
abair *sagen*	chanadh tu	chanainn chanamaid	An canadh tu?	Chanadh. / Cha chanadh.
breith *gebären*	bheireadh tu	bheirinn bheireamaid	Am beireadh tu?	Bheireadh. / Cha bheireadh.
cluinn *hören*	cluinneadh tu	chluinninn chluinneamaid	An cluinneadh tu?	Chluinneadh. / Cha chluinneadh.
dèan *tun, machen*	dhèanadh thu	dhèanainn dhèanamaid	An dèanadh tu?	Dhèanadh. / Cha dèanadh.
faic *sehen*	chitheadh tu	chithinn chitheamaid	Am faiceadh thu?	Chitheadh. / Chan fhaiceadh.
faigh *bekommen*	gheibheadh tu	gheibhinn gheibheamaid	Am faigheadh tu?	Gheibheadh. / Chan fhaigheadh.
rach *gehen*	rachadh tu	rachainn rachamaid	An rachadh tu?	Rachadh. / Cha rachadh.
ruig *erreichen*	ruigeadh tu	ruiginn ruigeamaid	An ruigeadh tu?	Ruigeadh. / Cha ruigeadh.
thig *kommen*	thigeadh tu	thiginn thigeamaid	An tigeadh tu?	Thigeadh. / Cha tigeadh.
thoir *geben*	bheireadh tu	bheirinn bheireamaid	An toireadh tu?	Bheireadh. / Cha toireadh.

Bheireadh a' chearc ugh a h-uile latha. — *Das Huhn würde ein Ei am Tag legen.*

An cluinneadh tu na càraichean? — *Würdest du die Autos hören?*

Rachainn don chèilidh còmhla riut. — *Ich könnte mit dir zum cèilidh gehen.*

Chitheamaid dòbhran ann an Uibhist. — *Wir würden einen Otter sehen in Uist.*

Gheibhinn tuilleadh airgid ann am Peairt. — *In Perth würde ich mehr Geld bekommen.*

An canadh tu, gu bheil thu toilichte? — *Würdest du sagen, dass du glücklich bist?*

An ruigeadh an tram am port-adhair? — *Würde die Straßenbahn den Flughafen erreichen?*

Nan tigeadh tu, gheibheadh tu cofaidh. — *Würdest du kommen, bekämest du einen Kaffee.*

An toireadh tu an leabhar seo dhomh? — *Würdest du mir dieses Buch geben?*

Übungen

1. Was wäre, wenn Dòmhnall .... Übersetzen Sie ins Schottisch-Gälische.

1. Wenn Dòmhnall ins Krankenhaus ginge, würde er Màiri sehen.
2. Sie würde ein Kind gebären und er würde es nicht wissen.
3. Er würde nur hören, dass sie plötzlich ins Krankenhaus ging.
4. Wenn er die Tür von Màiris Zimmer öffnen würde, könnte er die Stimme des Kindes hören.
5. Er würde Màiri im Bett sehen und sie würde dem Kind Milch geben.
6. Wenn das Kind die Brust nicht erreichen könnte, würde es nicht trinken können.
7. Obwohl Dòmhnall die Krankenschwester sähe, würde er Màiri einen Kuss geben.
8. Wenn der Arzt käme, würde er sagen, dass Màiri und das Kind gesund seien.

Vokabelhilfe

Stimme	guth (m.)
Milch	bainne (m.)
Brust	cìoch (f.)
Krankenschwester	banaltram (f.)
Kuss	pòg (m.)
Arzt	dotair (m.)
gesund	fallain

2. Setzen Sie die Sätze aus Übung 1 in die indirekte Rede. Beachten Sie, dass nach *gun* die abhängige Form des Verbs folgen muss.

Thuirt e, gun …	*Er sagte, dass …*
Smaoinich e, gun …	*Er dachte, dass …*
Cha do chreid e, gun …	*Er glaubte nicht, dass …*
Mhothaich e, gun …	*Er bemerkte, dass …*

3. Hier ist alles voller Rechtschreibfehler. Wie muss es richtig heißen?

1. ghibh thu
2. cheidh i
3. chitheadh tu
4. rachinn
5. gheibhadh thu
6. am faighinn mi?
7. chunnaig iad
8. hug sinn
9. am cluinn sibh
10. cha cluinn
11. an do reinn sibh?
12. thurt e
13. an deàn iad?
14. fuair mi
15. an fhaca tu?
16. thànic

4. Wählen Sie aus jeder Spalte ein Satzteil aus und bilden Sie sinnvolle Sätze.

An do sgrìobh	iad	bàta mòr	ann an Uibhist
An rachadh	sibh	a Ghlaschu	aig a' chladach
Chunnaic	mi	an leabhar seo	a-màireach
Bheir	Mòrag	leumadair	anns an t-seòmar
Chì	Seòras	a' chèic seo	an-dè
Gheibheadh	sinn	duais	aig a' chèilidh
Chuala	Ealasaid	an luch	do charaid
An tàinig	an dràibhear-tacsaidh	an obair	à Inbhir Nis
An do rug	an dotair	an trèana	anns a' bhùth
Cha do rinn	an clèireach	às an Òban	anns an oifis

5. Dòmhnall, Beathag und Sìne planen eine Europareise. Sie wissen noch nicht, was sie erwartet, vermuten aber, dass sie viel Interessantes erleben werden. Setzen Sie die richtigen Verbformen im Konditional ein.

1. Nan ________________ (rach) don Ghearmailt, ________________ (faic) taigh Bheethoven ann am Bonn. *(je 2 Möglichkeiten)*
2. Am ________________ (faic) tu tur Eiffel ann am Parras?
3. An ________________ (thoir) tu leat mi air turas don Mhatterhorn anns an Eilbheis?
4. ________________ (faigh) biadh blasta anns an Roimh, nan ________________ (rach) ann. *(je 2 Möglichkeiten)*
5. Nan ________________ (can) tu, gum biodh tu airson an Akropolis fhaicinn, ________________ (rach) ann.
6. Tha mi cinnteach, nach ________________ (faigh) tu ach seoclaid uabhasach blasta anns a' Bheilg.

6. Setzen Sie den folgenden Text ins Konditional.

Ma thèid mi a dh'Alba, fuirichidh ann an Inbhir Nis. Ged nach fhaigh thu taigh air prìs reusanta an sin, is fheàrr leam fuireach anns a' bhaile seo. Ma bheir mo phàrantan airgead dhomh, ceannaichidh mi fear. Is toil leam Inbhir Nis. Bidh mi faisg air a' mhuir ach bidh goireasan a' bhaile agam cuideachd. Fiù 's ann am meadhan a' bhaile cluinnidh tu fuaim nan faoileagan. Chì thu mòran luchd-turais cuideachd. Tha ceòl math anns na taighean-seinnse, ma thig còmhlan-ciùil a chluich ann oidhche Shathairne. Gheibh thu filmichean inntinneach anns an taigh-dhealbh cuideachd. Agus ionnsaichidh mi Gàidhlig an sin cuideachd. Is dòcha gum faigh mi obair far am bi an cànan feumail.

16 Das Verb *bi*

Das Verb bi wird zur Beschreibung von Personen, Gegenständen und Umständen verwendet. Mit bi werden außerdem zusammengesetzte Zeiten und Verlaufsformen gebildet. Wie in vielen anderen Sprachen ist das Verb für »sein« im Schottisch-Gälischen unregelmäßig.

Präsens

Aussageform	Tha mi trang.	*Ich bin fleißig.*
abhängige Form	Chan eil mi trang.	*Ich bin nicht fleißig.*
	A bheil thu trang?	*Bist du fleißig?*
	Nach eil thu trang?	*Bist du nicht fleißig?*
Aussage-/abhängige Form	Tha. / Chan eil.	*Ja. / Nein.*

Präteritum

Aussageform	Bha mi trang.	*Ich war fleißig.*
abhängige Form	Cha robh mi trang.	*Ich war nicht fleißig.*
	An robh thu trang?	*Warst du fleißig?*
	Nach robh thu trang?	*Warst du nicht fleißig?*
Aussage-/abhängige Form	Bha. / Cha robh.	*Ja. / Nein.*

Futur

Aussageform	Bidh mi leisg.	*Ich werde faul sein.*
abhängige Form	Cha bhi mi leisg.	*Ich werde nicht faul sein.*
	Am bi thu leisg?	*Wirst du faul sein?*
	Nach bi thu leisg?	*Wirst du nicht faul sein?*
Aussage-/abhängige Form	Bidh. / Cha bhi.	*Ja. / Nein.*

Das relative Futur

Nach dem Relativpronomen a wird eine Sonderform des Futurs benutzt, das relative Futur (⇨ Kapitel 12):

Sin an duine a bhios ann am Peairt. *Das ist der Mann, der in Perth sein wird.*
Cuin a bhios tu ann an Glaschu? *Wann wirst du in Glasgow sein?*

Die ältere Form von bhios lautet bhitheas und kann ebenso benutzt werden.

Konditional

Aussageform	Bhithinn leisg. Bhiodh tu leisg.	*Ich würde faul sein.* *Du würdest faul sein.*
abhängige Form	Cha bhithinn leisg.	*Ich würde nicht faul sein.*
	Am biodh tu leisg?	*Würdest du faul sein?*
	Nach biodh tu leisg?	*Würdest du nicht faul sein?*
Aussage-/abhängige Form	Bhiodh. / Cha bhiodh.	*Ja. / Nein.*

Beachten Sie, dass es auch für das Verb bi im Konditional Sonderformen für die 1. Pers. Singular und Plural gibt: bhithinn »ich wäre / würde sein« und bhiomaid »wir wären / würden sein«. Die »ja/nein«-Formen sind allerdings immer Bhiodh. / Cha bhiodh.

Übersicht über die Aussageformen von *bi*

	mi	thu/tu*	e	i	sinn	sibh	iad
tha …	*ich bin*	*du bist*	*er ist*	*sie ist*	*wir sind*	*ihr seid*	*sie sind*
bha …	*ich war*	*du warst*	*er war*	*sie war*	*wir waren*	*ihr wart*	*sie waren*
bidh …	*ich werde sein*	*du wirst sein*	*er wird sein*	*sie wird sein*	*wir werden sein*	*ihr werdet sein*	*sie werden sein*
bhiodh …	bhithinn *ich würde sein*	*du würdest sein*	*er würde sein*	*sie würde sein*	bhiomaid *wir würden sein*	*ihr würdet sein*	*sie würden sein*

* im Konditional

Die Verlaufsformen mit *bi*

Mit dem Verb bi, den Sonderformen ag bzw. a' der Präposition *aig* und dem Verbalnomen (⇨ Kapitel 18) können im Schottisch-Gälischen Verlaufsformen in verschiedenen Tempora gebildet werden. Ob a' oder ag benutzt wird, hängt davon ab, ob das Verbalnomen mit einem Konsonanten oder einem Vokal beginnt:

glanadh ⇨ a' glanadh
ionnsachadh ⇨ ag ionnsachadh

Präsens

Mit tha/eil/bheil + ag/a' + Verbalnomen wird im Schottisch-Gälischen das Präsens ausgedrückt, da es für das Präsens keine spezielle Verbform gibt:

Tha mi ag obair.	*Ich bin beim Arbeiten.*	=	*Ich arbeite.*
A bheil thu ag obair?	*Bist du beim Arbeiten?*	=	*Arbeitest du?*
Chan eil mi ag obair.	*Ich bin nicht beim Arbeiten.*	=	*Ich arbeite nicht.*
Nach eil thu ag obair?	*Bist du nicht beim Arbeiten?*	=	*Arbeitest du nicht?*
Tha. / Chan eil.	*Ja. / Nein.*		

Weitere Tempora

Die Satzkonstruktion mit bi, der Präposition *aig* und dem Verbalnomen kann als Verlaufsform auch in anderen Zeiten gebraucht werden. Ersetzt man tha der Verlaufsform im Präsens durch bha, bidh oder bhiodh, kann man Aussagesätze, Fragen und Antworten in der Verlaufsform des Präteritums, des Futurs oder des Konditionals bilden. Das Verbalnomen bleibt unverändert:

Präteritum	Bha mi a' fuireach.	*Ich war beim Wohnen.*
Futur	Bidh mi ag ithe.	*Ich werde beim Essen sein.*
Konditional	Bhithinn ag òl.	*Ich würde beim Trinken sein.*

Bha mi a' snàmh anns a' mhuir fad dà uair a thìde.	*Ich bin zwei Stunden im Meer geschwommen.*
An robh thu ag òl fad na h-oidhche?	*Hast du die ganze Nacht getrunken?*
Bha. / Cha robh.	*Ja. / Nein.*
Bidh mi ag ionnsachadh a-màireach.	*Ich werde morgen lernen.*
Am bi Màiri ag obair sa' mhadainn?	*Wird Màiri heute Morgen arbeiten?*
Bhithinn a' fuireach ann an Glaschu.	*Ich würde in Glasgow wohnen.*
Am biodh tu a' dràibheadh mun cuairt fad an latha?	*Würdest du den ganzen Tag herumfahren?*

Wie Sie bereits wissen, gibt es für Präteritum, Futur und Konditional auch einfache Zeitformen. Beachten Sie den Unterschied: Die Verlaufsform drückt, wie der Name schon sagt, einen Verlauf aus, während mit den einfachen Zeitformen des Verbs einmalige Handlungen ausgedrückt werden:

Bha mi a' glanadh an t-seòmair nuair a *thàinig* lain a-steach.	*Ich war beim Reinigen des Zimmers* (andauernde Handlung), *als lain hereinkam* (einmalige Handlung).
Bha mi a' snàmh anns an loch, nuair a *thòisich* stoirm uabhasach.	*Ich war beim Schwimmen im See* (andauernde Handlung), *als ein schrecklicher Sturm begann* (einmalige Handlung).

Übungen

1. Übersetzen Sie ins Schottisch-Gälische.

1. Ich bin in Schottland.
2. Màiri ist in Glasgow.
3. Bist du müde?
4. Sie arbeiten in der Schule.
5. Wir werden in Edinburgh wohnen.
6. Ist er nicht fleißig?
7. Dòmhnall lernt Gälisch.
8. Ich esse einen Apfel.
9. Sie trinken Whisky.
10. Sie schwimmt in einem See.

2. Setzen Sie die Sätze aus Übung 1 nacheinander ins Präteritum, Futur und Konditional.

3. Antworten Sie mit »ja« oder »nein«.

1. A bheil thu ag obair ann an Inbhir Nis? *ja*
2. An robh iad trang aig an obair? *nein*
3. Am bi Dòmhnall a' snàmh anns a' mhuir? *ja*
4. Am biodh tu ag òl uisge-beatha? *ja*
5. An robh iad ann an Uibhist? *nein*

4. Diese Antworten sind falsch. Wie müssen sie richtig heißen?

1. Am biodh tu ann an Alba? Bhithinn.
2. Am bi e ag obair? Cha bi.
3. An robh e trang aig an obair? Cha bha.
4. Am biodh sibh a' fuireach ann an Glaschu? Chan bhiodh.
5. A bheil thu ag ionnsachadh Gàidhlig? Cha bheil.

5. Vervollständigen Sie die folgenden Sätze, indem Sie eine sinnvolle Form von *bi* einsetzen, und antworten Sie mit »ja« oder »nein«.

1. Nach ______________ thu ag obair ann am Bonn?
2. An ______________ iad trang an-dè?
3. Am ______________ e ann an Glaschu a-màireach?
4. Am ______________ tu ag obair?
5. A ______________ sibh sgìth?

6. Übersetzen Sie folgende Fragen in die schottisch-gälische Verlaufsform und beantworten Sie die Fragen nach dem folgenden Muster.

Beispiel: *Trinkst Du den Kaffee?* → A bheil thu ag òl a' chofaidh? Tha, tha mi ag òl a' chofaidh. / Tha, tha mi ga òl.

1. Wirst du Màiri heiraten?
2. Wirst du uns vermissen?
3. Liest Aonghas das Buch?
4. Öffnete Màiri das Fenster?
5. Schließt Dòmhnall die Tür?
6. Wird er den Soldaten töten?
7. Bereitete er das Essen zu?
8. Schlug sie den Mann?
9. Bauten Sie das Haus?

Vokabelhilfe

Soldat	saighdear (m.)
zubereiten	deasachadh
das Essen	biadh (m.)

17 Das Verb *is*

Im Schottisch-Gälischen gibt es für das deutsche »sein« neben bi auch das Verb is, welches Dinge oder Personen definiert. Is ist ein sehr kurzes Wort und verbindet sich mit anderen Wörtern, ohne dass es auf Anhieb zu erkennen ist. Es geht z.B. im Fragewort an oder in der Verneinungspartikel cha/chan auf. Is selbst wird häufig mit 'S abgekürzt. In diesem Buch finden Sie beide Schreibweisen.

A) Definition unbestimmter Gegenstände oder Personen im Präsens

Mit is wird definiert, um was es sich bei unbestimmten bzw. undefinierten Personen oder Gegenständen handelt. Hierbei folgt dem zu definierenden Substantiv ein Relativsatz mit einem Präpositionalpronomen von *ann* (⇨ Kapitel 31). Diese Konstruktion kann man sowohl mit maskulinen als auch mit femininen Nomen anwenden, ohne das grammatische Geschlecht zu beachten. Lediglich beim natürlichen Geschlecht wird noch die weibliche Form benutzt.

1. Das ist ein/eine X.

'S e botal a th' ann.	*Das ist eine Flasche.*
Chan e botal a th' ann.	*Das ist keine Flasche.*
An e botal a th' ann?	*Ist das eine Flasche?*
Nach e botal a th' ann?	*Ist das nicht eine Flasche?*
'S e. / Chan e.	*Ja. / Nein.*

Weitere Beispiele:

'S e balach gasta a th' ann.	*Das ist ein sympathischer Junge.*
'S e nighean chòir a th' innte.	*Das ist ein nettes Mädchen.*
'S e litir a th' ann.	*Das ist ein Brief.*
'S e oileanaich a th' annainn.	*Wir sind Studenten.*

2. X ist ein/eine …

'S e clèireach a tha ann am Mòrag.	*Mòrag ist eine Angestellte.*
An e tidsear a tha ann am Mòrag?	*Ist Mòrag eine Lehrerin?*
'S e. / Chan e.	*Ja. / Nein.*

Weitere Beispiele:

'S e baile mòr a tha ann an Glaschu.	*Glasgow ist eine große Stadt.*
'S e seinneadair math a tha ann an Niall.	*Niall ist ein guter Sänger.*
An e bàta mòr a tha ann an QEII?	*Ist die QEII ein großes Schiff?*

B) Definition bestimmter Gegenstände oder Personen im Präsens

X ist der/die …

Is wird verwendet, um auszudrücken, dass eine Person eine bestimmte Person bzw. ein Gegenstand ein bestimmter Gegenstand ist. Um alles Weitere über die Person oder den Gegenstand zu sagen, benutzt man bi. Is definiert Personen und Dinge, bi beschreibt sie:

Is ise Mòrag. Tha Mòrag òg.	*Sie ist Mòrag. Mòrag ist jung.*
Is esan am Frangach. Tha e àrd.	*Er ist der Franzose. Er ist groß.*

In dieser Verwendung stehen nach is nicht die normalen Personalpronomen, sondern die sogenannten emphatischen Personalpronomen (⇨ Kapitel 26):

mise	*ich*	sinne	*wir*
tusa	*du*	sibhse	*ihr*
esan	*er*	iadsan	*sie (Pl.)*
ise	*sie*		

Beachten Sie, dass Sie den Aussagesatz mit der emphatischen Form bilden müssen, während bei Antworten mit »ja« und »nein« immer eine Form von *is* und das passende unbetonte Personalpronomen stehen muss:

Is/'S mise an dotair.	*Ich bin der Arzt.*
Am mise an dotair?	*Bin ich der Arzt?*
Is mi. / Cha mhi.	*Ja. / Nein.*
Is tusa an t-oileanach.	*Du bist der Student*
An tusa an t-oileanach?	*Bist du der Student?*
Is mi. / Cha mhi.	*Ja. / Nein.*
Is esan an t-Albannach.	*Er ist der Schotte.*
An esan an t-Albannach?	*Ist er der Schotte?*
Is e. / Chan e.	*Ja. / Nein.*
Is ise mo mhàthair.	*Sie ist meine Mutter.*
An ise do nighean?	*Ist sie deine Tochter?*
Is i. / Chan i.	*Ja. / Nein.*
Is sinne an cùrsa seinn.	*Wir sind der Gesangskurs.*
An sinne an clas Beurla?	*Sind wir die Englischklasse?*
Is sinn. / Cha sinn.	*Ja. / Nein.*
Is sibhse an luchd-turais.	*Ihr seid die Touristen.*
An sibhse na h-iasgairean?	*Seid ihr die Fischer?*
Is sinn. / Cha sinn.	*Ja. / Nein.*
Is iadsan na pìobairean.	*Sie sind die Dudelsackspieler.*
An iadsan na dannsairean?	*Sind sie die Tänzer?*
Is iad. / Chan iad.	*Ja. / Nein.*

Diese Konstruktion wird auch benutzt, um Personen mit ihrem Namen zu definieren. Auch hier muss das System der Fragen und Antworten entsprechend angewendet werden:

Is mise Niall.	*Ich bin Niall.*
An tusa Dàibhidh?	*Bist du Dàibhidh?*
Is mi. / Cha mhi.	*Ja. / Nein.*
Is esan Mìcheal.	*Er ist Mìcheal.*
Is Micheal an dotair.	*Mìcheal ist der Doktor.*
Am Mìcheal an t-iasgair?	*Ist Mìcheal der Fischer?*
Is e. / Chan e.	*Ja. / Nein.*

Beachten Sie den Unterschied bei den Konstruktionen A) und B):

'S e tidsear a tha ann am Mòrag.	*Morag ist (eine) Lehrerin.*
Is Mòrag an tidsear.	*Mòrag ist die Lehrerin.*

C) Futur, Präteritum und Konditional von *is*

Futur

Die Form is kann sowohl im Präsens als auch im Futur verwendet werden. Es lässt sich lediglich an der Form des Verbs *bi* im Nebensatz erkennen, ob es sich um eine Aussage im Futur handelt, da in diesem Fall in dem Relativsatz das relative Futur stehen muss:

'S e ceist a bhios ann.	*Das wird eine Frage sein.*

Präteritum und Konditional

Statt is wird für Präteritum und Konditional bu/b' (vor Vokal) verwendet. Beachten Sie, dass bu beim folgenden Wort Lenition auslöst, jedoch nicht bei Wörtern, die mit *d*, *t* oder *s* beginnen. Ob Präteritum oder Konditional gemeint ist, erschließt sich nur aus dem Kontext bzw. aus dem qualifizierenden Nebensatz:

B' e pìobaire a bha ann an Tòmas.	*Tòmas war ein Dudelsackspieler. (Tòmas ist tot; die Situation ist nicht mehr zu ändern)**
B' e pìobaire math a bhiodh ann an Calum.	*Calum wäre ein guter Dudelsackspieler.*

* Im Präteritum kommt eine Mischform zur Anwendung, wenn der Vorgang in der noch nahen Vergangenheit liegt:

S' e pìobaire a bha ann an Tòmas.	*Tòmas war ein Dudelsackspieler. (bis vor Kurzem; die Situation ist noch zu ändern)*

Weitere Beispiele:

Am b' e pìobaire a bh' ann? B' e. / Cha b' e.	*War er ein Dudelsackspieler?* *Ja. / Nein.*
Bu mhise an dotair.	*Ich war/wäre der Doktor.*
Am b' esan an t-iasgair? B' e. / Cha b' e.	*War er der Fischer?* *Ja. / Nein.*
B' iadsan na pìobairean.	*Sie waren/wären die Dudelsackspieler.*
Bu mhise am fear a cheannaich an taigh seo.	*Ich war derjenige, der das Haus kaufte.*
Bu mhise am fear a cheannaicheadh an taigh seo.	*Ich wäre derjenige, der das Haus kaufen würde.*

D) *Is* in Verbindung mit Adjektiven

Mit is kann die Wertigkeit von Adjektiven verstärkt werden. Diese erhalten durch die Verbindung mit is eine allgemeingültige, definitive Bedeutung:

Is cinnteach gun tig saorsa latha brèagha air choireigin.	*Es ist definitiv sicher, dass eines schönen Tages die Freiheit kommen wird.*

Im Gegensatz dazu drückt der gleiche Satz mit tha die persönliche Beschreibung eines Zustandes aus:

Tha mi cinnteach gun tig saorsa latha brèagha air choireigin.	*Ich bin mir sicher, dass eines schönen Tages die Freiheit kommen wird.*

Weitere Beispiele:

Is truagh nach robh mi ann.	*Es ist definitiv schade, dass ich nicht da war.*
Is fèineil mi.	*Ich bin ganz gewiss selbstsüchtig.*
Nach brònach gun do chaochail e?	*Ist es nicht absolut traurig, dass er gestorben ist?*
Is math gun do chuidich thu mi.	*Es ist/war definitiv gut, dass du mir geholfen hast.*

Is kann auch eine definierende Verbindung zwischen Adjektiv und Substantiv herstellen. Hierbei muss das Substantiv immer bestimmt sein:

Schottisch-Gälisch	wörtliche Übersetzung	Bedeutung
is mòr am beud	ist groß der Verlust	*es ist schade*
is beag an t-iongnadh	ist klein die Überraschung	*es ist kein Wunder*
Bu ghasta an duine seo.	war nett der Mann dies	*Dieser Mann war definitiv nett.*

Beachten Sie, dass es sich bei diesen Beispielen um allgemeingültige Feststellungen handelt. Das folgende Beispiel mit bha gibt im Gegensatz dazu lediglich einen persönlichen Eindruck wider:

Bha an duine seo gasta.	*Dieser Mann war (nach meinem Empfinden) nett.*

E) *Is* und die Demonstrativpronomen *seo, sin* und *siud*

In den Demonstrativpronomen *seo*, *sin* und *siud* ist das Verb is bereits enthalten, das *s* am Wortanfang zeigt dies noch an. Daher kann man mit ihnen und einem bestimmten Nomen oder Eigennamen einen ganzen Satz bilden (⇨ Kapitel 28):

Seo lain. Sin Màiri.	*Dies ist lain. Das ist Màiri.*
Siud an taigh agam.	*Dort ist mein Haus.*
Sin mar a tha mi.	*So bin ich eben.*

Oft sieht man auch eine duplizierte Form:

'S e seo lain.	*Das ist lain.*

Dies geht nicht mit unbestimmten Substantiven. Hier muss die unter A) beschriebene Konstruktion »'S e … a th' ann« angewendet werden.

F) Feststehende Ausdrücke mit *is*

Auf idiomatischen Konstruktionen mit is wird ausführlich im »Lehrbuch der schottisch-gälischen Sprache« eingegangen. In diesem Buch werden der Vollständigkeit halber lediglich einige wenige Ausdrücke erwähnt und als Übungsbeispiele präsentiert:

Is toil leam …	*Ich mag …*
Is urrainn dhomh …	*Ich bin fähig … / Ich kann …*
Is fheàrr leam …	*Ich bevorzuge …*
Is dòcha, gun/nach …	*Vielleicht ist es, dass …*
Is truagh gun/nach …	*Es ist schade, dass …*
Is fhiach e ….	*Es ist … wert.*

G) Weitere Funktionen von *is*

Is wird bei der Steigerung der Adjektive auch zur Bildung des Superlativs gebraucht (⇨ Kapitel 38).

Für Nebensätze mit is: ⇨ Kapitel 41.

Informationen zur Betonung von Satzteilen mit Is und 'S ann finden Sie im »Lehrbuch der schottisch-gälischen Sprache«.

Übungen

1. Übersetzen Sie ins Deutsche.

1. Ich bin Tòmas.
2. Ich bin ein Dudelsackspieler.
3. Ich mag Bücher, aber ich bevorzuge den Dudelsack.
4. Ich kann den Dudelsack spielen.
5. Vielleicht lerne ich auch Harfe (*clàrsach*).
6. Es ist schade, dass ich das nicht gelernt habe.
7. Ich habe einen wertvollen (*luachmhor*) Dudelsack. Er ist 3.000 GBP wert.
8. Das ist Ailean.
9. Er ist Schotte.
10. Er ist mein Lehrer an der Universität.

2. Bilden Sie nun zu jedem Satz aus Übung 1 eine sinnvolle Frage und beantworten Sie diese mit »ja« oder »nein«.

3. Setzen Sie die Sätze 1–4, 7, 9 und 10 aus Übung 1 ins Präteritum.

4. Finden Sie den Fehler in jedem Satz und korrigieren Sie die Sätze.

1. Tha mi tidsear.
2. Tha seo Ailean.
3. Is mi pìobaire.
4. An tusa sgìth?
5. 'S e botal ann.
6. A bheil sibh an clas Gàidhlig? Tha.
7. Bha e an dotair.
8. A bheil iad na pìobairean a th' ann?
9. B' e pìobaire math a bhi ann an Calum.
10. Tha Ealasaid clèireach agus tha iadsan reiceadair a th' annta.

5. Setzen Sie A und B jeweils mit *is* in einen sinnvollen Zusammenhang.

A	B
1. Dòmhnall	an dràibhear-tacsaidh
2. i	reiceadair
3. Uibhist a Deas	eilean brèagha
4. iad	oileanaich
5. Drochaid an Eilein Sgitheanaich	togalach àrd
6. Màiri agus Eilidh	an luchd-teagaisg

6. Übersetzen Sie ins Schottisch-Gälische.

1. Es ist schade, dass der nicht Harfe spielte an diesem Abend.
2. Es ist sicher, dass er die neue Stelle (*dreuchd*, f.) bekommen hat.
3. Es ist kein Wunder, dass du Gälisch kannst.
4. Zuerst dachte ich, der wäre blöde, aber ich sage dir: Der Mann war definitiv nett.
5. Ich bin mir sicher, dass das cèilidh gut sein wird.
6. Ich bin definitiv selbstsüchtig. So bin ich eben.

18 Das Verbalnomen

Ein Verbalnomen (VN) ist ein Nomen, das unter bestimmten Umständen wie ein Verb funktionieren kann. Es hat ein grammatisches Geschlecht und kann dekliniert werden:

an t-iasgach (maskulin)	*das Fischen*
an ionndrainn (feminin)	*das Vermissen*

Das Verbalnomen eines Verbs finden Sie in jedem schottisch-gälischen Wörterbuch nach dem Stamm des Verbs, also nach dem Haupteintrag. Weitere Informationen zum Verbalnomen finden Sie in dem Begleitheft zum »Lehrbuch der schottisch-gälischen Sprache«.

Verbalnomina werden im Schottisch-Gälischen hauptsächlich zur Bildung der Verlaufsformen benutzt. Diese entsprechen der englischen *-ing*-Form (z.B. *I am writing*) oder der umgangssprachlichen deutschen Form *Ich bin am Schreiben* (⇨ Kapitel 16).

Das Verbalnomen in Verbindung mit anderen Satzteilen

Ist das Objekt eines Satzes in der Verlaufsform unbestimmt, wird die Nominativform des Nomens benutzt, ist das Objekt bestimmt, kommt der Genitiv zur Anwendung:

Tha mi ag ionnsachadh Gàidhlig.	*Ich lerne Gälisch. (wörtl.: Bin ich bei Lernen Gälisch.)*
Tha mi a' glanadh an t-seòmair.	*Ich reinige das Zimmer. (wörtl.: Ist ich bei Reinigen des Zimmers.)*
Tha mi a' fosgladh na h-uinneige.	*Ich öffne das Fenster.*

Wenn dem Verbalnomen ein Genitivobjekt samt vorangehendem Possessivpronomen folgt, fällt der bestimmte Artikel zugunsten des Possessivpronomens weg. Die Genitivform bleibt erhalten:

mo*	*mein*	Tha mi a' faicinn mo chait.	*Ich sehe meine Katze.*
do*	*dein*	Tha mi a' goid do phinn.	*Ich stehle deinen Kuli.*
a*	*sein*	Tha mi a' glanadh a chair.	*Ich putze sein Auto.*
a**	*ihr*	Tha mi a' glanadh a càir.	*Ich putze ihr Auto.*
ar***	*unser*	Tha thu a' reic ar taighe.	*Du verkaufst unser Haus.*
ur***	*euer*	Tha mi ag ithe ur n-arain.	*Ich esse euer Brot.*
an****	*ihr (Pl.)*	Tha e a' faicinn an cait.	*Er sieht ihre Katze.*

* löst Lenition aus | ** *na h-* vor femininen Hauptwörtern, die mit einem Vokal beginnen
*** *ar/ur n-* vor Vokal | **** *am*, wenn das folgende Wort mit b, p, f oder m beginnt

Das Verbalnomen in Verbindung mit einem Personalpronomen

Da einem Verbalnomen kein Personalpronomen folgen kann, wird ein pronominales Genitivobjekt durch eine Verschmelzung der Präposition *aig* mit den Possessivpronomen *mo*, *do* … ausgedrückt. Diese Formen der Verschmelzung stehen vor dem Verbalnomen:

Tha mi a' faicinn Beathaig. — *Ich sehe Beathag.*
Tha mi ga faicinn. — *Ich sehe sie.*

Tha mi a' glanadh a' chàir. — *Ich reinige das Auto.*
Tha mi ga ghlanadh. — *Ich reinige es.*

Die Formen der Verschmelzung der Präposition *aig* mit den Possessivpronomen lauten:

aig + Possessivpronomen		Deutsch
aig + mo	gam*	*bei meinem*
aig + do	gad*	*bei deinem*
aig + a	ga*	*bei seinem*
aig + a	ga (h-)**	*bei ihrem*
aig + ar	gar (n-)***	*bei unserem*
aig + ur	gur (n-)***	*bei eurem*
aig + an/am	gan/gam****	*bei ihrem*

* löst Lenition aus | ** *ga h-* vor femininen Sunstantiven, die mit Vokal beginnen
*** *gar n- / gur n-* vor Vokal | **** *gam*, wenn das folgende Wort mit b, p, f oder m beginnt

Tha thu gam fhaicinn. — *Du siehst mich.*
Tha mi gad fhaicinn. — *Ich sehe dich.*
Tha Màiri gur faicinn. — *Màiri sieht euch.*
Tha e gar n-ionndrainn. — *Er vermisst uns.*
Tha mi ag ionnsachadh Gàidhlig. — *Ich lerne Gälisch.*
Tha mi ga h-ionnsachadh. — *Ich lerne es.*

Das Verbalnomen zum Ausdruck eines statischen Zustandes

Es gibt einige Verbalnomen, die nicht nur eine einmalige, sich im Verlauf befindliche Tätigkeit zum Ausdruck bringen, sondern darüber hinaus auch einen statischen, andauernden Zustand beschreiben können. Dazu stehen sie nicht nach *ag* oder *a'*, sondern folgen den zusammengesetzten Präpositionalpronomen nam, nad usw. (*ann* + Possessivpronomen). Zu dieser Art Verbalnomen zählen u.a. cadal »schlafen«, dùisg »aufwachen«, laighe »liegen«, ruith »rennen«, seasamh »stehen«, sìneadh »(aus)-strecken« und suidhe »sitzen«.

Die Formen des zusammengesetzten Präpositionalpronomens lauten:

ann + Possessivpronomen		Deutsch
ann + mo	nam*	*in meinem*
ann + do	nad*	*in deinem*
ann + a	na*	*in seinem*
ann + a	na (h-)**	*in ihrem*
ann + ar	nar (n-)***	*in unserem*
ann + ur	nur (n-)	*in eurem*
ann + an/am	nan/nam****	*in ihrem*

* löst Lenition aus | ** *na h-* vor femininen Hauptwörtern, die mit einem Vokal beginnen
*** *nar n-* vor Vokal | **** *nam*, wenn das folgende Wort mit b, p, f oder m beginnt

Der Bedeutungsunterschied der verschiedenen Konstruktionen wird an folgenden Beispielen deutlich:

Tha mi a' cadal.	*Ich schlafe ein.*	(einmalige Tätigkeit)
Tha mi nam chadal.	*Ich schlafe.*	(andauernder Zustand)
Tha mi a' laighe.	*Ich lege mich hin.*	(einmalige Tätigkeit)
Tha mi nam laighe.	*Ich liege.*	(andauernder Zustand)
Tha mi a' dùsgadh.	*Ich wache auf.*	(einmalige Tätigkeit)
Tha mi nam dhùisg.	*Ich wache / bin wach.*	(andauernder Zustand)
Tha mi a' ruith.	*Ich renne los.*	(einmalige Tätigkeit)
Tha mi nam ruith.	*Ich renne.*	(andauernder Zustand)

Beachten Sie den Unterschied zum Deutschen:

Tha mi nam laighe anns an leabaidh.	passive Tätigkeit des Liegens, krank, möglicherweise tot
Tha mi nam shìneadh anns an leabaidh.	aktive Tätigkeit des Liegens, z.B. müde, Person kann jederzeit wieder selbst aufstehen

Das Verbalnomen mit Verben der Bewegung

Verben der Bewegung sind im Schottisch-Gälischen u.a. rach »gehen«, thig »kommen«, ruith »rennen« und falbh »weggehen«. Nach diesen und anderen Verben der Bewegung folgt auf die Präposition *a* das lenierte Verbalnomen:

Thàinig e a cheannachd an taighe.	*Er kam, um das Haus zu kaufen.*
Ruith e a dh'fhaighinn ticead.	*Er rannte, um eine Eintrittskarte zu bekommen.*
Dh'fhalbh e gam faicinn.	*Er ging weg, um sie (Pl.) zu sehen.*
Tha thu a' dol a dh'òl bainne.	*Du gehst, um Milch zu trinken.*
Chaidh e a dh'obair anns an oifis.	*Er ging, um im Büro zu arbeiten.*

Übungen

1. Bilden Sie zu folgenden Verbstämmen das Verbalnomen.

1. faighnich
2. ionnsaich
3. teagaisg
4. leugh
5. siubhail
6. seòl
7. cuir
8. teasaich
9. dràibh
10. òl

2. Verbinden Sie die richtigen Formen miteinander.

1. rach	faighinn
2. faigh	ruigsinn
3. thoir	faicinn
4. ruig	ràdh, cantainn
5. thig	cluinntinn
6. faic	beirsinn
7. breith	tighinn
8. abair	toirt
9. cluinn	dol

3. Wie lautet der Verbstamm zu folgenden Verbalnomen?

1. ceannachd
2. dùnadh
3. fosgladh
4. ruith
5. ithe
6. innse
7. cur
8. teagasg
9. bruidhinn
10. èisteachd

4. Vervollständigen Sie die folgenden Sätze mit den vorgegebenen Begriffen. Achten Sie auf die korrekte Form des Genitivobjekts.

1. Tha mi a' ceannachd ________________ (an càr).
2. Bidh Tòmas a' cluich ________________ (a' phìob).
3. Bha Ailean a' seinn ________________ (an t-òran).
4. Tha Anna ag ionnsachadh ________________ (a' Ghàidhlig).
5. Bhiodh Dòmhnall a' sreap ________________ (na beanntan).
6. Am biodh iad ag ithe ________________ (na briosgaidean)?
7. Bha Inge a' sgrìobhadh ________________ (an aiste).
8. An robh Mìcheal ag òl ________________ (am fìon)?
9. Bidh Maighread a' ceannachd ________________ (na brògan).
10. Bha an cù a' salachadh ________________ (an t-sràid).

5. Ersetzen Sie nun die Objekte aus Übung 4.

Beispiel: Tha mi a' ceannachd *a' chàir.* → Tha mi *ga* cheannachd.

6. Finden Sie zehn Verbalnomen und unterstreichen Sie diese.

Am bliadhna cha robh an t-iasgach cho math. Thàinig Iain don loch a dh'iasgach ach cha robh e a' glachadh mòran. Cha robh an t-sìde math agus bha stoirm uabhasach a' tòiseachadh. Gu h-òbann chunnaic e Calum. Bha e ga fhaicinn nuair chaidh esan a shnàmh anns an loch. Nuair a thàinig e às a' bhothan gus dol don loch, bha tarbh ga dhlùthachadh. Chan do mhothaich Calum den tarbh ach chaidh e a phutadh Chaluim don loch. Aig a' cheann thall chunnaic Calum e, ruith e air falbh agus bha e sàbhailte.

7. Ersetzen Sie jeweils das Genitivobjekt.

Beispiel: Tha iad a' leughadh nan leabhraichean. → Tha iad gan leughadh.

1. Bha sinn a' glacadh nan iasg.
2. Tha mi a' dol a cheannachd a' chàir.
3. Bha mi a' faicinn na beinne.
4. Am bi thu a' togail an taighe?
5. Thig mi a' dèanamh cèic.

8. Bilden Sie die richtige Form des Possessivpronomens mit *ann*.

1. Tha mi __________ (sìneadh) anns an leabaidh.
2. Bha Eilidh __________ (suidhe) aig a' bhòrd.
3. Bha iad __________ (seasamh) aig stad a' bhus.
4. A bheil thu __________ (cadal)?
5. Tha sinn __________ (ruith) tron choille.

9. Übersetzen Sie ins Schottisch-Gälische.

1. Ich kehre die Straße.
2. Ich fülle den Kessel mit Wasser.
3. Seonaid kam, um das Haus ihres Sohnes zu putzen.
4. Wir sind wach, schreiben Gälisch und lesen es auch.
5. Er ging, um das Kleid zu kaufen, und gab es seiner Mutter.
6. Der Wal liegt am Strand und ist tot.

Vokabelhilfe

kehren	sguaib, sguabadh	*auch*	cuideachd
füllen	lìon, lìonadh	*geben*	thoir, a' toirt
Kessel	coire (m.)	*Wal*	mhuc-mhara (f.)

10. Was muss hier eingesetzt werden, damit sinnvolle Sätze entstehen?

1. Bhiodh tu air __________________ anns an leabhar.
2. Tha mi __________________ an càr a sgioblachadh.
3. Bidh Iain air __________________ an rèidio.
4. Bha mi __________________ an obair __________________ dhèanamh.
5. Tha mi air __________________ faicinn.

19 Zusammengesetzte Zeiten

Ein allgemeiner Hinweis vorweg: Die hier dargestellten Tempora werden im Schottisch-Gälischen nicht so häufig benutzt wie im Deutschen. Außerdem ist zu beachten, dass man als Erzählform der Vergangenheit im Schottisch-Gälischen das Präteritum (⇨ Kapitel 10) und nicht das Perfekt benutzt.

Perfekt

Als Einstieg dient das folgende Anwendungsbeispiel: Es klopft an der Tür. Sie stehen vom Tisch auf und sagen: *Thig a-steach, tha mi dìreach air ithe.* »Komm rein, ich habe gerade gegessen«. Hier spielt der unmittelbare Aspekt eine entscheidende Rolle: Der Sachverhalt ist abgeschlossen und hat noch Auswirkungen auf die Gegenwart. In diesem Fall wird das Perfekt gebraucht.

Zur Bildung wird dem Verbalnomen die Partikel *air* vorangestellt, die nichts mit der Präposition *air* zu tun hat, sondern in diesem Fall »nach« bedeutet.

Tha mi air ceannachd.	*Ich habe gekauft. (wörtl.: Ist ich nach Kaufen.)*
Tha mi air ithe.	*Ich habe gegessen. (wörtl.: Ist ich nach Essen.)*

Plusquamperfekt, Futur 2 und Konditional 2

Das im Perfekt stehende tha wird zur Bildung weiterer zusammengesetzter Zeiten wie folgt ersetzt:

Plusquamperfekt:	bha
Futur 2:	bidh
Konditional 2:	bhiodh

Plusquamperfekt

Bha mi air ithe mar-thà, nuair a thàinig e dhachaigh.	*Ich hatte bereits gegessen, als er nach Hause kam.*

Futur 2

Bidh mi air falbh, nuair a ruigeas tu Glaschu.	*Ich werde weg(gegangen) sein, wenn du in Glasgow ankommen wirst.*

Konditional 2

Bhiodh tu air ithe nan tigeadh i dhachaigh.	*Du würdest gegessen haben, wenn sie nach Hause käme.*

Sätze mit Objekt

Wenn Sie Sätze in zusammengesetzten Zeiten um ein Akkusativobjekt erweitern möchten, ist Folgendes zu beachten: Das Akkusativobjekt folgt unmittelbar der Partikel *air*, nach dem Objekt steht die Präposition *a* »zu«, die das Verbalnomen leniert. Bei Verbalnomen, die mit Vokal oder *f* + Vokal beginnen, fällt das a weg. Merken Sie sich, dass die Wortfolge hier wie im Deutschen ist, das kann eine gute Hilfe sein:

Tha mi air càr a cheannachd.	*Ich habe ein Auto gekauft. (wörtl.: Ist ich nach Auto zu kaufen.)*
Bha mi air deagh bhiadh ithe.	*Ich hatte gutes Essen gegessen. (wörtl.: Ist ich nach gutem Essen (zu) essen.)*

Wenn Sie hingegen ein Dativobjekt ergänzen möchten, beachten Sie, dass die Kombination aus Verbalnomen + Präposition + Dativobjekt nicht getrennt wird, sondern erhalten bleibt:

Bidh mi air èisteachd ris an rèidio.	*Ich werde Radio gehört haben. (wörtl.: Werde sein ich nach Hören zu dem Radio.)*
Bhithinn air leughadh anns an leabhar.	*Ich würde in dem Buch gelesen haben. (wörtl.: Wäre ich nach Lesen in dem Buch.)*

Das Ersetzen des Objekts in zusammengesetzten Zeiten geschieht durch ein Possessivpronomen (⇨ Kapitel 27):

Tha mi air Màiri fhaicinn.	*Ich habe Màiri gesehen.*
Tha mi air a faicinn.	*Ich habe sie gesehen.*
Tha e air d' fhaicinn.	*Er hat dich gesehen.*
Bhiomaid air ur faicinn.	*Wir würden euch gesehen haben.*

Übungen

1. Perfekt und Plusquamperfekt. Übersetzen Sie ins Schottisch-Gälische.

1. Ich habe Schottland bereist.
2. Wir hatten gerade gegessen, da klingelte (*seirm, a' seirm*) es an der Tür.
3. Wir wären ziemlich dumm gewesen, wenn wir kein Gälisch gelernt hätten.
4. Sie hatten ihn gesehen, bevor er in die Bank einbrach.
5. Ich werde gegessen haben, wenn du nach Hause kommst.
6. Wir hatten die Bücher in Glasgow gekauft und sahen dann, dass sie in Perth billiger waren.
7. Wir hätten die Bücher in Perth gekauft, wenn wir gewusst hätten, dass sie dort billiger sind.
8. Wir haben gerade gegessen, deshalb haben wir im Moment keinen Hunger.
9. Ich bin im See geschwommen und du hast ein Buch gelesen.
10. Màiri hatte Radio gehört und den Brief geschrieben, als Mòrag hereinkam.

2. Übertragen Sie die Sätze vom Präsens ins Perfekt.

1. Tha Dòmhnall ag ithe brot.

2. A bheil Donnchadh a' bruidhinn ris an dotair?

3. Tha mi a' dràibheadh a Ghlaschu.

4. Tha e ag ionnsachadh leughadh is sgrìobhadh anns an sgoil.

5. Tha mi a' ruigsinn an stèisein agus tha mi a' ceannachd ticead an sin.

3. Übertragen Sie die Sätze vom Konditional 2 ins einfache Präteritum.

1. Bhithinn air an litir a sgrìobhadh.

2. Bhiodh tu air snàmh anns a' mhuir.

3. Am biodh tu air cluinntinn na thuirt mi?

4. Bhiomaid air am baile fhaicinn.

5. Bhiodh tu air m' fhaicinn.

4. Korrigieren Sie folgende Sätze.

1. Tha mi air ithe càise.

2. An robh e air ceannachd an taighe?

3. Tha mi orm mo bhracaist a ghabhail.

4. Tha Dòmhnall air an t-sràid a' draibheadh.

5. Bha iad air an telebhisean a choimhead air.

20 Präteritum Passiv

Auch im Passiv werden die einfachen Zeitformen im Schottisch-Gälischen mit dem Verbstamm gebildet. Zudem gilt auch hier – wie im Aktiv –, dass für das Präsens entweder die Verlaufsform oder das Futur benutzt wird. Mehr dazu in den Kapiteln12 und 18.

Es gibt zwei Arten, das einfache Präteritum Passiv zu bilden.

1. Die häufigste Art in der gesprochenen Sprache ist eine Umschreibung mit rach »gehen«, im Sinne von »dass etwas vor sich geht«. Hierfür wird chaidh (Aussageform Präteritum von *rach*) oder die abhängige Form vor das Subjekt, die Präposition *a* und das lenierte Verbalnomen gesetzt:

Chaidh an duine a bhualadh.	*Der Mann wurde geschlagen.*
Chaidh am mòr-rathad a dhùnadh an dèidh na tubaiste.	*Die Autobahn wurde nach dem Unfall geschlossen.*
Chaidh mo bhreabadh.	*Ich wurde getreten.*

Fragen und Antworten werden ebenfalls mit den entsprechenden Formen von rach gebildet:

An deach an cù a bhualadh le Iain?	*Wurde der Hund von Iain geschlagen?*
Chaidh. / Cha deach.	*Ja. / Nein.*

2. Das klassische Präteritum Passiv wird gebildet, indem der Verbstamm leniert und die Endung -adh oder -eadh angehängt wird. Danach folgt das Personalpronomen. Diese literarische Form hört man in der gesprochenen Sprache allerdings selten:

bhreabadh mi	*ich wurde getreten*
bhreabadh tu	*du wurdest getreten*

Die abhängige Form wird mit der Partikel *do* gebildet:

Cha do bhreabadh mi.	*Ich wurde nicht getreten.*
Nach do bhreabadh e.	*Wurde er nicht getreten?*
Bhreabadh. / Cha do bhreabadh.	*Ja. / Nein.*

Auch hier gelten wieder die üblichen Lenitionsregeln:

Leughadh an leabhar.	*Das Buch wurde gelesen.*
An do nigheadh an càr?	*Wurde das Auto gereinigt?*
Rugadh mi ann am Bonn.	*Ich wurde in Bonn geboren.*
Sgrìobhadh an litir.	*Der Brief wurde geschrieben.*
Smàladh an tèine.	*Das Feuer wurde gelöscht.*

Verbstämmen, die mit Vokal oder *f* + Vokal beginnen, wird dh' vorangestellt:

Dh'òladh an t-uisge-beatha.	*Der Whisky wurde getrunken.*
An do dh'òladh an t-uisge-beatha?	*Wurde der Whisky getrunken?*

Möchte man die handelnde Person benennen, geschieht dies mit der Präposition *le*:

Sgrìobhadh an leabhar le Iain Caimbeul.	*Das Buch wurde von Iain Caimbeul geschrieben.*
Mharbhadh an t-each le gunna.	*Das Pferd wurde mit einem Gewehr getötet.*

Hier ein typisches Beispiel für die Benutzung des klassischen Präteritum Passiv:

Rugadh Màiri ann an Dalabrog ach thogadh i ann an Loch Baghasdail.	*Mairi wurde in Dalabrog geboren, aber sie wurde in Loch Baghasdail aufgezogen.*

Übungen

1. Leiten Sie vom Verbstamm die richtige Aussage- bzw. abhängige Form im klassischen Präteritum Passiv ab und bilden Sie kurze Sätze, Fragen und Antworten.

Beispiel: glac *fang!* → ghlacadh, do ghlacadh

Ghlacadh am muirtear ann an Glaschu.	*Der Mörder wurde in Glasgow gefangen.*
An do ghlacadh e leis a' phoilis?	*Wurde er von der Polizei gefangen?*
Ghlacadh.	*Ja.*

1. leugh	*lies!*		
2. ceannaich	*kauf!*		
3. òl	*trink!*		
4. fàg	*verlasse!*		
5. tilg	*wirf!*		
6. sluig	*schluck!*		
7. pòg	*küss!*		

2. Setzen Sie die folgenden Sätze ins klassische Präteritum Passiv.

Dh'òl e an tì. Dhùin Màiri an doras. Dhraibh Màiri a Ghlaschu agus cheannaich i brògan ùra. Dh'fhosgail bùth mhòr, ùr anns a bhaile. Leugh iad an leabhar ach cha do thuig iad dad. Ghlàn Eilidh an seòmar.

3. Bilden Sie sinnvolle Fragen zu den Sätzen aus Übung 2 und beantworten Sie sie mit »ja« und »nein«.

Beispiel: An do dh'òladh an tì? Dh'òladh. / Cha do dh'òladh.

4. Setzen Sie die Sätze aus Übung 3 in das Passiv mit *rach*.

5. Setzen Sie den folgenden Text ins Aktiv. Die handelnde Person finden Sie jeweils in Klammern angegeben.

Rugadh is thogadh mi faisg air Inbhir Nis (mo mhàthair). Chuireadh mi don sgoil nuair a bha mi 5 bliadhna a dh' aois (m' athair). Cha do thogadh taigh, cheannaicheadh fear na bu mhotha nuair a bha mi 10 bliadhna a dh' aois (mo phàrantan). Dh'oibricheadh anns a' ghàrradh as t-samhradh agus bhuainnicheadh measan is buntàta (mo sheanmhair). Shealgadh fèidh sa' gheamhradh nuair a bha mi òg (mo sheanair). Mharbhadh tòrr dhiubh agus dh'itheadh feòil nam beathaichean ud an uair sin (sinn).

6. Übersetzen Sie ins Schottisch-Gälische. Benutzen Sie das Passiv mit *rach*.

1. Das Lied wurde beim Mòd gesungen und es war einfach furchtbar.
2. Der Dudelsack wurde repariert, dann wurde er nach Hause gebracht und war danach viel besser.
3. Das kalte und feuchte Haus wurde gereinigt und geheizt.
4. Der Laden wurde geöffnet, aber weil sie keinen Profit mit ihm machten, wurde er wieder geschlossen.

Vokabelhilfe

reparieren	càraich, càradh
heizen	teasaich, -achadh
Profit	prothaid (f.)

21 Futur Passiv

Auch für das Futur Passiv gibt es wieder zwei Formen, einmal die klassische, die auch das unpersönliche Futur genannt wird, und die Umschreibung mit *rach*.

1. Das klassische Futur Passiv wird oft in unpersönlich formulierten Texten benutzt, z.B. in Nachrichten oder akademischen Aufsätzen. Um diese Form zu bilden, wird dem Verbstamm die Endung -ear bzw. -ar angehängt, je nachdem, ob der Stamm im letzten Vokal hell oder dunkel endet:

Meilear an cofaidh.	*Der Kaffee wird/kann gemahlen werden.* *Man wird den Kaffee mahlen.*
Nach* fhaicear an salachar?	*Sieht man den Schmutz nicht?*
Nach meilear an cofaidh?	*Wird/Kann der Kaffee nicht gemahlen werden?*
Togar taigh ùr.	*Man baut ein neues Haus.*

* *nach* leniert auch hier *f*.

Das relative Futur im Passiv

Im Passiv gibt es keine Form für das relative Futur. Man benutzt die Aussageform, die vom Relativpronomen a leniert wird.

an cofaidh a mheilear	*der Kaffee, der gemahlen wird*

2. Die üblichere Art der Passivbildung in der gesprochenen Sprache ist auch im Futur eine Umschreibung mit *rach* »gehen«, im Sinne von »dass etwas vor sich gehen wird«. Hier geht man analog zum Präteritum vor:

Thèid a' chaileag a bhualadh.	*Das Mädchen wird geschlagen werden.*
An tèid an cù a bhualadh le Iain?	*Wird der Hund von Iain geschlagen werden?*
Thèid. / Cha tèid.	*Ja. / Nein.*
Thèid mo bhreabadh.	*Ich werde getreten werden.*

Übungen

1. Setzen Sie die folgenden Sätze vom unpersönlichen Futur ins Futur Passiv mit *rach*.

1. Togar rathad ùr eadar Glaschu agus Dùn Èideann.
2. Reicear na taighean ùra gu math daor, a thogar aig bruach na h-aibhne.
3. Cha mholar clann mura bheil iad modhail.
4. Fastar (fast, a' fastadh: *jmdn. anstellen, beschäftigen*) barrachd daoine ma bhios barrachd obrach ann.
5. Nithear gach rud gus ar cuideachadh.

2. Übersetzen Sie ins Schottisch-Gälische, indem Sie das Futur Passiv mit *rach* benutzen. Bilden Sie anschließend sinnvolle Fragen zu den jeweiligen Sätzen.

1. Die Halle wird gereinigt werden, wenn das cèilidh vorbei ist.
2. Der Palast wird für Touristen geöffnet werden, wenn die Königin wieder in London ist.
3. Mòrag bekommt eine neue Arbeit in Òban und dann wird das neue Haus gekauft.
4. Die Tür wird geschlossen, wenn es im Zimmer zu kalt wird.
5. Ich bin mir nicht sicher, ob der neue Film auf BBC Alba gesendet wird.

Vokabelhilfe

reinigen	glan, a' glanadh
Palast	lùchairt (f.)
senden	craol, a' craoladh

3. Setzen Sie die folgenden Sätze in das unpersönliche Futur Passiv.

Òlaidh e an tì. Dùinidh Màiri an doras. Dràibhidh Màiri a Ghlaschu agus ceannaichidh i brògan ùra. Fosglaidh bùth mhòr, ùr anns a bhaile. Leughaidh iad an leabhar ach cha tuig iad dad. Glànaidh Eilidh an seòmar.

4. Bilden Sie aus den deutschen Aktivsätzen schottisch-gälische Passivsätze im unpersönlichen Futur. Die handelnde Person muss dann weggelassen werden.

1. Er verletzt dreizehn Personen.
2. Die Polizei tötet den Terroristen vor dem Bahnhof.
3. Die Behörde schließt das Restaurant, da es voller Ratten ist.
4. Màiri putzt das Auto.
5. Sie dürfen hier nicht rauchen.

Vokabelhilfe

verletzen	goirtich, a' goirteachadh
töten	marbh, a' marbhadh
Terrorist	neach-ceannairc (m.)
Ratte	radan, radain (m.)

5. Setzen Sie die Nebensätze der folgenden Sätze ins unpersönliche Passiv Futur. Den Handlungsträger lassen Sie dabei weg.

1. Sin an taigh a cheannaicheas mi.
2. Thuirt e gun sgrìobh e leabhar ùr.
3. Chaidh fhoillseachadh gun dùin iad a' bhùth aig deireadh na bliadhna.
4. Chualas air Radio nan Gàidheal, nach cosg iad sgillin ruadh air rathad ùr anns an Eilean.
5. Chan eil fhios agam an cleachd iad an leabhar ùr anns an sgoil.

22 Konditional Passiv

1. Auch im Konditional können die Passivformen mit einer Umschreibung mit rach gebildet werden. Dies geschieht wiederum analog zum Präteritum und Futur:

Rachadh an doras a dhùnadh	*Die Tür würde geschlossen werden.*
An rachadh an cù a bhiadhadh?	*Würde der Hund gefüttert werden?*
Rachadh. / Cha rachadh.	*Ja. / Nein.*

2. Um das klassische Konditional Passiv zu bilden, wird dem lenierten Verbstamm die Endung -te angefügt, und zwar unabhängig davon, ob der Stamm hell oder dunkel endet. Es gibt allerdings auch Ausnahmen von dieser Regel, d.h. einige Verben bilden die Vokalharmonie hell zu hell aus: z.B. faod > faoidte.

Dhùinte an doras.	*Die Tür würde geschlossen werden.*
Cheannaichte an taigh.	*Das Haus würde gekauft werden.*
Dh'òlte an t-uisge-beatha.	*Der Whisky würde getrunken werden.*
Dh'fhosgailte an uinneag.	*Das Fenster würde geöffnet werden.*
Chan fhosgailte an doras.	*Die Tür würde nicht geöffnet werden.*
Am breabte tu?	*Würdest du getreten werden?*
Bhreabte. / Cha bhreabte.	*Ja. / Nein.*

Beachten Sie, dass es im Konditional Passiv keine Sonderformen für die 1. Person Singular und Plural gibt.

nan + abhängige Form: »wenn/falls«

Nan »falls« wird zu nam, wenn das folgende Wort mit b, p, f oder m beginnt.

Nan ceannaichte an taigh, dh'fheumte a phaigheadh.	*Falls das Haus gekauft werden würde, müsste es bezahlt werden.*
Nam fosgailte an uinneag, dh'fhasamaid uile tinn.	*Wenn das Fenster geöffnet werden würde, würden wir alle krank.*

mura + abhängige Form: »wenn/falls nicht«

Mura buailte clann anns an sgoil, bhiodh iad na b' fhèarr.	*Wenn Kinder in der Schule nicht geschlagen werden würden, dann wären sie besser.*
Mura glacte dad, bhiodh an t-acras oirnn.	*Wenn nichts gefangen werden würde, hätten wir Hunger.*

Übungen

1. Setzen Sie den folgenden Text ins Konditional Passiv, indem Sie die Form mit der Endung -te benutzen. Setzen Sie den Text anschließend ins Konditional Passiv mit *rach*.

Thogadh an taigh nuair a bha airgead gu leòr aig an teaghlach. Cheannaicheadh clachan is stuth eile agus phaigheadh an stuth sin leis an airgead a thug mo mhàthair dhuinn. Dh'òladh fìon mhath, nuair a bha am mullach deiseil agus dheasaicheadh bufaidh bhlasta cuideachd. Reiceadh an seann taigh anns a' bhaile mus do dh'imrich an teaghlach don taigh ùr.

2. In diesem Buchstabensalat sind elf Konditional Passivformen versteckt.

B	R	C	H	E	A	N	N	A	I	C	H	T	E
B	M	H	O	L	T	E	U	P	H	Ù	O	O	T
U	Ò	U	R	L	P	A	P	G	T	M	M	G	H
A	L	I	M	U	I	L	T	H	M	T	U	T	I
I	T	R	E	I	C	T	E	L	U	E	M	E	R
L	E	T	C	L	T	R	R	A	I	R	H	R	P
T	R	E	H	D	H	Ù	I	N	T	E	E	A	C
E	I	B	H	R	E	A	B	T	E	I	T	I	H
D	E	A	D	I	R	P	U	E	P	D	H	B	I

3. Stellen Sie sinnvolle Fragen zu den Sätzen aus Übung 1 im klassischen Konditional Passiv.

4. Beantworten Sie die folgenden Fragen mit »ja« und »nein«.

1. An rachadh do mholadh anns an sgoil?
2. An òlte an t-uisge-beatha seo?
3. An glacte iasg anns an loch seo nam feuchadh duine e?
4. Am faoidte smocadh an seo?
5. Nach fhosgailte an uinneag?

5. Übersetzen Sie ins Schottisch-Gälische.

1. Würde das Haus gebaut werden, wenn es zu teuer werden würde?
2. Die Äpfel würden gepflückt werden, wenn sie nicht roh (*amh*) wären.
3. Unreifes (*amh*) Obst würde man nicht essen.
4. Die Arbeit würde getan werden, wenn es genügend Arbeiter (*luchd-obrach*) gäbe.
5. Gälisch würde öfter gesprochen werden, wenn man es öfter hören würde.
6. Wenn das Fenster nicht geöffnet würde, würden wir alle müde werden.
7. Wenn zu viel getrunken würde, würde der Pub (*taigh-seinnse*) geschlossen werden.

23 Passivformen der unregelmäßigen Verben

Im Gegensatz zu den Aktivformen werden die Passivformen der unregelmäßigen Verben fast nur im Schriftgälischen und da auch nur in offiziellen Texten, wie z.B. Nachrichten oder akademische Arbeiten benutzt. Man muss sie nicht alle lernen und stets präsent haben, aber wenn man sie erkennen kann, hilft es doch sehr.

Stamm	Präteritum	Futur	relatives Futur	Konjunktiv*
		abair *sagen*		
Aussageform	thuirteadh	theirear	a theirear	theirte
abhängige Form	tuirteadh	abrar		abairte
		beir *gebären*		
Aussageform	rugadh	beirear	a bheirear	bheirte
abhängige Form**	do rugadh	beirear		beirte
		cluinn *hören*		
Aussageform	chualas	cluinnear	a chluinnear	chluinnte
abhängige Form	cualas	cluinnear		cluinnte
		dèan *tun, machen*		
Aussageform	rinneadh	nithear	a nithear	dhèante
abhängige Form	do rinneadh	dèanar		dèante
		faic *sehen*		
Aussageform	chunnacas	chithear	a chithear	chìte
abhängige Form***	facas	faicear		faicte
		faigh *bekommen*		
Aussageform	fhuaireas	gheibhear	a gheibhear	gheibhte
abhängige Form	d' fhuaireas	faighear		faighte
		ruig *erreichen*		
Aussageform	ràinigeadh	ruigear	a ruigear	ruigte
abhängige Form	do ràinigeadh	ruigear		ruigte
		thoir *geben*		
Aussageform	thugadh	bheirear	a bheirear	bheirte
abhängige Form	tugadh	toirear		toirte

* Die Endung für die 1. Pers. Sg. lautet *-ainn/-inn*, für die 1. Pers. Pl. *-amaid*.

** *cha* leniert die abhängigen Formen aller Verben, außer *d*, *t*, und *s* (Lenitionsblockade).

*** *f* wird von der negativen Fragepartikel *nach* leniert.

Rugadh e ann an Dùn Èideann.	*Er wurde in Edinburgh geboren.*
Chunnacas gum buaileadh e.	*Man sah, dass er geschlagen wurde.*
Chualas e nuair a bhruidhinn e ris a' mhinistear.	*Er wurde gehört, als er mit dem Minister sprach.*
Ruigear am baile gu furasta, nuair a ghabhar an rathad ùr.	*Man erreicht die Stadt sehr leicht, wenn man die neue Straße nimmt.*
Chithear, mar a dh'fhàsas e sean.	*Man kann sehen, wie er alt wird.*
Nithear uisge-beatha ann an taigh-stàile.	*Whisky macht man in einer Destillerie.*
Chìte e anns an Òban nan tigeadh e ann.	*Man würde ihn in Òban sehen, wenn er hinkäme.*
An cluinnte an ceòl an-seo cuideachd?	*Würde die Musik auch hier gehört werden?*
Gheibhte obair ùr anns an fhactaraidh nan togte i.	*Man würde Arbeit in der neuen Fabrik bekommen, wenn sie gebaut werden würde.*

Übungen

1. Setzen Sie die richtigen Zeitformen ein.

__________ (wurde gebaut) an t-ospadal, far an __________ (wurde geboren) lain ann an 1960. __________ (man sagt) gum b' e sin an t-ospadal a b' fheàrr a bh' ann aig an àm sin. Ach __________ (man hört) cuideachd, nach do chòrd e ris na h-euslàintich idir. __________ (man sah) mòran a dh'fhàg an t-ospadal agus nach robh slàn fallain idir an uair sin. __________ (es wurde gesagt), __________ (dass man sehen könnte), cò bha anns an ospadal ud. Mar sin __________ (man hörte) ann an 1980, gun dùinte e.

2. Übersetzen Sie ins Schottisch-Gälische.

1. Ich wurde in Oban geboren und in Inverness aufgezogen.
2. Wenn man in Uist (*Uibhist*) wäre, würde man dort Gälisch hören können.
3. Man gebärt Kinder, wenn genug Geld für sie da ist.
4. Man kann St. Kilda (*Hiort*) erreichen, wenn es nicht stürmisch ist.
5. Man bekam im Winter hier nichts zu essen.

3. Bilden Sie zu den Sätzen aus Übung 2 die passenden Fragen auf Schottisch-Gälisch und beantworten Sie sie mit »ja« und »nein«.

4. Hier sind Aktivformen verschiedener Verben. Wie lauten die Passivformen?

1. chunnaic	__________	6. cha tuirt	__________
2. an cuala	__________	7. dhèanadh	__________
3. thug	__________	8. cha chluinn	__________
4. gheibh	__________	9. a ruigeas	__________
5. an toir	__________	10. toireadh	__________

24 Passiv der Verlaufsformen

Das Passiv der Verlaufsformen kann auf unterschiedliche Art gebildet werden.

1. Das Passiv mit air, den Possessivpronomen *mo*, *do*, *a* etc. und dem Verbalnomen ist im Alltag sehr gebräuchlich und kann für alle einfachen Zeiten gebildet werden. Die Partikel air ist nicht zu verwechseln mit der Präposition *air*, sondern bedeutet hier »nach«. Das Possessivpronomen entspricht in Genus und Numerus dem Subjekt des Satzes. Diese Passivform ist eigentlich eine Perfektform, die Übergänge sind jedoch fließend:

Tha mi air mo thilgeil a-mach.	*Ich werde hinausgeworfen. (Ich bin hinausgeworfen geworden. / wörtl.: Ich bin nach meinem Werfen hinaus.)*
Tha na litrichean air an leughadh.	*Die Briefe werden gelesen.*
Tha iad air am fosgladh.	*Sie werden geöffnet.*

In der folgenden Übersicht werden alle einmal hinausgeworfen.

Tha mi	air mo thilgeil a-mach.	Tha sinn	air ar tilgeil a-mach.
Tha thu	air do thilgeil a-mach.	Tha sibh	air ur tilgeil a-mach.
Tha e	air a thilgeil a-mach.	Tha iad	air an tilgeil a-mach
Tha i	air a tilgeil a-mach.		

Für die Possessivpronomen gelten die bekannten Lenitionsregeln.

Ersetzt man das tha des Präsens durch bha, bidh oder bhiodh, kann man Passivsätze der Verlaufsformen im Präteritum, Futur und Konditional bilden:

Bha mi air mo nàireachadh.	*Ich wurde beschämt.*
Bha Iain air a bhreabadh.	*Iain wurde getreten.*
Bidh a' bhò air a biathadh a-nochd.	*Die Kuh wird heute Abend gefüttert werden.*
Bidh sinn air ar moladh.	*Wir werden gelobt werden.*
Bhiodh sibh air ur nighe.	*Ihr würdet gewaschen werden.*
Bhiodh na càraichean air an càradh.	*Die Autos würden repariert werden.*

Auch hier gilt, dass dies nur die Formen für den Verlauf einer Handlung sind. Für die einfachen abgeschlossenen Handlungen gibt es die einfachen Passivformen der Verben.

2. Das Passiv der Verlaufsform kann auch mit einer Kombination aus der Präposition *aig* und den Possessivpronomen gebildet. Diese Formen lauten:

ga	mit Lenition	*bei seinem*
ga	ohne Lenition	*bei ihrem*
gan/gam*	ohne Lenition	*bei ihrem (Pl.)*

* *gam*, wenn das folgende Nomen mit b, p, f, oder m beginnt.

Im Singular folgt das Possessivpronomen dem grammatischen Geschlecht des Subjekts. Im Plural spielt das grammatische Geschlecht keine Rolle.

Aktiv	Passiv
Singular	
maskulin: doras *Tür* Tha Màiri a' fosgladh an dorais. *Màiri öffnet die Tür.*	ga mit Lenition Tha an doras ga fhosgladh le Màiri. *Die Tür wird von Màiri geöffnet.*
feminin: Gàidhlig *Gälisch* Tha iad a' bruidhinn Gàidhlig an-seo. *Sie sprechen hier Gälisch.*	ga ohne Lenition Tha Gàidhlig ga bruidhinn an-seo. *Hier wird Gälisch gesprochen.* A bheil Gàidhlig ga bruidhinn an-seo? *Wird hier Gälisch gesprochen?*
Plural	
Tha iad a' càradh nam bàtaichean. *Sie reparieren die Boote.*	Tha na bàtaichean gan càradh. *Die Boote werden repariert.*
Tha Dòmhnall a' leughadh nan litrichean. *Dòmhnall liest die Briefe.*	Tha na litrichean gan leughadh. *Die Briefe werden gelesen*

Das unpersönliche Passiv

Mit der Passivform von bi und der Verlaufsform wird das unpersönliche Passiv gebildet. Diese Form hat eine unpersönliche Qualität im Sinne von »man tut etwas …«.

Präsens

Thathar ag ionnsachadh Gàidhlig.	*Man lernt Gälisch.*
Thathar a' glanadh an t-seòmair.	*Man reinigt das Zimmer.*
Thathar a' càradh a' bhàta.	*Man repariert das Boot.*
Nach eilear a' glanadh a' chàir?	*Putzt man nicht das Auto?*
Tha. / Chan eil.	*Ja. / Nein.*

Präteritum, Futur und Konditional

Ersetzt man thathar durch bhathar, bidhear oder bhite, kann man unpersönliche Passiv-Sätze in der Verlaufsform im Präteritum, Futur oder Konditional bilden. Fragen und Antworten werden ebenfalls mit den Formen von bi gebildet. Das Verbalnomen bleibt unverändert:

Bhathar ag òl fad na h-oidhche.	*Man trank die ganze Nacht.*
Bidhear ag ionnsachadh a-màireach.	*Man wird morgen lernen.*
Am bithear ag ionnsachadh a-màireach?	*Wird man morgen lernen?*
Bhite a' dràibheadh mun cuairt fad an latha, nam biodh càr spaideil ann.	*Man würde den ganzen Tag lang herumfahren, wenn es ein schickes Auto gäbe.*
Am bite a' dràibheadh mun cuairt fad an latha?	*Würde man den ganzen Tag herumfahren?*

Ersetzen des Genitivobjekts nach Verbalnomina

Ebenso wie im Aktiv wird auch im Passiv ein pronominales Genitivobjekt durch eine Verschmelzung der Präposition aig mit den Possessivpronomen mo, do … ersetzt. Diese Form steht vor dem Verbalnomen:

Thathar a' faicinn Beathaig. Thathar ga faicinn.	*Man sieht Beathag.* *Man sieht sie.*
Thathar a' glanadh a' chàir. Thathar ga ghlanadh.	*Man reinigt das Auto.* *Man reinigt es.*

Übungen

1. Setzen Sie die folgenden Sätze ins unpersönliche Passiv und danach ins Passiv mit *air*. Den Handlungsträger lassen Sie weg.

1. Tha mi a' ceannachd a' chàir.
2. Bidh Tòmas a' cluich na pìoba.
3. Bha Ailean a' seinn an òrain.
4. Tha Anna ag ionnsachadh na Gàidhlig.
5. Bhiodh Dòmhnall a' sreap nam beann.
6. Am biodh iad ag ithe nam briosgaidean?
7. Bha Inge a' sgrìobhadh na h-aiste.
8. An robh Mìcheal ag òl an fhìona?
9. Bidh Maighread a' ceannachd nam brògan.
10. Bha an cù a' sàlachadh na sràide.

2. Übersetzen Sie ins Schottisch-Gälische.

1. Die Straße wird gekehrt.
2. Der Kessel wird mit Wasser gefüllt.
3. Das Buch wird lange im Bett gelesen.
4. Gälisch wird seit Jahrhunderten auf den Inseln gesprochen.
5. In Inverness wird im Moment eine neue Fabrik gebaut.
6. In Edinburgh wurde jahrelang eine Straßenbahn gebaut.
7. Auf dem Mòd wurde stundenlang dasselbe Lied gesungen.
8. Man jagt wochenlang im Sommer im Hochland Hirsche und fängt in den Flüssen Fische.
9. Man unterrichtet Gälisch jetzt auch in einer neuen Schule in Edinburgh.
10. Im Nebel würde man den ganzen Tag herumfahren, ohne etwas zu sehen.

Vokabelhilfe

kehren	sguaib, sguabadh
Kessel	coire (m.)
füllen	lìon, lìonadh
Jahrhundert, -e	linn, linntean (f.)
stundenlang	fad uairean a thìde

3. Korrigieren Sie die folgenden Sätze.

1. Tha mi air nam nàireachadh.
2. Thathar m' fhaicinn.
3. Bhite air ceannachd a' chàir.
4. Bithear an rèidio air èisteachd ris.
5. Tha Gàidhlig ga bhruidhinn an seo.

4. Setzen Sie die folgenden Aktivsätze ins Präteritum Passiv mit *air*. Den Handlungsträger lassen Sie weg.

1. Tha e a' ceannachd mòran taighean anns a' bhaile seo.
2. Tha i a' tilgeil an duine a-mach às an taigh.
3. Tha e a' deasachadh na cèilidh fad an latha.
4. Tha iad a' càradh a' bhàta.

5. Übersetzen Sie folgende Ankündigungen ins Deutsche.

1. Thathar ag ràdh gum faigh sgoil Ghàidhlig Taobh na Pairce barrachd airgid.
2. Thathar a' bruidhinn Gàidhlig an seo.
3. Bidh Gàidhlig ga teagasg anns an sgoil an ath bhliadhna.
4. Bithear a' caradh an rathaid chunnartaich seo.
5. Thig am Prionnsa Teàrlach a-màireach agus bithear ga fhaicinn anns a' bhaile fad an latha.
6. Thathar cuirm-chiùil a' cumail anns an talla a-nochd.

25 Modalverben

Mit Modalverben kann man z.B. einen Wunsch, einen Zwang oder eine Möglichkeit ausdrücken. Modalverben können, wie im Deutschen, auch im Schottisch-Gälischen echte Verbalkonstruktionen sein. Oft handelt es sich aber um defekte Verben, d.h. um Verben, von denen nur noch bestimmte Formen existieren bzw. benutzt werden. Sehr häufig steht im Schottisch-Gälischen ein idiomatischer Ausdruck für eine Modalverbkonstruktion im Deutschen.

Im Deutschen gibt es sechs Modalverben: können, sollen, wollen, müssen, mögen und dürfen sowie ihre nuancierenden Varianten. In der folgenden Tabelle sind die häufigsten schottisch-gälischen Entsprechungen aufgeführt.

Deutsch	Schottisch-Gälisch	Deutsch
müssen	feumaidh* mi chan fheum mi am feum mi? nach fheum mi? ma dh'fheumas tu feumaidh / chan fheum is fheudar dhomh b' fheudar dhomh dh'fheumainn, dh'fheumadh tu am feumadh tu? dh'fheumadh / chan fheumadh	*ich muss* *ich muss nicht* *muss ich?* *muss ich nicht?* *wenn du musst* *ja / nein* *ich muss* *ich musste* *ich müsste, du müsstest* *müsstest du?* *ja / nein*
	tha agam ri	*ich habe zu*
dürfen	faodaidh* mi chan fhaod mi am faod mi? nach fhaod mi? ma dh'fhaodas tu faodaidh / chan fhaod dh'fhaodainn dh'fhaodadh tu am faodadh? nach fhaodadh tu? dh'fhaodadh / chan fhaodadh	*ich darf* *ich darf nicht* *darf ich?* *darf ich nicht?* *wenn du darfst* *ja / nein* *ich durfte/dürfte* *du durftest/ dürftest* *durftest/dürftest du?* *durftest/dürftest du nicht?* *ja / nein*
wollen	tha mi ag iarraidh chan eil mi ag iarraidh	*ich will* *ich will nicht*

mögen	is toil/caomh/math leam bu toil leam	*ich mag* *ich möchte/hätte gern*
nicht mögen	cha toil leam is beag orm is fuath leam	*ich mag nicht* *ich mag überhaupt nicht* *ich verabscheue*
sollen	bu chòir dhomh am bu chòir dhut? nach bu chòir dhut? bu chòir / cha bu chòir	*ich sollte* *solltest du?* *solltest du nicht?* *ja / nein*
können – Fähigkeit	is urrainn dhomh an urrainn dhut? nach urrainn dhut? is urrainn / chan urrainn b' urrainn dhomh am b' urrainn dhut? nach b' urrainn dhut? b' urrainn / cha b' urrainn Cha dearg mi air sin a dhèanamh.**	*ich kann* *kannst du?* *kannst du nicht?* *ja / nein* *ich konnte/könnte* *konntest/könntest du?* *konntest/könntest du nicht?* *ja / nein* *Das kann ich nicht tun.*
können – Möglichkeit	Futurform des Verbs (⇨ Kapitel 12) Fosglaidh mi an doras. Am fosgail thu an doras? Konditionalform des Verbs (⇨ Kap. 14) Dh'fhosglainn an doras, mas toil leat e. Am fosgladh tu an doras?	 *Ich kann die Tür öffnen.* *Kannst Du die Tür öffnen?* *Ich könnte die Tür öffnen,* *wenn du magst.* *Könntest Du die Tür öffnen?*
brauchen	Cha leig / ruig thu leas sin a dhèanamh.	*Das brauchst du nicht zu tun.*

* Von diesen Verben gibt es nur die Futur- und Konditionalform und deren regelmäßige Bildung.
** South-Uist-Variante

Satzbildung mit Modalverben

1. ohne Objekt

Das Verbalnomen schließt direkt an die Modalverbkonstruktion an:

Feumaidh mi falbh.	*Ich muss (weg-)gehen.*
Chan fhaod thu smocadh an-seo	*Du darfst hier nicht rauchen.*
Is urrainn dhi snàmh.	*Sie kann schwimmen.*
Bu chòir dha cadal.	*Er sollte schlafen.*
Cha ruig thu leas sin innse dhomh.	*Das brauchst du mir nicht zu erzählen.*

2. mit Akkusativobjekt

Zur Erweiterung mit einem Akkusativobjekt ist wie folgt vorzugehen: Das Objekt folgt unmittelbar auf die Modalverbkonstruktion, nach dem Objekt folgt die Präposition *a* »zu«, die das Verbalnomen leniert. Bei Verbalnomen, die mit Vokal oder *f* + Vokal beginnen, fällt das a weg. Merken Sie sich, dass die Wortfolge im Satz wie im Deutschen ist, das kann eine gute Hilfe sein. Dies gilt für alle Modalverbkonstruktionen außer den Futur- und Konditionalformen des Verbs, das *können* als Möglichkeit ausdrückt:

Feumaidh mi an obair a dhèanamh.	*Ich muss die Arbeit tun.*
Is toil leam Màiri fhaicinn.	*Ich mag (es), Màiri zu sehen.*
Chan fhaod mi an càr seo a cheannachd.	*Ich darf dieses Auto nicht kaufen.*
Am bu chòir dhomh Gàidhlig ionnsachadh?	*Sollte ich Gälisch lernen?*

3. mit Dativobjekt

Wenn Sie eine Modalverbkonstruktion um ein Dativobjekt erweitern möchten, beachten Sie, dass die Kombination aus Verbalnomen + Präposition + folgendem Dativobjekt nicht getrennt wird, sondern erhalten bleibt:

Bu toil leam coimhead air an telebhisean.	*Ich möchte gern fernsehen.*
Chan fhaod mi smòcadh anns an leabaidh.	*Ich darf im Bett nicht rauchen.*
Bu chòir do Mhàiri ionnsachadh anns an sgoil.	*Màiri sollte in der Schule lernen.*
Chan urrainn dhomh obair air a' choimpiutair.	*Ich kann nicht am Computer arbeiten.*
Is toil leam cluich còmhla ri mo mhac.	*Ich mag (es), mit meinem Sohn zu spielen.*

Übungen

1. Bilden Sie zu folgenden Sätzen sinnvolle Fragen und beantworten Sie diese mit »ja« oder »nein«.

1. Feumaidh mi Gàidhlig ionnsachadh.
2. Faodaidh mi coimhead air ball-coise a-nochd.
3. Is urrainn dhomh snàmh anns a' mhuir.
4. Bu chòir do dh'Alba a bhith na dùthaich neo-eisimeileach.
5. Is toil leam uisge-beatha òl.
6. Dh'fheumainn seinn aig a' chèilidh nam bithinn ann an Uibhist.
7. Dh' fhosglainn an doras dhut.
8. Bu toil leam ithe anns an taigh-sheinnse seo.
9. Tha mi ag iarraidh mo mhàthair fhaicinn a-màireach.
10. Chan fhaod mi barrachd uisge-bheatha òl an-diugh.

2. Wählen Sie aus jeder Spalte ein Satzteil aus und bilden Sie sinnvolle Sätze. Beachten Sie die Satzstellung mit Akkusativobjekt.

Tha mi ag iarraidh	pòsadh	Màiri
Feumaidh tu	seinn	an t-òran
Am faod e	glacadh	na h-èisg
Is urrainn dha	sgrìobhadh	Ruisis
Is beag orm	cluich	goilf
Bu toil leam	òl	fìon dearg
Is fuath leam	faicinn	do phiuthar
Am feum mi	ithe	brochan
Bu chòir dhomh	faighinn	an leabhar
Chan urrainn dhuinn	creidsinn	an seòmar
Cha ruig thu leas	glanadh	a' bhreug seo

Vokabelhilfe

pòs, pòsadh	*heiraten*
glac, glacadh	*fangen*
iasg (m.), èisg	*Fisch, Fische*
brochan (m.)	*Haferbrei*
creid, creidsinn	*glauben*
breug (f.)	*Lüge*

3. Bilden Sie sinnvolle Sätze mit den Begriffen aus einer Zeile. Jetzt geht es um die korrekte Stellung des Dativobjekts.

1. snàmh	anns an loch	chan fhaod Iain
2. feumaidh mi	fuireach	anns an leabaidh
3. dràibheadh	don bhaile	tha agam ri
4. anns a' chàr	chan eil mi ag iarraidh	cadal
5. air beinn àird	seasamh	is beag orm
6. an toil leibh	ann an diosgo	dannsadh

4. Hier ist so einiges verdreht. Wie muss es richtig heißen?

1. Feumaidh sinn a' fàgail am baile.
2. Am faod mi ann an cafaidh a smocadh?
3. Bu toil leatha faicinn Iain.
4. Bu chòir ri Màiri a choinneachadh.
5. Chan fheum e dèanamh an obair anns an oifis.
6. Chan eil mi ag iarraidh a cheannachd an leabhair.

5. Bilden Sie zu den Sätzen aus Übung 1 Nebensätze, die mit Modalverben beginnen. Hier müssen Sie die abhängige Form benutzen. Die Sätze 1–5 beginnen mit *Thuirt e, gu/gun/gum …*, die Sätze 6–10 werden zu verneinten Sätzen mit *Thuirt e, nach …*.

1. ______________________________
2. ______________________________
3. ______________________________
4. ______________________________
5. ______________________________
6. ______________________________
7. ______________________________
8. ______________________________
9. ______________________________
10. ______________________________

6. Finden Sie alle Modalverbkonstruktionen im Text. Es sind insgesamt 22.

A: Halò, dè tha dol?

B: Tha sinn dìreach airson ticeadan a cheannachd.

A: Ticeadan? Am bi sibh a' dol air saor-làithean?

B: Bidh. Bu toil leinn dol dhan Fhraing airson sreap. Is toil leam sreap ach cha toil le Anndra e idir.

A: Is dòcha gum bi sinn a' dol dhan Ghearmailt.

B: B'fheàrr le Iain a' Ghearmailt ach is beag orm aran dubh agus leann.

A: Tha fios agam – bu chòir dhomh aran dubh ithe, tha e math ach is fheàrr leam dol dhan Eadailt. Seadh! Agus tha am biadh math an sin. Bidh sinn ann an àite-bidh a h-uile latha agus chan fheum mi còcaireachd. Aig an taigh tha agam ri còcaireachd ach cha toil leam e.

B: Bu chòir dhut dol dhan Eilbheis. Is toil leam seoclaid Eilbhiseach ithe.

A: Tha fios agam ach cha bu chòir dhut sin a dhèanamh. Bidh thu a' fàs reamhar.

B: Am feum mi glasraich ithe a h-uile latha?

A: Feumaidh! Agus uaireannan faodaidh tu reòiteag Eadailteach ithe cuideachd.

B: Feumaidh mi èisteachd ris na naidheachdan. Am bi an t-sìde nas fheàrr a-màireach?

A: Cha leig thu leas sin a dhèanamh. Bha mise ag èisteachd ris an rèidio agus bidh e stoirmeil a-màireach.

B: Nise, feumaidh mi falbh. Is fheudar dhomh obair, tha mi duilich.

A: Chan eil mise trang an-diugh. Faodaidh mise snàmh.

26 Personalpronomen

Im Schottisch-Gälischen werden die Personalpronomen (= persönliche Fürwörter) ebenfalls nach Person (1., 2, und 3.) und Numerus (Singular, Plural) unterschieden. Es gibt kein sächliches Personalpronomen, welches dem deutschen »es« entspräche.

Im Schottisch-Gälischen gibt es unbetonte und betonte (= emphatische) Formen des Personalpronomens. Die emphatischen Personalpronomen werden benutzt, um Personen besonders hervorzuheben. Diese Kontrastierung geschieht im Deutschen über die Betonung in der Satzmelodie. Da dies im Schottisch-Gälischen nicht geht, werden hier stattdessen die emphatischen Formen benutzt:

Cha do bhuail mise thu. — *Ich habe dich nicht geschlagen.*
an dàrna cuid thusa no mise — *entweder du oder ich*

Die Personalpronomen lauten:

einfach	emphatisch	Deutsch
Singular		
mi	mise	*ich*
thu	thusa	*du*
e	esan	*er*
i	ise	*sie*

einfach	emphatisch	Deutsch
Plural		
sinn	sinne	*wir*
sibh	sibhse	*ihr*
iad	iadsan	*sie*

Die Personalpronomen sind, anders als im Deutschen, für alle Kasus gleich. Die Stellung ist Satz ist deshalb ganz entscheidend. Vergleichen Sie die folgenden Beispiele:

Bhuail e mi. / Bhuail mi e. — *Er schlug mich. / Ich schlug ihn.*

Eine Besonderheit ist bei den Formen thu und thusa zu beachten. Diese werden durch die Lenitionsblockade nach Wörtern, die auf *d, t, l, n, r, s* enden, zu tu und tusa:

An tusa Tòmas?
Cuin a bhios tu ann an Alba?
An itheadh tu sin?
Cluichidh tu ball-coise a-màireach?
Is tusa an dotair.

Anrederegeln

Ein Anbieten des »du« gibt es im Schottisch-Gälischen nicht. Für die höfliche oder offizielle Anrede wird die 2. Person Plural benutzt. Es wird empfohlen, unbekannte Personen, grundsätzlich mit der entsprechenden Form anzusprechen:

Ciamar a tha sibh? — *Wie geht es Ihnen?*
An tèid sibh don bhaile? — *Gehen Sie in die Stadt?*

Personalpronomen können mit Präpositionen zu eigenständigen Formen, den sogenannten Präpositionalpronomen verschmelzen. So kann z.B. die Präposition aig mit mi zu agam »bei mir« verschmelzen. Genaue Informationen zu den einzelnen Präpositionalpronomen finden Sie in den Kapiteln 30–34.

Übungen

1. Übersetzen Sie ins Schottisch-Gälische. Wenn das Personalpronomen als betonte Form übersetzt werden soll, ist es blau hervorgehoben.

1. Ich bin in Glasgow
2. Ich sah dich in Fort William.
3. Ich habe dich nicht abgehalten, Gälisch zu lernen.
4. Hast du das in den Müll geworfen?
5. Kommt ihr zum Cèilidh?
6. Wir sind aus Schottland, aber ihr seid aus Frankreich.
7. Ich bin fleißig, aber du bist faul.

Vokabelhilfe

abhalten	bac, bacadh
(weg-)werfen	sad, sadadh

2. Wie viele Personalpronomen finden Sie in diesem Buchstabensalat?

C	H	D	T	H	U	S	A
R	M	S	E	G	N	P	G
S	F	I	G	F	I	O	U
G	H	B	S	I	N	N	S
I	P	H	T	E	O	T	H
E	A	G	H	S	H	E	L
T	H	U	I	A	D	C	S
S	R	P	S	N	I	H	T

3. Was ist an diesen Sätzen falsch? Wie heißt es richtig?

1. Cha mise Mìcheal.
2. An thusa an t-iasgair?
3. Cha bhi mhi ann an Glaschu a-nochd.
4. Chunnaic mi sibhsan anns an taigh-dhealbh.
5. Cheannaich e h-e.

4. Entscheiden Sie, von wie vielen Personen die Rede ist – von einer oder von mehreren?

1. Cuin a bhios sibh anns a' Ghearmailt as t-samhradh.
2. An tusa Màiri à Uibhist?
3. Thèid sinn a dh'Ìle airson uisge-beatha fheuchainn.
4. Càite am bi e a' fuireach ann an Inbhir Nis?
5. Am pòsadh tu Calum?

5. Entscheiden Sie, ob im folgenden Brief die Lenitionsblockade überall richtig beachtet wurde, und unterstreichen Sie alle entsprechenden Stellen.

A charaid chòir,

tapadh leat airson do litreach a ràinig an-dè. Tha mi toilichte leughadh gun tig thu an ath-sheachdain. A bheil fios agad cuin a bhios tu anns a' bhaile? Bha mi ann an Dùn Èideann an-dè agus chuala mi gun d' fhuair thu obair aig a' BhBC. An tusa am balach a chuala mi anns a' rèidio mun fhèis anns a' bhaile? Chòrd am prògram gu mòr rium. Tha mi cinnteach gum biodh tu math mar neach-naidheachd cuideachd. Nan dèanadh tusa sin bhiodh sin a' còrdadh ris an luchd-èisteachd. Tha guth freagarrach agad gun teagamh.

Cluinnidh tu bhuam agus chì mi an ath-sheachdain thu agus thèid mise is tusa don taigh-dhealbh còmhla mar as àbhaist.

le beannachdan

Donnchadh

27 Possessivpronomen

Die Possessivpronomen (= besitzanzeigende Fürwörter) lauten im Schottisch-Gälischen:

Singular	
mo*	*mein*
do*	*dein*
a* / a	*sein / ihr*

Plural	
ar**	*unser*
bhur/ur**	*euer*
an/am***	*ihr*

* löst Lenition aus | ** *ar n- / ur n-*, wenn das folgende Wort mit Vokal beginnt
*** *am*, wenn das folgende Wort mit *b, p, f, m* beginnt

Sie werden im Schottisch-Gälischen immer dem Besitztum vorangestellt. Numerus oder Genus des folgenden Nomens haben keinen Einfluss auf das Possessivpronomen:

mo chas (f.)	*mein Fuß*	mo bhròg (Sg.)	*mein Schuh*
mo bhràthair (m.)	*mein Bruder*	mo bhrògan (Pl.)	*meine Schuhe*

Im Gegensatz zum Deutschen werden die schottisch-gälischen Possessivpronomen nur dann benutzt, wenn es um persönlichen Besitz, eine enge persönliche Beziehung, Körperteile oder Familienmitglieder geht. In anderen Fällen werden eher die unpersönlicheren Formen mit aig gebraucht (⇨ Kapitel 30):

do pheann	*dein Kugelschreiber*	ar n-athair	*unser Vater*
a bhriogais	*seine Hose*	ur nàbaidh	*euer Nachbar*
a h-ad	*ihr Hut*	am pàrantan	*ihre Eltern*

Possessivpronomen + Präpositionen

Auch die Possessivpronomen können mit verschiedenen Präpositionen verschmelzen.

Possessivpronomen + *ann*

ann + Possessivpronomen	Schottisch-Gälisch	Deutsch
ann + mo	nam*	*in meinem*
ann + do	nad*	*in deinem*
ann + a	na*	*in seinem*
ann + a	na (h-)**	*in ihrem*
ann + ar	nar (n-)***	*in unserem*
ann + ur	nur (n-)***	*in eurem*
ann + an/am	nan/nam****	*in ihrem*

* löst Lenition aus | ** *na h-* vor femininen Substantiven, die mit Vokal beginnen
*** *nar n- / nur n-* vor Vokal | **** *nam*, wenn das folgende Wort mit *b, p, f, m* beginnt

Anwendung

Einige Verbalnomen können nicht nur eine einmalige, sich im Verlauf befindliche Tätigkeit zum Ausdruck bringen, sondern darüber hinaus auch einen statischen, andauernden Zustand beschreiben. Dazu stehen sie nicht nach ag oder a', sondern folgen den zusammengesetzten Präpositionalpronomen nam, nad usw. Zu diesen Verbalnomen zählen: cadal »schlafen«, dùisg/ dùsgadh »aufwachen«, laighe »liegen«, ruith »rennen«, seasamh »stehen«, suidhe »sitzen«, sìneadh »ausstrecken, sich hinlegen«

einmalige Tätigkeit		andauernder Zustand	
Tha mi a' cadal	*Ich schlafe ein.*	Tha mi nam chadal	*Ich schlafe.*
Tha thu a' dùsgadh	*Du erwachst.*	Tha thu nad dhùisg	*Du bist wach.*
Tha e a' laighe.*	*Er legt sich hin.*	Tha e na laighe	*Er liegt.*
Tha i a' ruith.	*Sie rennt los.*	Tha i na ruith.	*Sie rennt.*
Tha sinn a' seasamh.	*Wir stehen auf.*	Tha sinn nar seasamh.	*Wir stehen.*
Tha sibh a' suidhe.	*Ihr setzt euch hin.*	Tha sibh nur suidhe.	*Ihr sitzt.*
Tha iad a' sìneadh.*	*Sie legen sich hin.*	Tha iad nan sìneadh.	*Sie liegen.*

* Bedeutungsunterschied zwischen *laigh* und *sìn*: *laigh* – etwas, jemand liegt passiv, ist möglicherweise tot. *sìn* – jemand liegt aktiv, streckt sich aus und steht selbst wieder auf, lebt.

Weitere Beispiele, mit denen ein andauernder Zustand ausgedrückt wird:

Tha mi nam dhràibhear-tagsaidh. *Ich bin Taxifahrer.*
Tha i na banaltram. *Sie ist Krankenschwester.*
Tha sinn nar seòmar. *Wir sind in unserem Zimmer.*
Tha iad nan leapannan. *Sie sind in ihren Betten.*

Possessivpronomen + *aig*

aig + Possessivpronomen	Schottisch-Gälisch	Deutsch
aig + mo	gam*	*bei meinem*
aig + do	gad*	*bei deinem*
aig + a	ga*	*bei seinem*
aig + a	ga (h-)**	*bei ihrem*
aig + ar	gar (n-)***	*bei unserem*
aig + ur	gur (n-)***	*bei eurem*
aig + an/am	gan/gam****	*bei ihrem*

* löst Lenition aus | ** *ga h-* vor femininen Substantiven, die mit Vokal beginnen
*** *gar n- / gur n-* vor Vokal | **** *gam*, wenn das folgende Wort mit *b, p, f, m* beginnt

Anwendung

Einem Verbalnomen kann im Schottisch-Gälischen kein Personalpronomen folgen. Stattdessen werden die einem Verbalnomen folgenden Objekte mit den zusammengesetzten Präpositionalpronomen aus aig und mo, do etc. ersetzt:

Tha mi a' faicinn a' chàir.	*Ich sehe das Auto.*
Tha mi ga fhaicinn.	*Ich sehe es.*
Tha mi gad fhaicinn.	*Ich sehe dich.* (*wörtlich: Ich bin bei-deinem Sehen.*)

Zur Schreibweise

Obwohl es nicht der neuen Rechtschreibung entspricht, empfiehlt es sich, die Zusammensetzungen mit *ann* und *aig* mit vorangestelltem Apostroph ('nam, 'nad / 'gam, 'gad etc.) zu schreiben, um sie von anderen, ebenso geschriebenen Wörtern mit anderer Bedeutung unterscheiden zu können.

Possessivpronomen + *gu*

gu + Possessivpronomen	Schottisch-Gälisch	Deutsch
gu + mo	gam*	*(bis) zu meinem*
gu + do	gad*	*(bis) zu deinem*
gu + a	ga*	*(bis) zu seinem*
gu + a	ga (h-)**	*(bis) zu ihrem*
gu + ar	gar (n-)***	*(bis) zu unserem*
gu + ur	gur (n-)***	*(bis) zu eurem*
gu + an/am	gan/gam****	*(bis) zu ihrem*

* löst Lenition aus | ** *ga h-* vor femininen Substantiven, die mit Vokal beginnen
*** *gar n- / gur n-* vor Vokal | **** *gam*, wenn das folgende Wort mit *b, p, f, m* beginnt

Anwendung

Diese Formen werden zusammen mit Verben der Bewegung verwendet, um eine Absicht auszudrücken:

Thàinig iad gad fhaicinn.	*Sie kamen, um dich zu sehen.*
Thill mi gam faicinn.	*Ich kam zurück, um sie zu sehen.*
A bheil thu a' dol gam chuideachadh?	*Wirst du mir zur Hilfe kommen?*
Thog e a chas ga bhreabadh.	*Er hob seinen Fuß, um ihn zu treten.*
Chuir mi an t-aran don àmhainn ga fhuineadh.	*Ich tat das Brot in den Ofen, um es zu backen.*

Übungen

1. Setzen Sie das Possessivpronomen ein.

1.	*mein*	còta	mo chòta
2.	*seine*	briogais	___ ________
3.	*unsere*	brògan	___ ________
4.	*euer*	athair	___ ________
5.	*deine*	màthair	___ ________
6.	*ihre (Sg.)*	pàrantan	___ ________
7.	*sein*	mac	___ ________

2. Stimmt die Bedeutung des gälischen Satzes mit dem deutschen überein?

1.	Tha mi nam chadal.	*Ich schlafe.*
2.	Tha Iain na shìneadh sgìth air an tràigh.	*Iain liegt müde am Strand.*
3.	Tha an cat na dhùisg.	*Die Katze erwacht.*
4.	Bha Màiri a' ruith fad dà latha.	*Màiri rannte zwei Tage lang.*
5.	Bidh iad nan seasamh air an t-sràid.	*Sie werden auf der Straße stehen.*
6.	Tha Calum a' seasamh sa bhad.	*Calum steht sofort auf.*

3. Übersetzen Sie ins Schottisch-Gälische.

1. Sie kam, um mich zu sehen.
2. Ich gehe es kaufen.
3. Ich höre dich, kannst du mich hören? *(Verlaufsformen)*
4. Sie war Krankenschwester und schlief im Krankenhaus bei der Arbeit.
5. Ich ließ meinen Mantel in meinem Zimmer.
6. Wir sitzen am Tisch, stehen auf und gehen in unser Zimmer.
7. Sie liegen den ganzen Tag am Strand, lesen und trinken Whisky-Cola.
8. Wo sind eure Hosen, eure Hüte und meine Schuhe?

4. Formen Sie die folgenden Sätze um, indem Sie die Präpositionalpronomen mit *ann* verwenden.

1. Tha mi anns an t-seòmar agam.
2. Tha e anns an leabaidh aige.
3. `S e dràibhearan-tacsaidh a th' annainn an-dràsta.
4. Tha i a' leughadh anns a' Bhioball aice.
5. Tha iad anns na seòmraichean aca.

5. Ersetzen Sie die Genitivobjekte durch die Präpositionalpronomen mit *aig*.

1. Tha mi a' lorg nam bròg.
2. Tha e a' faicinn Dhòmhnaill.
3. Tha iad a' ceannachd an leabhair.
4. Tha thu ag òl an uisge-bheatha.
5. Tha an tidsear a' moladh Màiri.

6. Übersetzen Sie mit der Verlaufsform und benutzen Sie alle möglichen Präpositionalpronomen mit *aig* oder *ann*.

1. Sie suchen sie (Pl.) in meinem Zimmer.
2. Er isst es (m.) in seinem Auto.
3. Er küsst sie in unserem Bett.
4. Er liest in meinem Tagebuch.
5. Sie sind Taxifahrer in ihrer Stadt und bringen ihn nach Hause.

Vokabelhilfe

Tagebuch	leabhar-latha (m.)

7. Kombinieren Sie die Sätze mit einem Verb der Bewegung aus der Auswahl.

ruith iad	thig mi	thàinig e	thog mi

1. Cheannaich e an taigh.
2. Ghabh iad am bus.
3. Chì mi sibh.
4. Dh'òl e an leann.

8. Übersetzen Sie ins Schottisch-Gälische.

1. Sie lagen in ihren Betten und schliefen, als er hereinkam, um sie zu wecken.
2. Er saß seit Jahren in diesem toten Kaff, als sie endlich zurückkehrte, um ihn mitzunehmen.
3. Sie sahen sie (Pl.) den ganzen Tag, nachmittags rannten sie weg, um sie (Pl.) zu heiraten.

Vokabelhilfe

Kaff	baile (m.)
tot	marbh

9. Finden Sie alle Possessivpronomen bzw. Kombinationen mit ihnen im Text. Es sind insgesamt 12.

Bha mi nam dhùisg nam leabaidh. Cha robh fhios agam càite an robh mi. Bha pian uabhasach orm agus mhothaich mi gun robh mo cheann agus mo dhruim goirt. Agus gu h-obann bha cuimhne agam air na thachair. Chaidh sinn a dh'fhaicinn ar pàrantan – mo bhràthair agus mi fhìn agus bha sinn nar càr air an rathad nuair a chunnaic sin lòraidh mu ar coinneimh. Cha chuala mi ach brag mòr agus an uair sin dh'fhàs e dorch timcheall orm.

Nise bha mi anns an ospadal. Dh'fhosgail an doras agus cò thàinig a-taigh ach mo bhràthair agus a bhean. Bha a chasan goirt, mar sin rinn e suidhe ri mo thaobh agus fhad 's a bha e na shuidhe an sin, dh'innis e dhomh mar a thachair dhuinn.

28 Demonstrativpronomen

Demonstrativpronomen (= hinweisende Fürwörter) weisen auf etwas zuvor Genanntes hin und werden im Schottisch-Gälischen etwas anders als im Deutschen benutzt, da sie vom Standort und Blickwinkel des Betrachters abhängen und nicht konjugiert werden.

	räumliche/zeitliche Nähe zum Sprecher	räumliche/zeitliche Mitte	räumliche/zeitliche Ferne vom Sprecher
Demonstrativ-pronomen	seo	sin	siud
	das/dieses (hier)	*das/dieses (da)*	*das/jenes (dort)*
Ortsadverbien	an seo	an sin	an siud

Dè tha seo?	*Was ist das (hier)?* (bei Sprecher 1)
Sin am fòn-làimhe agad.	*Das ist dein Mobiltelefon.* (von Sprecher 2 aus gesehen bei Sprecher 1)
Dè tha sin?	*Was ist das (da)?* (in der Nähe beider Sprecher)
Sin an sgoil.	*Das (da) ist die Schule.*
Dè tha siud?	*Was ist das (dort)?* (von beiden Sprechern entfernt)
Siud an rathad don bhaile.	*Das (dort) ist die Straße in die Stadt.*

Demonstrativpronomen können auch als alleinstehende Subjekte oder Objekte verwendet werden:

Chan ith mi sin.	*Das esse ich nicht.*
Am faca tu sin?	*Hast du das gesehen?*
Tha sin math.	*Das ist gut.*
iad siud	*jene dort*

Bei der Benutzung mit einem Nomen stehen sie grundsätzlich hinter dem Nomen:

an taigh seo	*dieses Haus (hier)*
an leabhar seo	*dieses Buch (hier)*
an taigh sin	*dieses Haus (dort)*
am feasgar sin	*an dem Abend*
an latha a bha sin	*an dem Tag*
an oidhche a bha siud	*in jener Nacht*

Demonstrativpronomen in Verbindung mit Präpositionen

o seo a-mach	*von nun an*
le seo / leis a seo	*von daher*
gu ruige seo	*bis hierhin*
gus a seo	*bisher*
an/ às dèidh sin	*danach*
às a sin	*daher (örtlich)*
o sin	*von daher (Begründung)*
mar sin	*deshalb, und so*

fèin, fhèin »selbst«

Das Demonstrativpronomen fèin wird dem Personalpronomen nachgestellt:

Singular	
mi fhèin/fhìn*	*ich selbst*
thu fhèin	*du selbst*
e/i fhèin	*er/sie selbst*

* regionale Variante

Plural	
sinn fhèin/fhìn*	*wir selbst*
sibh fhèin**	*ihr selbst*
iad fhèin	*sie selbst*

** in Uist auch *sibh pèin*

Sgrìobh mi fhìn e.	*Ich habe es selbst geschrieben.*
Sin thu fhèin a Mhòrag!	*Gut gemacht, Mòrag!*
Dèan fhèin e!	*Mach es selbst!*
Am feasgar sin fhèin thachair e.	*An diesem Abend geschah es.*
Thàinig Iain, an teaghlach is an cù fhèin.	*Iain, die Familie und selbst der Hund kamen.*
Sin an leabhar agam fhìn.	*Das ist mein eigenes Buch.*
Rinn e amadan dheth fhèin.	*Er machte sich zum Idioten/Affen.*

Mit fèin wird eine Vielzahl von Begriffen gebildet, z.B.:

fèin-aithne	*Identität*	fèin-fhrithealadh	*Selbstbedienung*
fèin-earbsa	*Selbstvertrauen*	fèin-spèis	*Eigenliebe, Egoismus*

Übungen

1. Übersetzen Sie ins Deutsche.

1. An do leugh thu sin anns a' phàipear?
2. Cheannaich mi am fìon seo an-diugh.
3. An do rinn thu fhèin am brot seo?
4. 'S e sin na bha mi ag iarraidh ionnsachadh.
5. Ciamar a tha sibh fhèin?

2. Übersetzen Sie ins Schottisch-Gälische.

1. Diese Sauerei räume ich nicht auf!
2. Hast du diesen netten Mann gesehen?
3. Wieder ein Jahr vorbei und ich habe wieder nichts getan.
4. Ist das dein Bruder?
5. Es waren jene dort, die in das Haus eingebrochen sind.
6. Ich selbst bin es gewesen, der ihnen die Tür öffnete.

Vokabelhilfe

Sauerei, Durcheinander	bùrach (m.)
einbrechen	bris, briseadh a-steach

3. Setzen Sie das richtige Demonstrativpronomen ein.

1. Cha do dh'fheuch mi ________ an t-uisge-beatha seo.
2. Agus a' mhadainn ________ fhèin thuit mi às an leabaidh.
3. Chunnaic i i ________ anns an sgàthan.
4. Ciamar a tha sibh ________?
5. Chan ith mi am brot ________!
6. ________ na bha mi airson innse dhut.
7. An do sgrìobh thu ________ an litir ________?
8. Is toil leam ________ an taigh seo.

4. Korrigieren Sie die Fehler in den folgenden Ausdrücken.

1. Seachdain siud eile seachad.
2. Rinn e amadan fhèin dheth fhèin.
3. Cheannaich mi an taigh so.
4. Tha fhìn-aithne cudthromach do dhaoine.
5. An sin e?

29 Indefinitpronomen

Indefinitpronomen (= unbestimmte Fürwörter) stehen für Personen, Gegenstände und Sachverhalte, die nach Art und Weise nicht näher bestimmt sind. In dieser Tabelle finden Sie zahlreiche übliche Indefinitpronomen mit je einem Anwendungsbeispiel.

Schottisch-Gälisch	Deutsch	Beispielsatz	
Personen			
neach	*einer*	Thàinig neach a-staigh.	*Da kam einer hinein.*
fear/tè	*einer / eine*	Cheannaich tè dhiubh an càr seo	*Eine von ihnen kaufte das Auto.*
cuideigin	*jemand*	Am faca tu cuideigin?	*Hast du jemanden gesehen?*
neach/duine sam bith	*jemand*	A bheil fios aig duine sam bith air?	*Weiß das jemand?*
duine air choireigin	*irgendjemand*	Rinn duine air choireigin e.	*Das hat irgendjemand gemacht.*
càch	*die Anderen, der Rest*	Thug mi do chàch e.	*Ich habe es den Anderen gegeben.*
càch a chèile	*gegenseitig, miteinander*	Bhruidhinn iad ri càch a chèile.	*Sie sprachen miteinander.*
cuid/feadhainn	*einige*	Tha cuid ag ràdh, gu bheil sin ceart.	*Einige sagen, dass das richtig ist.*
a h-uile neach/duine	*alle*	Tha a h-uile duine dhiubh den aon bheachd.	*Alle von ihnen sind der gleichen Meinung.*
gach neach/duine	*jeder einzelne*	Bha gach neach toilichte mu dheidhinn.	*Jeder einzelne war glücklich darüber.*
fear/tè/duine/neach eile	*einer / eine andere ein anderer*	Phòs i fear eile.	*Sie heiratete einen anderen.*
gach darna fear/tè	*jede/-r zweite*	Bha gach darna fear/tè tinn.	*Jede/-r zweite war krank.*

Dinge			
rudeigin / rud-eigin	*etwas*	Tha rudeigin a dhìth orm airson còcaireachd.	*Mir fehlt etwas zum Kochen.*
dad*/sìon*/càil** (mit Verneinung)	*nichts*	Chan eil dad a dhìth orm.	*Mir fehlt nichts.*
an còrr	*der Rest*	Ith an còrr!	*Iss den Rest!*
a h-uile rud/sìon	*alles*	Tha a h-uile sìon taghta.	*Das ist alles super.*
gach nì	*jedes einzelne Ding*	Bhris e gach nì anns an taigh.	*Er zerbrach jedes einzel-ne Teil im Haus.*
fear/tè eile	*etwas anderes*	Cheannaich mi tè eile.	*Ich kaufte eine andere.*
feadhainn (eile)	*andere (Plural)*	Cheannaich mi feadhainn eile a bha na bu saoire.	*Ich kaufte andere, die billiger waren.*
gach darna fear/tè	*jede/-r zweite*	Bha gach darna fear grod.	*Jeder zweite war ver-dorben.*
rudan eile	*andere (Dinge)*	Chunnaic mi rudan eile fhathast.	*Ich sah noch andere Dinge.*

* z.B. in South-Uist | ** z.B. in Lewis/ Harris

Übungen

1. Übersetzen Sie ins Schottisch-Gälische.

1. Ist hier jemand?
2. Irgendjemand hat das Fenster zerbrochen.
3. Jeder zweite konnte Gälisch, der Rest nicht.
4. Einer der Fischer kaufte ein neues Boot und sofort war der Rest neidisch.
5. Sie schlugen sich gegenseitig und einige sagten, dass das nicht zu verstehen sei.
6. Nach der Arbeit waren alle müde und jeder einzelne war glücklich.
7. Ich möchte noch andere Dinge in meinem Leben machen.
8. Er aß den Rest der Plätzchen.
9. Lass den Rest für Calum (stehen)!
10. Fehlt dir etwas für deine Arbeit?

2. Setzen Sie ein sinnvolles Indefinitpronomen ein. Es gibt mehrere Möglichkeiten.

1. Cha robh _______________ ann.
2. Am faca tu _______________ an seo?
3. Dh'ith mise an t-aran agus dh'ith _______________ an sailead.
4. Bha fios aig _______________ air an fhreagairt cheart.
5. Shnàmh _______________ anns a' mhuir agus an t-uisge cho blàth.

3. Lesen Sie den Bericht über eine Fährfahrt nach North-Uist und unterstreichen Sie alle Indefinitpronomen.

Thòisich an turas againn gu math annasach, oir nuair a ràinig sinn Ùige, cha robh am bàt'-aiseag àbhaisteach ann ach fear eile. Bha am fear seo na bu lugha agus mar sin cha robh rùm gu leòr ann airson a h-uile duine agus an càraichean. Fhuair sinne ann ach b' fheudar do dh'fheadhainn eile fuireach aig a' chidhe. Dh'fhàg am bàta an t-Eilean Sgitheanach agus chaidh sin don chidsin airson bracaist fhaighinn. Thuirt cuid gum biodh an t-sìde ag atharrachadh agus gum biodh stoirm ann. Co-dhiù, bha bracaist uabhasach math agam agus deagh chupa tì – dè an còrr a dh'iarradh tu? Ach thòisich an stoirm agus ann am beagan mionaidean bha gach darna fear den luchd-siubhail tinn is cur na mara orra.

Dh'fhàg mi an cidsin is chaidh mi a-mach. Cha robh duine sam bith a-muigh ach mi fhìn agus tè a bha a' coimhead ris na tuinn àrda. »Chan eil dad nas fheàrr na bhith aig muir nuair a bhios i stoirmeil«, thuirt i. Ged a bha càch a-staigh agus tinn, chòrd an turas-bàta rium agus ris an tè eile.

30 Präpositionen mit dem Dativ I: *aig* und *air*

Im Schottisch-Gälischen gibt es einfache und zusammengesetzte Präpositionen. Sie stehen mit verschiedenen Kasus und werden in diesem Buch entsprechend dargestellt.

Die meisten einfachen Präpositionen werden mit dem Dativ gebraucht. Sie lassen sich in drei Gruppen einteilen, von denen in diesem Kapitel die erste Gruppe behandelt wird. Die Gruppen 2 und 3 sind Thema der nachfolgenden Kapitel.

Gruppe 1

- keine Lenition beim unbestimmten Dativ
- beim bestimmten Dativ folgt der bestimmte Artikel unmittelbar auf die Präposition

aig »bei «

Tha Beathag aig baile. — *Beathag ist zu Hause.*
Shuidh iad aig na bùird. — *Sie saßen an den Tischen.*
Bha mi aig a' chèilidh. — *Ich war beim Cèilidh.*

Mit den Personalpronomen verschmilzt aig zu folgenden Präpositionalpronomen:

einfach	betont	Deutsch
agam	agamsa	*bei mir*
agad	agadsa	*bei dir*
aige	aige-san	*bei ihm*
aice	aicese	*bei ihr*

einfach	betont	Deutsch
againn	againne	*bei uns*
agaibh	agaibhse	*bei euch*
aca	acasan	*bei ihnen*

Für die Zusammensetzungen von aig mit den Possessivpronomen: ⇨ Kapitel 27

Wird das Präpositionalpronomen einem bestimmten Substantiv nachgestellt, drückt es Besitz aus:

an taigh agam — *mein Haus*
am bàta aca — *ihr Boot*

Zusammen mit bi drückt es das deutsche »haben« aus:

Tha càr agam. — *Ich habe ein Auto.*
A bheil airgead agad? — *Hast du Geld?*
Tha obair ùr aig Seonaig. — *Seonag hat eine neue Arbeit.*
A bheil Gàidhlig agaibh? — *Sprechen Sie Gälisch?*

Hier kann es leicht zu Verwechslungen kommen. Beachten Sie folgenden Unterschied:

Tha taigh agam ann an Inbhir Nis.	*Ich habe ein Haus in Inverness.*
Tha an taigh agam ann an Inbhir Nis.	*Mein Haus befindet sich in Inverness.*

Idiomatischer Gebrauch:

Cha robh mi agam fhìn.	*Ich war nicht bei mir.*
Cò a th' agad an-seo?	*Wen hast du da? / Wer ist da bei dir?*
Sin agad e!	*Da hast du es! / Da haben wir den Salat!*
Tha 5 notaichean aig Iain orm.	*Ich schulde Iain 5 Pfund.*
Chaidh an dithist aca don bhaile.	*Beide von ihnen gingen in die Stadt.*

air »auf«

Tha am biadh air a' bhòrd.	*Das Essen ist auf dem Tisch.*
Thug e sùil air Màiri.	*Er warf ein Auge auf Màiri.*
Tha sneachd air na mullaichean.	*Es liegt Schnee auf den Dächern.*

Mit den Personalpronomen verschmilzt air zu folgenden Präpositionalpronomen:

einfach	betont	Deutsch
orm	ormsa	*auf mir*
ort	ortsa	*auf dir*
air	air-san	*auf ihm*
oirre	oirrese	*auf ihr*

einfach	betont	Deutsch
oirnn	oirnne	*auf uns*
oirbh	oirbhse	*auf euch*
orra	orrasan	*auf ihnen*

Ausdruck von Gefühlen und Lebensumständen:

Tha am pathadh orm.	*Ich habe Durst.*
Tha an t-eagal air.	*Er hat Angst.*
Tha cur na mara oirre.	*Sie ist seekrank.*
Tha am fiabhras oirnn.	*Wir haben Fieber.*
Tha an smùid orra.	*Sie sind betrunken.*

Verben mit air:

cuir, a' cur air	*anziehen, anmachen (Licht)*
tadhail / a' tadhal air	*etw./jmdn. besuchen, besichtigen, bereisen*
cèilidh / a' cèilidh air	*jmdn. besuchen*
a bhith math air	*gut sein in (Tätigkeit)*

Idiomatischer Gebrauch:

'S e Màiri an t-ainm a th' oirre.	*Sie heißt Màiri.*
Cùm ort!	*Beeil dich!*

Übungen

Hinweis zu den Übungen in den Kapiteln 30–35: Da die Anwendung der Präpositionen im Schottisch-Gälischen extrem von der im Deutschen abweicht, gibt es hier zu jeder Präposition Übersetzungsübungen. Weitere Übungen finden Sie in Kapitel 4.

1. Übersetzen Sie unter Anwendung von *aig* ins Schottisch-Gälische.

1. Iain wartet an der Tür.
2. Ich bin zu Hause. *(2 Möglichkeiten)*
3. Wir saßen am Tisch, aßen Suppe und hatten kein Brot.
4. Das ist mein Haus und jenes ist Seonags Haus.
5. Was hast du da? Ist das dein neues Mobiltelefon?
6. Sie waren gestern Abend beim Cèilidh.

2. Setzen Sie eine sinnvolle Form von *aig* ein.

1. Cha robh e __________ fhèin.
2. Bidh mi __________ an taigh a-nochd.
3. Chan eil airgead gu leòr __________ (bei mir).
4. A bheil Gearmailtis __________ (bei euch)?
5. Tha obair ùr __________ Mòraig.
6. Sin an càr ùr __________ (mein)
7. Tha Gàidhlig __________ (bei ihnen).
8. Cha robh mi __________ (bei mir selbst).

3. Übersetzen Sie unter Anwendung von *air* ins Schottisch-Gälische.

1. Das Geld liegt (ist) auf dem Tisch.
2. Was fehlt dir?
3. Hast du Hunger?
4. Dòmhnall hat Durst und ich habe Hunger.
5. Mach das Licht an!
6. Ich liebe dich. Liebst du mich auch?
7. Wie heißt du?
8. Sie heißt Mòrag Dhòmhnallach.
9. Morgen bereisen wir die Insel Skye.

4. Setzen Sie die richtige Form von *air* ein.

1. Tha sinn __________ a' bhàta.
2. Tha am pathadh __________ (auf uns).
3. Tha gaol aig Iain __________ (auf ihr)
4. Chuir iad am briogaisean __________ (auf ihnen)
5. Tha sneachd __________ a' bheinn.
6. Bha ochdnar marbh __________ bòrd.
7. Chan eil eagal __________ (auf euch).
8. Thug e siùl __________ (auf sie).
9. Bha iad a' cèilidh __________ (auf mir).

31 Präpositionen mit dem Dativ II: *à, ann, le* und *ri*

Gruppe 2

- keine Lenition beim unbestimmten Dativ
- beim bestimmten Dativ folgt auf die Präposition der bestimmte Artikel im Dativ
- diese Präpositionen ändern in Verbindung mit dem bestimmten Dativ ihre Form, indem sie ein -s anhängen

à »aus«

Obwohl à mit dem Längenzeichen (`) geschrieben wird, muss es kurz gesprochen werden. In Verbindung mit dem bestimmten Artikel steht às (nicht zu verwechseln mit *as* – *a+is* oder *as*. der umgangssprachlichen Kurzform von *anns*).

Tha mi à Alba.	*Ich bin aus Schottland.*
Thàinig i às a' Ghearmailt	*Sie kam aus Deutschland.*
Thuit an cupa às a làimh.	*Die Tasse fiel ihm aus seiner Hand.*
Theich iad às na bailtean beaga.	*Sie flohen aus den kleinen Dörfern.*

Mit den Personalpronomen verschmilzt à zu folgenden Präpositionalpronomen:

einfach	betont	Deutsch
asam	asamsa	*aus mir*
asad	asadsa	*aus dir*
às	às-san	*aus ihm*
aiste	aistese	*aus ihr*

einfach	betont	Deutsch
asainn	asainne	*aus uns*
asaibh	asaibh-sa	*aus euch*
asta	astasan	*aus ihnen*

Verben mit à:

tarraing, a' tarraing à	*jmdn. aufziehen, lächerlich machen*
rach, a' dol às	*ausgehen (Feuer)*
cuir, cur às de	*jmdn. umbringen*

Idiomatischer Gebrauch:

Chan eil dol às ann.	*Es gibt keinen Ausweg.*
Tha e rud beag às an rathad.	*Er ist ein wenig aus der Spur.*
A-mach às an rathad!	*Aus dem Weg! / Weg da!*

ann »in«

ann wird mit unbestimmten Substantiven zu ann an bzw. ann am (vor b, p, f, m). Das an in dieser Verdopplung ist kein bestimmter Artikel:

Tha Donnchadh ann an Glaschu. — *Donnchadh ist in Glasgow.*
Tha i fuar ann am Muile. — *Es ist kalt in Mull.*
Dh'fhuirich iad ann an uamhan. — *Sie wohnten in Höhlen.*

Es steht auch im Sinne von »da/vorhanden sein«:

Tha Dòmhnall ann. — *Dòmhnall ist da.*
A bheil bainne ann? — *Gibt es Milch?*
Tha cèilidh ann a-nochd. — *Heute Abend gibt es ein Cèilidh.*

Vor einem bestimmten Substantiv wird ann zu anns. Die Kurzformen sind:

anns an	san	anns a'	sa', sa	anns na	sna

Shnàmh sinn anns a' mhuir. — *Wir schwammen im Meer.*
Tha briosgaidean anns a' bhogsa. — *Da sind Plätzchen in der Schachtel.*
Tachraidh sin anns na bailten mòra. — *Das passiert in den großen Städten.*

Mit den Personalpronomen verschmilzt ann zu folgenden Präpositionalpronomen:

einfach	betont	Deutsch
annam	annamsa	*in mir*
annad	annadsa	*in dir*
ann	annsan	*in ihm*
innte	inntese	*in ihr*

einfach	betont	Deutsch
annainn	annainne	*in uns*
annaibh	annaibhse	*in euch*
annta	anntasan	*in ihnen*

Für die Zusammensetzungen von ann mit den Possessivpronomen: ⇨ Kapitel 27

'S e dotair a th' ann. — *Er ist Arzt.*
'S e nighean bhòidheach a th' innte. — *Sie ist ein hübsches Mädchen.*
'S e dràibhear a tha ann an lain. — *lain ist ein Fahrer.*

Idiomatischer Gebrauch:

Tha seinn innte. — *Sie ist gut (= talentiert) im Singen.*
Bha iad ann an amhaich le chèile. — *Sie gingen sich gegenseitig an den Hals.*
Chan eil adhbhar gearain ann. — *Es gibt keinen Grund zu klagen.*

In den folgenden idiomatischen Ausdrücken ist ann zu an verkürzt:

Tha mi an dòchas, gun tig mi an-diugh. — *Ich hoffe, ich kann heute kommen.*
Tha mi an sàs anns an obair seo. — *Ich bin mit dieser Arbeit beschäftigt.*
Tha e an lùib a' phroiseict seo. — *Er ist in dieses Projekt involviert.*

le »mit«

Bha e a' coiseachd le a chù. — *Er ging mit seinem Hund.*
Mharbh e an luch le cloich. — *Er tötete die Maus mit einem Stein.*

le wird vor einem bestimmten Substantiv zu leis:

Sgrìobhaidh e leis a' pheann ùr. — *Er schreibt mit dem neuen Kuli.*
Chaidh e don bheinn leis a' ghunna. — *Er ging mit dem Gewehr auf den Berg.*

Mit den Personalpronomen verschmilzt le zu folgenden Präpositionalpronomen:

einfach	betont	Deutsch
leam	leamsa	*mit mir*
leat	leatsa	*mit dir*
leis	leis-san	*mit ihm*
leatha	leatha-se	*mit ihr*

einfach	betont	Deutsch
leinn	leinne	*mit uns*
leibh	leibhse	*mit euch*
leotha	leothasan	*mit ihnen*

Es beschreibt auch ein Besitzverhältnis:

Cò leis a tha an càr? — *Wem gehört das Auto?*
Is leamsa an taigh. — *Das Haus gehört mir.*

le steht auch in der Bedeutung »wegen«:

Cha robh mòran ri dhèanamh a-muigh leis an droch shìde. — *Wegen des schlechten Wetters gab es draußen nicht viel zu tun.*
Bhàsaich iad leis a' phathadh. — *Sie starben vor Durst.*
Le sin cha robh dol às ann. — *Deswegen gab es keinen Ausweg.*
Leis gun robh iad uile sgìth, cha deach iad don taigh-dhealbh. — *Da sie alle müde waren, gingen sie nicht ins Kino.*

Verben mit le:

rach le, a' dol le — *mit jmdm. einer Meinung sein*
leig le — *jmdm. etw. erlauben*

Idiomatischer Gebrauch:

Is toil le Niall snàmh. — *Niall schwimmt gerne.*
Bu toil leam ithe an seo. — *Ich würde gerne hier essen.*
An toil leibh fìon? — *Mögen Sie Wein?*
Le deagh dhùrachdan — *Mit freundlichen Grüßen*
Slàn leat/leibh! — *Auf Wiedersehen!*
Tapadh leat/leibh! — *Dank dir/Euch/Ihnen!*
Is coma/coingeis leam sin. — *Es ist mir egal.*

ri »zu, gegen, in Kontakt mit«

Sheas e ri seann chraoibh. — *Er stand an einem alten Baum.*
Bhruidhinn iad ri dotair. — *Sie sprachen mit einem Arzt.*

ri wird vor einem bestimmten Substantiv zu ris:

Tha an dealbh a' crochadh ris a' bhalla. — *Das Bild hängt an der Wand.*
Chan fhaod tu bruidhinn ris an dràibhear. — *Du darfst nicht mit dem Fahrer sprechen.*

Mit den Personalpronomen verschmilzt ri zu folgenden Präpositionalpronomen:

einfach	betont	Deutsch
rium	riumsa	*zu mir*
riut	riutsa	*zu dir*
ris	ris-san	*zu ihm*
rithe	rithese	*zu ihr*

einfach	betont	Deutsch
ruinn/rinn	ruinne/rinne	*zu uns*
ruibh/ribh	ruibhse/ribhse	*zu euch*
riutha	riuthasan	*zu ihnen*

Außerdem verschmilzt es mit den folgenden Possessivpronomen. Diese Formen werden hauptsächlich idiomatisch und in feststehenden Wendungen verwendet:

Person	ri + Possessivpronomen	
1. Pers. Sg.	ri + mo	rim
2. Pers. Sg.	ri + do	rid
3. Pers. Pl.	ri + an/am	rin/rim

Chan fhaic mi rim bheò sin. — *Das werde ich nicht sehen, solange ich lebe.*
Sheas e rid thaobh. — *Er stand neben dir.*
Cha robh na rudan seo rim faighinn. — *Diese Dinge waren nicht zu bekommen.*

Verben mit ri:

gabh, a' gabhal ri — *etw. akzeptieren*
cuir, a' cur ri — *etw. hinzufügen*
bruidhinn, a' bruidhinn ri — *mit jmdm. sprechen*

Idiomatischer Gebrauch:

Tha Seòras ri iasgach. — *Seòras ist beschäftigt mit Fischen / fischt gerne.*
Tha e coltach ri Iain. — *Er ähnelt Iain.*
còmhla ri — *zusammen mit*

Übungen

1. Übersetzen Sie unter Anwendung von *à* ins Schottisch-Gälische.

1. Ich bin aus Deutschland und du bist aus Schottland.
2. Er kam aus der Kirche.
3. Diese Musik ist aus der Mode.
4. Obwohl ich aus Edinburgh komme, spreche ich Gälisch.
5. Der Teller fiel Iain aus der Hand.
6. Er zog Donnchadh auf.
7. Das Feuer ging aus und es war kalt.
8. Es gibt keinen Ausweg, wir müssen morgen wieder arbeiten.
9. Er ist ein netter Mann, aber er ist ein wenig aus der Spur.
10. Weg da, ich habe es eilig!

2. Setzen Sie die richtigen Formen von *à* ein, damit sinnvolle Sätze entstehen?

1. A bheil sibh ________ na Stàitean Aonaichte neo ________ Sasainn?
2. Bha iad a' tarraing ________ (mi).
3. Dh' òl mi leann, fìon is eile, cha do dh'fhàg mi dad ________ (aus).
4. Tha Calum ________ Alba, ach tha Pièrre ________ an Fhraing.
5. Thug e an sporan ________ (aus der Tasche).

3. Übersetzen Sie unter Anwendung von *ann* ins Schottisch-Gälische.

1. Dòmhnall, bist du da?
2. Heute Abend gibt es kein Cèilidh.
3. Es ist warm in Mull, aber kalt in Òban.
4. Er schwimmt im Meer in Schottland.
5. Màiri ist im Zimmer und Calum ist im Auto.
6. Sie verbrachten die Ferien in den USA und nicht in Irland.
7. Er ist Lehrer und sie ist Sekretärin.
8. Iain ist ein netter Mann und wohnt auf Skye.
9. Ich hoffe, du wirst da sein.
10. Ich bin mit einem neuen Projekt in Fort William beschäftigt.

4. Bilden Sie die richtigen Formen mit *ann*.

1. in Deutschland | 2. in dem Zimmer | 3. in einem Zimmer | 4. in der Kirche | 5. in mir | 6. in Schottland | 7. in den USA | 8. in ihr | 9. in Frankreich | 10. in England

5. Vervollständigen Sie die Tabelle.

annam	
	annadsa
	annsan

annainn	
annaibh	
	anntasan

6. Vervollständigen Sie die Sätze mit *ann*.

1. Bha iad ________________________ (in der Stadt).
2. \`S e manaidsear a th' _________ (sie).
3. Tha i grianach _____________ (Skye) agus fuar _____________ (Lewis).
4. Cheannaich iad leann _____________ (in Deutschland).
5. Dh'fheuch iad uisge-beatha _____________ (auf Islay).
6. Tha iad a' fuireach ________________ (in Fort William) ________________________ (in einer neuen Wohnung).

7. Übersetzen Sie unter Anwendung von *le* ins Schottisch-Gälische.

1. Mir gehört das Haus und Ihnen gehört die Fabrik.
2. Magst du einen Tee?
3. Das Buch wurde von Martin MacDonald geschrieben.
4. Er fuhr mit dem Hund zum Arzt.
5. Er tötete die Ratte mit einem Schuh.
6. Wir würden gerne essen.
7. Ich bin vor Hunger gestorben.
8. Ich erlaube dir nicht, mit Màiri zu streiten.
9. Ich bin vollkommen mit dir einer Meinung.
10. Wegen des schlechten Wetters fuhr keine Fähre.

8. Was ist hier falsch und wie muss es richtig heißen?

1. Tha an càr leam. | 2. Bu toil le Gàidhlig ionnsachadh. | 3. B' fheàrr leis Iain fuireach ann am Peairt. | 4. Tha mi a' dol leatha Màiri. | 5. Chan fhaca mi dad le an ceò.

9. Welche Formen von *le* sind falsch und wie lauten sie richtig?

1. leis | 2. liutha | 3. leinn | 4. leotha | 5. libh | 6. leatsa | 7. leapa

10. Übersetzen Sie unter Anwendung von *ri* ins Schottisch-Gälische.

1. Ich sprach mit dem Manager.
2. Ich will mit einem Manager sprechen
3. Der Mann stand an der Mauer.
4. Sprich mit mir!
5. Ich war im Laden, aber es war nichts zu bekommen.
6. Wir standen auf dem Gipfel des Berges und es war nichts zu sehen.
7. Sie sieht Màiri ähnlich.
8. Wir fuhren zusammen mit Iain nach Schottland.

11. Setzen Sie sinnvolle Formen von *ri* ein.

1. Bruidhinn i _______ an tidsear agus thuirt i, gum biodh Niall _______ ionnsachadh.
2. An ath mhadainn chaidh Niall don sgoil còmhla _______ Mòrag.
3. Carson nach tèid thu còmhla _______ (ihnen)?
4. Tha i fuar. Cha do chuir mi _______ an teine.
5. Cha do ghabh e _______ a' cho-dhùnadh idir.

32 Präpositionen mit dem Dativ III: *do, bho, fo, tro, ro, de, mu*

Gruppe 3

- Lenition des folgenden Substantivs
- Präpositionen verschmelzen beim bestimmten Dativ mit dem bestimmten Artikel

do »zu, nach, für, in hinein«

do wird vor Vokal zu do dh' verdoppelt:

Rinn mi sin do Mhàiri — *Das habe ich für Màiri getan.*
Chaidh i do sheòmar. — *Sie ging in ein Zimmer.*
Thug iad am biadh do na cait. — *Sie gaben das Futter den Katzen.*
Thug mi an leabhar do dh'Iain. — *Ich gab das Buch Iain.*

Es wird bei Ortsnamen zu a bzw. a dh':

Chaidh sinn a Ghlaschu. — *Wir gingen nach Glasgow*
Dhràibh e a dh'Inbhir Nis. — *Er fuhr nach Inverness.*

do verschmilzt mit dem bestimmten Artikel im Singular zu don (ugs. dhan) + Lenition:

Ruith iad don / dhan bhùth. — *Sie rannten zu dem Laden.*
Chaidh iad don / dhan bhaile. — *Sie gingen in die Stadt.*
Rinn i sin don duine aice. — *Sie tat das für ihren Mann.*

Es verschmilzt mit den Fragepartikeln a, an und am zu don, dom, dan oder dhan, dham:

Sin am baile dom buineadh e. — *Das ist der Ort, woher er kommt.*

Mit den Personalpronomen verschmilzt do zu folgenden Präpositionalpronomen:

einfach	betont	Deutsch	einfach	betont	Deutsch
dhomh	dhomhsa	*zu mir / für mich*	dhuinn	dhuinne	*zu uns / für uns*
dhut	dhutsa	*zu dir / für dich*	dhuibh	dhuibhse	*zu euch / für euch*
dha	dhasan	*zu ihm / für ihn*	dhaibh	dhaibhsan	*zu ihnen / für sie*
dhi	dhise	*zu ihr / für sie*			

Thoir dhomh an salann! — *Gib mir das Salz!*
Rinn e sin dhutsa a-mhàin. — *Das hat er nur für dich getan.*
Cha robh dad dhomh anns a' bhùth seo. — *Für mich gab es nichts in diesem Laden.*
Tha e na charaid dha. — *Er ist sein Freund.*
Is e ogha do Mhàiri a th'ann. — *Das ist ein Enkel von Màiri.*

Verben mit do:

innis, ag innse do	*jmdm. etw. erzählen*
thoir, a' toirt do	*jmdm. etw. geben*
èirich, ag èiridh do	*jmdm. etwas zustoßen*
mothaich, a' mothachadh do	*etw. bemerken*

Idiomatischer Gebrauch:

is urrainn do	*können (Fähigkeit)*
is fheudar do	*müssen*
is aithne do	*jmdn. kennen*
às dèidh do + VN	*nachdem jmd. etwas getan hat*
às dèidh dhomh an taigh fhàgail	*nachdem ich das Haus verlassen hatte*

bho/o »von«

Ruith e bho sheòmar gu seòmar.	*Er rannte von Zimmer zu Zimmer.*
mìle a dh'astar bho Ghlaschu	*eine Meile entfernt von Glasgow*

bho verschmilzt mit dem bestimmten Artikel im Singular zu bhon/on + Lenition:

bhon Fhraing don Ghearmailt	*von Frankreich nach Deutschland*

Mit den Personalpronomen verschmilzt bho zu folgenden Präpositionalpronomen:

einfach	betont	Deutsch
bhuam*	bhuamsa	*von mir*
bhuat	bhuatsa	*von dir*
bhuaithe	bhuaithesan	*von ihm*
bhuaipe	bhuaipese	*von ihr*

einfach	betont	Deutsch
bhuainn	bhuainne	*von uns*
bhuaibh	bhuaibhse	*von euch*
bhuapa	bhuapasan	*von ihnen*

* auch *uam* etc.

Fhuair i litir bhuaithe.	*Sie bekam einen Brief von ihm.*
Cò bhuaithe a fhuair thu sin?	*Von wem hast du das bekommen?*
Chan fhaigh mi freagairt bhuapa.	*Ich bekomme keine Antwort von ihnen.*
Cluinnidh tu bhuam a-màireach.	*Du hörst morgen von mir.*

Idiomatischer Gebrauch:

Bhon/On a / Bhon uair sin	*seit/seitdem*
On a tha obair ùr aige, tha e toilichte.	*Seit er neue Arbeit hat, ist er glücklich.*
Bhon uair sin cha chualas dad bhuapa.	*Seitdem hörte man nicht mehr von ihnen.*
`S fhada bhon a rinn mi sinn.	*Lange her, dass ich das gemacht habe.*
`S fhada bhon uair sin.	*Lange nicht gesehen.*

fo »unter«

Rinn an cat laighe fo bhòrd. — *Die Katze legte sich unter einen Tisch.*
Tha na flùraichean fo bhlàth. — *Die Blumen blühen.*
Bha iad uile fo aois 20. — *Sie waren alle unter 20 Jahre alt.*

fo verschmilzt mit dem bestimmten Artikel im Singular zu fon + Lenition:

Tha an cat fon bhòrd — *Die Katze ist unter dem Tisch.*

Mit den Personalpronomen verschmilzt fo zu folgenden Präpositionalpronomen:

einfach	betont	Deutsch	einfach	betont	Deutsch
fodham	fodhamsa	*unter mir*	fodhainn	fodhainne	*unter uns*
fodhad	fodhadsa	*unter dir*	fodhaibh	fodhaibhse	*unter euch*
fodha	fhodhasan	*unter ihm*	fodhpa	fodhapsan	*unter ihnen*
foipe	foipese	*unter ihr*			

Chaidh am bàta fodha. — *Das Schiff ging unter.*
Chunnaic mi dol-fodha na grèine. — *Ich sah den Sonnenuntergang.*

Idiomatischer Gebrauch:

fo làn bhlàth — *in voller Blüte*
Dè fon ghrèin a thàinig ort?! — *Was in aller Welt ist dir zugestoßen?!*
Tha mi fo iomagain/eagal. — *Ich bin in Angst (= unter dem Einfluss von Angst).*

fo als Vorsilbe im Sinne von »untergeordnet sein«:

fo-rèile — *U-Bahn*
fo-aodaich — *Unterwäsche*
fo-sgoil — *Vorschule*
fo-thiotal — *Untertitel*
fo-sgrìobhadh — *Unterschrift*

tro/troimh »durch«

Thilg e a' chlach tro uinneig. — *Er warf den Stein durch ein Fenster.*
Choisich e tro shràidean fada. — *Er ging durch lange Straßen.*

tro verschmilzt mit dem bestimmten Artikel im Singular zu tron + Lenition:

Choisich mi tron bhaile. — *Ich lief durch die Stadt.*
Chaidil e tron latha. — *Er schlief tagsüber.*
Bidh mi ag obair tron t-seachdain. — *Die Woche über arbeite ich.*

Mit den Personalpronomen verschmilzt tro zu folgenden Präpositionalpronomen:

einfach	betont	Deutsch
tromham	tromhamsa	*durch mich*
tromhad	tromhadsa	*durch dich*
troimhe	troimhesan	*durch ihn*
troimhpe	troimhpese	*durch sie*

einfach	betont	Deutsch
tromhainn	tromhainne	*durch uns*
tromhaibh	tromhaibhse	*durch euch*
tromhpa	tromhpasan	*durch sie*

ro/roimh »vor«

Thachair sin 200 ro Chriosd. — *Das geschah 200 vor Christus.*
Ràinig sin ro mheadhan-oidhche. — *Wir kamen vor Mitternacht an.*

ro verschmilzt mit dem bestimmten Artikel im Singular zu ron + Lenition:

Tha fàilte ron cho-dhùnadh seo. — *Diese Entscheidung wird begrüßt.*
Dh'fhàg e an dùthaich ron chogadh. — *Er verließ das Land vor dem Krieg.*

Mit den Personalpronomen verschmilzt ro zu folgenden Präpositionalpronomen:

einfach	betont	Deutsch
romham	romhamsa	*vor mir/mich*
romhad	romhadsa	*vor dir/dich*
roimhe	roimhe-san	*vor ihn*
roimhpe	roimhpese	*vor sie*

einfach	betont	Deutsch
romhainn	romhainne	*vor uns*
romhaibh	romhaibhse	*vor euch*
romhpa	romhpasan	*vor sie*

Chuir mi romham Gàidhlig ionnsachadh. — *Ich nahm mir vor Gälisch zu lernen.*
Am faic thu dè tha romhad? — *Kannst du sehen, was vor dir ist?*
Bha fàilte chridheil romhainn an sin. — *Wir wurden dort herzlich begrüßt.*
Bha e romhainn. — *Er war vor uns. (in der Schlange)*

ro als Vorsilbe im Sinne von »vor-«:

ro-aithris na sìde — *Wettervorhersage*
ro làimh — *vorher*
ro-ràdh — *Vorwort*

de »von/als ein Teil von etwas«

Tha trì de na h-ùbhlan grod. — *Drei von den Äpfeln sind schlecht.*
Chaidh sianar de na saighdearan a mharbhadh. — *Sechs der Soldaten wurden getötet.*

de wird vor Vokalen zu de dh' verdoppelt:

beagan de dh'ìm — *etwas Butter*

Es verschmilzt mit dem bestimmten Artikel im Singular zu den, ugs. zu dhen + Lenition:

Dh'fheuch mi beagan den ìm. *Ich probierte etwas von der Butter.*

Mit den Personalpronomen verschmilzt de zu folgenden Präpositionalpronomen:

einfach	betont	Deutsch
dhìom	dhiomsa	*von mir*
dhìot	dhiotsa	*von dir*
dheth	dheth-san	*von ihm*
dhith	dhithse	*von ihr*

einfach	betont	Deutsch
dhinn	dhinne	*von uns*
dhibh	dhibhse	*von euch*
dhiubh	dhiubhsan	*von ihnen*

Ged a fhuair iad uile an cuireadh, cha do nochd feadhainn dhiubh. *Obwohl sie alle eine Einladung hatten, erschienen einige von ihnen nicht.*
Rinn e amadan dhìom. *Er machte mich zum Idioten.*

Verben mit de:

faighnich, a' faighneachd de *fragen, etw. von jmdm. erfragen*
cuir, a' cur de *etw. ausziehen*

Dh'fhaighnich e dhìom, cuin am faiceadh e mi. *Er frug mich, wann er mich sehen könnte.*
Faighnichidh mi dheth am bi sin ceart gu leòr. *Ich werde ihn fragen, ob das in Ordnung ist.*
Cuir dhìot do chòta. *Zieh Deinen Mantel aus.*

mu »über, um, circa«

Chunnaic mi e mu sheachdain air ais. *Ich sah ihn vor circa einer Woche.*
Chuir mi fòn thuige mu chòig uairean. *Ich rief ihn so gegen fünf Uhr an.*
Bidh sin a' toirt mu shia uairean a thìde. *Das dauert circa sechs Stunden.*

mu verschmilzt mit dem bestimmten Artikel im Singular zu mun + Lenition:

Bhruidhinn iad mun chaillich ud. *Sie sprachen über diese Alte da.*

Mit den Personalpronomen verschmilzt mu zu folgenden Präpositionalpronomen:

einfach	betont	Deutsch
umam	umamsa	*um mich*
umad	umadsa	*um dich*
uime	uime-san	*um ihm*
uimpe	uimpese	*um sie*

einfach	betont	Deutsch
umainn	umainne	*um uns*
umaibh	umaibhse	*um euch*
umpa	umpasan	*um sie*

Cuir umad, feumaidh sin falbh. *Zieh dich an, wir müssen los.*

Übungen

1. Übersetzen Sie unter Anwendung von *do* ins Schottisch-Gälische.

1. Ich tat das für Ailean, nicht für dich.
2. Calum ging in das Zimmer und schloß die Tür.
3. Donnchadh gab Iain das Buch.
4. Wir fuhren nach Edinburgh, er fuhr aber nach Skye.
5. Er ist unser Freund.
6. Erzähl mir, wo ihr gestern gewesen seid.
7. Màiri kennt Eilidh, sie gingen gemeinsam in die Schule.
8. Nachdem ich gefrühstückt hatte, ging ich wieder ins Bett.
9. Ich muss morgen nach Fort William fahren.
10. Er erzählte den Leuten, dass er ihnen mehr Geld geben würde.

2. Setzen Sie die richtige Form von *do/a* ein.

1. An toiseach chaidh iad ___________ (nach Deutschland) agus an uair sin ___________ (nach England).
2. Thàinig iad ___________ (nach Barra).
3. Is urrainn ___________ (Màiri) snàmh agus chan urrainn ___________ (sie) sreap.
4. Thoir ___________ (mir) am piobair agus an t-aran.
5. Chaidh i ___________ (in die Stadt) agus cha do mhothaich i ___________ (mich).

3. Bilden Sie die richtigen Formen.

1. nach Inverness | 2. zu einem Haus | 3. in die Stadt | 4. zu dir | 5. zu ihnen | 6. zum Cèilidh | 7. nach Skye | 8. zu ihr | 9. nach Glasgow | 10. nach Schottland und nach Italien

4. Korrigieren Sie die Fehler.

1. Thàinig sinn do taigh mo bhràthar.
2. Chaidh sin a Inbhir Nis Di-Sathairne.
3. An deach sibh don cèilidh an-roir?
4. Thoir dhom an t-aigead agus cuiridh mi don t-sporan e.
5. Tha e na charaid do e.
6. As dèidh dheth an taigh fhàgail chaidh e don obair.
7. Dè dh'èirich duibh?
8. Thug e dhinn an leabhar.
9. \`S fheudar dhuibh an càr a chàradh.
10. \`S aithne mi do e.

5. Einige dieser Formen von *bho* sind falsch. Wie müssen sie richtig lauten?

1. bhoum | 2. bhuapasan | 3. bhuaile | 4. bhuat | 5. on | 6. bhuaipese | 7. bhuaithe | 8. bhainne | 9. bhon | 10. bhuampasta

6. Übersetzen Sie unter Anwendung von *bho* ins Schottisch-Gälische.

1. Sie fuhren von Perth nach Glasgow.
2. Sie kamen von Spanien und fuhren nach Frankreich.
3. Er rannte von der Stadt bis zu mir.
4. Ich bekam gestern einen Brief von ihnen.
5. Hast du eine Antwort von ihr erhalten?
6. Seit er in Portree wohnt, geht es ihm besser.
7. Lange her, dass ich dich gesehen habe.
8. Von wem hast du das neue Kleid bekommen?
9. Seitdem hat er nicht mehr mit mir gesprochen.
10. Du hörst morgen von mir.

7. Übersetzen Sie ins Deutsche.

1. bho mo chridhe | 2. bhuam | 3. bhon Fhraing | 4. bhon | 5. bhon uair sin | 6. bho mo mhàthair | 7. bhuapa | 8. air falbh bhon taigh

8. Übersetzen Sie unter Anwendung von *fo* ins Schottisch-Gälische.

1. Der Mann lag unter dem Auto und versuchte es zu reparieren.
2. Es war Sommer und der Garten stand in voller Blüte.
3. Der Sonnenuntergang auf Uist ist unwahrscheinlich schön.
4. Die Leute in der Wohnung unter mir sind sehr nett.
5. Ich war voller Angst, als ich den Mann hörte, der hinter mir war.
6. Die Unterwäsche ist schmutzig, ich muss sie waschen.
7. In unserem Dorf gibt es eine gälische Vorschule.
8. Was in aller Welt ist passiert?
9. Ich mag die Glasgower U-Bahn.
10. Das Schiff ging im Sturm unter.

9. Bilden Sie die richtigen Formen mit *fo*.

1. unter dir | 2. unter dem Bett | 3. unter ihnen | 4. unter dem Fenster | 5. unter einem Tisch

10. Übersetzen Sie unter Anwendung von *tro* und *ro* ins Schottisch-Gälische.

1. Ich schaute durch ein Loch in der Wand, aber ich konnte nichts sehen.
2. Ich ging durch die Stadt und versuchte Iain zu finden.
3. Er schläft tagsüber, aber nachts ist er wach.
4. Die Woche über wohnt und arbeitet er in Perth, aber sonntags ist er zu Hause bei seiner Frau.
5. 52 vor Christus war ganz Gallien unter der Kontrolle der Römer.
6. Ich wusste vorher, dass du nicht kommen würdest.
7. Er nahm sich vor, Deutsch zu lernen.
8. Ich sah sie vor mir, als ich im Geschäft war.
9. Donnchadh schrieb das Vorwort des Buches.
10. Vor Mitternacht kamen wir todmüde im Hotel an.

11. Eine Übung zu *tro* und *ro*. Vervollständigen Sie die folgende Tabelle, ohne nachzuschauen.

tro	
tromham	tromhainn
troimh	
	–

ro	
romhad	romhaibh
	romhpa
roimhpe	–

12. Übersetzen Sie unter Anwendung von *de* ins Schottisch-Gälische.

1. Einer der Männer sprach etwas Französisch.
2. Ich probierte etwas vom Haggis und es war leckerer, als ich gedacht hatte.
3. Einige von ihnen wurden krank, einige andere von ihnen starben.
4. Ich frage dich, ob du Calum gesehen hast.
5. Zieh dich aus und mach's dir bequem.

13. Bilden Sie die richtigen Formen mit *de*.

1. von mir | 2. von den Häusern | 3. von ihnen | 4. von dem Brot | 5. von dir

14. Eine Übung zu *do* und *de*. Vervollständigen Sie die folgende Tabelle, ohne nachzuschauen.

do	
	dhuinn
dhut	
dha	dhaibh
	–

de	
dhìom	
dhìot	dhibh
dhith	–

15. Übersetzen Sie unter Anwendung von *mu* ins Schottisch-Gälische.

1. Ich habe ihn vor ca. 14 Tagen gesehen.
2. Ich sprach mit dir über den Mann.
3. Wir diskutierten über dieses Thema ohne irgendein Ergebnis.
4. Sie redeten nicht über dieses Thema, bis sie zu Hause waren.
5. Zieh dich an, wir müssen gehen.

33 Präpositionen mit dem Genitiv: *gu*, *rè* und *thar*

gu »bis, bis nach, zu«

Gu ist die schottisch-gälische Präposition, die sehr schwer ins Deutsche zu übertragen ist. Sie wird im Schottisch-Gälischen regional unterschiedlich benutzt und ihre grammatischen Regeln sind ebenfalls regional unterschiedlich. Es fällt Lernenden sehr schwer, alle Aspekte zu verstehen und richtig einordnen zu können. Hier werden die häufigsten Anwendungsmöglichkeiten erklärt.

gu steht in temporaler Funktion bei unbestimmten Substantiven mit dem Genitiv:

gu sia uairean	*bis sechs Uhr*
gu toiseach na Dàmhair	*bis Anfang Oktober*

Wird in temporaler Funktion vor bestimmten Substantiven zu gus. Die Substantive stehen dann im Akkusativ:

gus a-màireach	*bis morgen*
gus an latha an-diugh	*bis zum heutigen Tag*
gus an t-Sultain	*bis September*
gus an ath-sheachdain	*bis nächste Woche*

Steht in lokaler Funktion bei allgemeinen Richtungsangaben bei unbestimmten Substantiven mit dem Dativ:

Bho Pheart gu Glaschu	*von Perth bis Glasgow*
air an t-slighe gu Uibhist	*auf dem Weg nach Uist*
am bus gu Loch nam Madadh	*der Bus nach Lochmaddy*
Thàinig a' chèilidh gu crìch.	*Das Cèilidh kam zu einem Ende.*
Thèid sinn gu partaidh.	*Wir gehen zu einer Party.*

Wird in lokaler Funktion vor bestimmten Substantiven zu chun. Die Substantive stehen dann im Genitiv:

Chaidh e chun an dorais.	*Er ging bis zu der Tür.*
Chaidh am bus chun a' Ghearsadain.	*Der Bus fuhr bis Fort William.*
Chaidh am bàta chun an eilein, ach b' fheudar dha tionndadh, bha i dìreach fada ro stoirmeil.	*Das Schiff fuhr bis zur Insel, aber es musste umdrehen, es war einfach zu stürmisch.*

Funktion	Form	Kasus
temporal	gu	+ Genitiv
	gus	+ Akkusativ

Funktion	Form	Kasus
lokal	gu	+ Dativ
	chun	+ Genitiv

Mit den Possessivpronomen verschmilzt gu zu folgenden Präpositionalpronomen:

einfach	betont	Deutsch
thugam*	thugamsa	*bis zu mir*
thugad*	thugadsa	*bis zu dir*
thuige	thuige-san	*bis zu ihm*
thuice	thuicese	*bis zu ihr*

einfach	betont	Deutsch
thugainn	thugainne	*bis zu uns*
thugaibh	thugaibhse	*bis zu euch*
thuca	thucasan	*bis zu ihnen*

* auch *chugam*, *chugad* etc.

Steht auch für das deutsche »(ver-)schicken«, »jmdm. schreiben«, »jmdn. anrufen«:

Chuir mi litir thuige. — *Ich schickte ihm einen Brief.*
Sgriobh mi thuca. — *Ich schrieb ihnen.*
Chuir Iain fòn gu Mòrag. — *Iain rief Mòrag an.*

Verben mit gu:

cuir, a' cur gu — *jmdm. etw. schicken*
sgrìobh, a' sgrìobhadh gu — *jmdm. schreiben*
tarraing, a' tarraing gu — *jmdn. anziehen (nicht Kleidung)*
cur, a' cur thuige — *aktivieren, jmdn. zu etw. bewegen*

Idiomatischer Gebrauch:

Thàinig mi thugam fhèin. — *Ich kam zu mir. (aus der Ohnmacht)*
Ghabh mi thugam fhèin e. — *Das habe ich mir zu Herzen genommen.*
Thugad am bus! — *Pass auf! Achtung, der Bus!*
Faic thugad is bhuat! — *Schau in beide Richtungen!*

rè »während«

Lenition des nachfolgenden Wortes:

rè ùine mòire — *während einer langen Zeit*
rè na bliadhna — *das ganze Jahr über*
rè na h-oidhche — *während der Nacht*
rè na h-ochdamh linn deug — *während des 18. Jahrhunderts*
rè a' chola-deug ann an Uibhist — *während der 14 Tage auf Uist*

thar »über, hinüber«

thar cnuic — *über einen Hügel*
thar drochaide — *über eine Brücke*
thar a' bhalla — *über die Mauer*
thar a' bhealaich — *über den Gebirgspass*
thar na crìche — *über die Grenze*

Mit den Possessivpronomen verschmilzt thar zu folgenden Präpositionalpronomen:

einfach	betont	Deutsch
tharam	tharamsa	*über mich*
tharad	tharadsa	*über dich*
thairis air	thairis air-san	*über ihn*
thairte	thairtese	*über sie*

einfach	betont	Deutsch
tharainn	tharainne	*über uns*
tharaibh	tharaibhse	*über euch*
tharta	thartasan	*über sie*

Bis auf thairis air werden diese Formen heute kaum noch benutzt. Thairis air wird zudem mit dem Dativ benutzt:

Choisich e thairis air an drochaid. — *Er ging über die Brücke.*
Aber: Leum e thar an uillt. — *Er sprang über den Bach.*

Idiomatischer Gebrauch:

Tha sin thar mo chomais. — *Das geht über meine Fähigkeiten.*
rach thar a chèile — *sich über etwas in die Haare bekommen*

Übungen

1. Übersetzen Sie unter Anwendung von *gu* ins Schottisch-Gälische.

1. Es ist Viertel vor 6.
2. Bis zum Beginn der kommenden Woche müssen wir fertig sein.
3. Bis zum heutigen Tag kann er nicht auf Gälisch schreiben.
4. In Schottland wurde im ganzen Land bis ins 12. Jahrhundert Gälisch gesprochen.
5. Der Zug fuhr von Glasgow bis Inverness.
6. Er hat mir einen Brief geschickt.
7. Der Bus nach Edinburgh ist wieder zu spät.
8. Janni kletterte bis zum Gipfel des Berges.
9. Auf dem Weg nach London trafen wir Iain in Aviemore.
10. Er ging bis zum Fenster und dann bis zur Wand.

2. Übersetzen Sie unter Anwendung von *rè* und *thar* ins Schottisch-Gälische.

1. Während des 17. Jahrhunderts sprachen alle Leute im Hochland Gälisch.
2. Es war unwahrscheinlich heiß während der Nacht.
3. Er sprang über eine Mauer, lief über die Brücke, stahl ein Auto und floh.
4. Wir stiegen von Deutschland (aus) in die Berge, wanderten über den Gebirgspass über die Grenze nach Österreich.
5. Diese russische Grammatik geht weit über meine Fähigkeiten, Gälisch ist einfacher.
6. Sie bekamen sich in die Haare darüber, ob das nun falsch oder richtig sei.

3. Korrigieren Sie folgende Sätze, falls sie falsch sind.

1. Sgrìobh e litir gu sinn.
2. Chaidh e gun dorais is dh'fhosgail e e.
3. Dhraibh iad bho baile gu baile, feuch am faigheadh iad obair ùr.
4. Cuir fòn thugaim nuair a bhios tu anns a' bhaile.
5. Càite a bheil am bus gu Loch nam Madadh?
6. Chuir Iain fòn thuice Màiri.
7. An deach am bus gu an Gearsadan?
8. Ghabh mi thugam e cho mòr, gun robh thu cho suarach.
9. Thàinig e thuice fhèin a-rithist as dèidh dha tuiteam.
10. Cuiridh mi preusant thugad aig an Nollaig.

4. Setzen Sie jeweils die richtige Präposition ein.

1. ________ na h-oidhche chòisich tòrr daoine ________ an drochaid.
2. Bha iad a' fuireach anns an taigh ________ nam bliadhnaichean a bha iad còmhla.
3. Ruith na fèidh ________ cnuic.
4. ________ dà latha, cha do rinn e dad ach gearan is trod.
5. Chaidh mìltean de dhaoine fhuadachadh ________ na h-ochdamh linn deug.

34 Präpositionen mit dem Akkusativ: *eadar, seach, mar*

eadar »zwischen«

eadar na càraichean — *zwischen den Autos*
eadar an taigh agus an rathad — *zwischen dem Haus und der Straße*
Bha balla eadar Berlin an Iar is an Ear. — *Zwischen West- und Ostberlin gab es eine Mauer.*

Mit den Personalpronomen verschmilzt eadar zu folgenden Präpositionalpronomen:

einfach	betont	Deutsch
eadarainn	eadarainne	*zwischen uns*
eadaraibh	eadaraibhse	*zwischen euch*
eatorra	eatorrasan	*zwischen ihnen*

Tha rud-eigin eadarainn. — *Etwas ist zwischen uns.*
Chan fhaic mi dad eadaraibh. — *Ich kann nichts zwischen euch sehen.*
Tha sia mìle de dh'astar eatorra. — *Es sind sechs Meilen zwischen ihnen.*

Idiomatischer Gebrauch:

eadar mi fhìn is tu fhèin — *zwischen mir und dir*
eadar an dithist againn — *zwischen uns beiden*
eadar dà sgeul — *zwischendurch bemerkt*
eadar gun robh neo nach robh iad ga chreidsinn — *ob sie es nun glauben oder nicht*
eadar fealla-dhà is da-rìreadh — *zwischen Spaß und Ernst*

Im Sinne von »sowohl … als auch« (+ Lenition):

eadar bheag is mhòr — *sowohl groß als auch klein*
eadar mhath is olc — *sowohl gut als auch böse*

als Vorsilbe »zwischen-/Inter-«:

eadar-lìon — *Internet*
eadar-nàiseanta — *international*
eadar-dhealachadh — *Kontrast*
eadar-oibreachadh — *Interaktion*
eadar-theangaich — *übersetzen*

seach »verglichen mit, außer, abgesehen von, eher als«

B' fheàrr leam Mozart seach ceòl pop.	*Ich mag eher Mozart als Popmusik.*
Cha b' e aon seach aon.	*Es war weder der eine noch der andere.*
ann an dòigh seach dòigh	*auf die eine oder andere Weise*

Als Vorsilbe:

seach-rathad	*Umleitung/ Umgehungsstraße*
seach-laghail	*am Gesetz vorbei*
cuir/ a' cur mu seach beagan airgid	*etwas Geld auf die Seite legen, sparen*

mar »so, wie, so wie«

Bei unbestimmten Substantiven folgt der Dativ, mar löst hier Lenition aus. Vor bestimmten Substantiven dagegen steht mar mit dem Akkusativ und leniert nicht:

Chadail e mar chloich.	*Er schlief wie ein Stein.*
Bha rudan mar chàraichean is bhàtaichean rim faicinn.	*Es waren Dinge wie Autos und Boote zu sehen.*
Ruith e mar a' ghaoth.	*Er rannte wie der Wind.*
Bha na bàtaichean mar na càraichean glè dhaor.	*Die Boote wie die Autos waren sehr teuer.*
Bruidhnidh mi riut mar charaid.	*Ich spreche mit dir als Freund.*
Rinn e e mar-thà.	*Er hat es schon gemacht.*
Rinn e mar an ceudna.	*Er machte es ebenso.*
Bha e ag obair mar iasgair neo mar sin.	*Er arbeitete als Fischer oder so (ähnlich).*

In Verbindung mit bi:

Sin mar a bha e, mar a tha e is mar a bhitheas e.	*So war es, so ist und so bleibt es.*

In Verbindung mit is:

mar as àbhaist / mar a b' àbhaist	*wie gewöhnlich*
mar as trice / mar a bu trice	*wie so oft/meistens*
Mas ann mar sin a tha e …	*Wenn das so ist …*

Um das deutsche »so« auszudrücken, benutzt man mar mit dem Demonstrativpronomen sin:

Mar sin dh'òl mi e.	*Und so trank ich es.*
agus mar sin air adhart …	*und so weiter …*
Mar sin dh'ith am madadh-allaidh Rotkäppchen.	*Und so fraß der Wolf Rotkäppchen.*

Übungen

1. Übersetzen Sie unter Anwendung von *eadar* und *seach* ins Schottisch-Gälische.

1. Zwischen Spanien und Frankreich gibt es hohe Berge.
2. Zwischendurch bemerkt, hast du Peadar heute in der Stadt getroffen?
3. Das Buch wurde ins Gälische übersetzt.
4. Es gab eine große Freundschaft zwischen ihnen.
5. 2013 wurde die Fähre zwischen Mallaig und South-Uist eröffnet.
6. Ich lerne eher mit Büchern, als im Internet.
7. Es war nicht kalt und es war nicht warm, es war weder das einen noch das andere.
8. Auf die eine oder andere Weise wird sie es akzeptieren müssen, ob sie es nun glaubt oder nicht.
9. Ich habe ein wenig Geld zur Seite gelegt, aber nicht am Gesetz vorbei!
10. Da die Umgehungsstraße geschlossen war, erreichten wir Glasgow erst am Abend.

2. Übersetzen Sie unter Anwendung von *mar* ins Schottisch-Gälische.

1. Sie arbeitet als Sekretärin oder so, ich weiß es nicht.
2. Und so nahm er den Computer und warf ihn aus dem Fenster (*a-mach air*).
3. Sie rannten wie der Wind, aber sie bekamen den Bus nicht mehr.
4. Sie aßen nur Dinge, die gesund waren, wie z.B. Äpfel, Salat und Joghurt.
5. Wie gewöhnlich nehme ich den Zug um 6:45 bis Haymarket.
6. Wie so oft war das Cèilidh einfach toll.
7. Je jünger die Kinder sind, desto besser lernen sie.
8. Er verlangte das von mir, und so gab ich ihm mein ganzes Geld.
9. Er kam nach Hause, fiel aufs Sofa und schlief wie ein Stein.
10. Er sprach mit mir als Freund, aber ich glaubte ihm nicht.

35 Zusammengesetzte Präpositionen

Die folgenden zusammengesetzten Präpositionen bestehen – wie z.T. auch im Deutschen – im zweiten Teil aus einer einfachen Präposition. Der erste Teil der Zusammensetzung bleibt unverändert, der zweite Teil wird, wie in den Kapiteln zu einfachen Präpositionen beschrieben, dekliniert. In den Tabellen finden Sie jeweils ein unbestimmtes und ein bestimmtes Beispiel zur entsprechenden Präposition.*

1. Zusammengesetzte Präpositionen mit dem Dativ

Präposition	Deklination	Beispiel unbestimmt		Beispiel bestimmt	
còmhla ri *zusammen mit*	còmhla rium …	còmhla ri caraid	*zusammen mit einem Freund*	còmhla ris a' charaid	*zusammen mit dem Freund*
seachad air *vorbei an*	seachad orm …	seachad air baile	*an einem Dorf vorbei*	seachad air a' bhaile	*an dem Dorf vorbei*
thairis air *über*	thairis orm …	thairis air drochaid	*über eine Brücke*	thairis air an drochaid	*über die Brücke*
tarsainn air *über*	tarsainn orm …	tarsainn air abhainn	*über einen Fluss*	tarsainn air an abhainn	*über den Fluss*
coltach ri *ähnlich wie*	coltach rium …	coltach ri cat	*ähnlich einer Katze*	coltach ris a' chat	*ähnlich wie die Katze*
timcheall air *um herum*	timcheall orm …	timcheall air ceàrnaig	*um einen Platz herum*	timcheall air a' cheàrnaig	*um den Platz herum*

2. Zusammengesetzte Präpositionen mit dem Genitiv

Die folgenden zusammengesetzten Präpositionen mit dem Genitiv bestehen aus einer einfachen Präposition gefolgt von einem Substantiv. Die Tabelle enthält Beispiele mit dem Genitiv Singular und Plural.

Präposition	Beispiel unbestimmt		Beispiel bestimmt	
a dh'ionnsaigh *entgegen, in Richtung auf … zu*	a dh'ionnsaigh eaglaise	*in Richtung auf eine Kirche*	a dh'ionnsaigh na h-eaglaise	*auf die Kirche zu*
air beulaibh *vor*	air beulaibh càir	*vor einem Auto*	air beulaibh a' chàir	*vor dem Auto*
air cùlaibh *hinter*	air cùlaibh leapa	*hinter einem Bett*	air cùlaibh na leapa	*hinter dem Bett*
ri taobh *neben*	ri taobh banca	*neben einer Bank*	ri taobh a' bhanca	*neben der Bank*

* Eine Tabelle der Präpositionen in allen Personen finden Sie unter www.buske.de/schottisch zum kostenlosen Download.

Präposition	Beispiel unbestimmt		Beispiel bestimmt	
air son / airson *für / zum Wohle von*	airson caraid	*für einen Freund*	airson a' charaid	*für den Freund*
an aghaidh *gegen / versus*	an aghaidh Ghlaschu	*gegen Glasgow*	an aghaidh a' Ghearasdain	*gegen Fort William*
am measg *unter*	am measg chàirdean	*unter Verwandten*	am measg nan càirdean	*unter den Verwandten*
às/an dèidh *nach / hinter … her*	às dèidh cogaidh	*nach einem Krieg*	às dèidh a' chogaidh	*nach dem Krieg*
às aonais *ohne*	às aonais charaidean	*ohne Freunde*	às aonais nan caraidean	*ohne die Freunde*
às leth *seitens / im Namen von*	às leth comhairle	*seitens eines Rates*	às leth na còmhairle	*seitens des Rates*
mu choinneimh *gegenüber*	mu choinneimh oileanach	*gegenüber Studenten*	mu choinneimh nan oileanach	*gegenüber den Studenten*
mu dheidhinn *über*	mu dheidhinn bhoireannach	*über Frauen*	mu dheidhinn nam boireannach	*über die Frauen*
mu thimcheall *um … herum*	mu thimcheall chuspairean	*um Themen herum*	mu thimcheall air na cuspairean	*um die Themen herum*
os cionn *über*	os cionn taighe	*über einem Haus*	os cionn an taighe	*über dem Haus*

In Kombination mit einem Pronomen stehen die zusammengesetzten Präpositionen mit den Possessivpronomen. Diese werden – ähnlich wie im Deutschen – zwischen die beiden Teile der Präposition gesetzt (dt. »um mich herum«, »um dich herum« etc.). Beachten Sie dabei die folgenden Regeln (⇨ Kapitel 27):

- *mo*, *do* und *a* lösen Lenition aus
- einige Präpositionen (z.B. *ann* oder *gu*) verschmelzen mit den Possessivpronomen.

Tha an cafaidh air mo bheulaibh.	*Das Café befindet sich vor mir.*
Tha oifis a' phuist air a chùlaibh.	*Die Post befindet sich hinter ihm.*
Rinn mi sin air a son.	*Das habe ich für sie getan.*
Tha iad às ar dèidh.	*Sie sind hinter uns her.*
Chaidh mi ann às ur n-aonais.	*Ich ging ohne euch hin.*
Bhruidhinn am ministear às an leth.	*Der Minister sprach von ihrer Seite / für sie.*
Carson a tha thu nam aghaidh?	*Warum bist du gegen mich?*
Is math a bhith nur measg.	*Es ist gut, unter/bei euch zu sein.*
Shuidh i mu mo choinneimh.	*Sie saß mir gegenüber.*
Bruidhnidh sinn man deidhinn a-màireach.	*Wir sprechen morgen über sie.*

Ruith a' chlann mu mo thimcheall.	*Die Kinder rannten um mich herum.*
Chì e itealan os a chionn.	*Er sieht ein Flugzeug über sich.*
Thàinig e gam ionnsaigh.	*Er kam auf mich zu.*

Übungen

1. Übersetzen Sie ins Deutsche.

Thàinig e còmhla rium seachad air an duine le sgèin na làimh. Ruith sinn tarsainn air drochaid, seachad air a' cheàrnaig agus bha an suidheachadh coltach ri film le James Bond. Timcheall air meadhan-oidhche chunnaic sinn bàr, a bha fosgailte fhathast, air ar beulaibh, dìreach mu choinneimh togalaich mhòir, dhuibh. Chuala sinn cuideigin a bha às ar dèidh agus mhothaich sinn don duine air ar beulaibh ann an oisean dubh ri taobh taigh-bhig shalaich. Thàinig e gar n-ionnsaigh agus a rèir coltais cha robh dol às ann. Ach gu h-obann nochd càr às an t-sràid air ar taobh chlì – na poilis. Chuala sinn guth ag èigheachd: Stad! Dèanta! Agus chunnaic sinn an camara – bha sinn am measg chleasaichean!

2. Übersetzen Sie ins Schottisch-Gälische.

1. Das Haus befindet sich vor der Kirche und neben der Bank.
2. Die Bank befindet sich gegenüber dem Laden.
3. Sie sind hinter mir her.
4. Ich warte vor dem Haus.
5. Er stand mir gegenüber hinter dem Auto.
6. Sie kam auf ihn zu und setzte sich neben ihre Mutter.
7. Ich sehe niemanden vor oder hinter mir, aber mir gegenüber stehen Leute.

3. Stimmt der Fall? Wie muss es richtig heißen?

1. Ruith iad timcheall air nam bòrd.
2. Bha iad a' bruidhinn mu dheidhinn fireannaich.
3. Cha chualas dad air cùlaibh na dhòrsan dùinte.
4. Chaidh iad don bhaile còmhla ri Chaluim agus Beathaig.
5. Choisich iad seachad air na h-eaglaise.

4. Stimmen die Formen?

1.	mo dheidhinn	*über mich*
2.	air an chùlaibh	*hinter ihnen*
3.	às ùr dèidh	*hinter euch her*
4.	man deidhinn	*über sie (Pl.)*
5.	às ur h-aonais	*ohne euch*

5. Beschreiben Sie, wo Sie sich befinden.

1. Tha mi ______________________________ (hinter dem Tisch).
2. Tha mi ______________________________ (neben der Bank).
3. Tha mi ______________________________ (gegenüber der Kirche).
4. Tha mi ______________________________ (vor dem Haus).
5. Tha mi ann an itealan ______________________________ (über der Stadt).

6. Wer ist wo und wer macht was? Setzen Sie die richtigen Formen ein.

1. Tha Màiri ____________ (hinter dir) ach ____________ (neben Calum).
2. Chunnaic mi thu ____________ (vor mir).
3. Tha na poilis ____________ (hinter dir her).
4. Tha mi ____________ (ohne dich) anns a' bhaile.
5. Rinn Dòmhnall e ____________ (für sie (Pl.))
6. Thàinig Màiri ____________ (auf euch zu).
7. Cha tuirt e dad ____________ (uns gegenüber).
8. Bhruidhinn iad ____________ (über ihn).
9. Chunnaic mi na h-eòin ____________ (über ihnen).
10. Cha robh dad ____________ (vor ihnen), neo ____________ (neben uns).

7. Übersetzen Sie in Schottisch-Gälische.

1. neben dir, neben ihm, neben ihnen
2. zu deinem Wohle, zu seinem Wohle, zu unserem Wohle
3. gegen dich, gegen sie (Sg.), gegen euch
4. unter uns, unter euch, unter ihnen
5. nach mir, nach ihm, nach ihnen
6. ohne mich, ohne dich, ohne euch
7. mir gegenüber, ihr gegenüber, ihnen gegenüber
8. über mich, über uns, über sie (Pl.)
9. um dich herum, um ihn herum, um sie herum
10. über mir, über ihm, über uns

36 Adjektive im Singular

Ein prädikatives Adjektiv , das im Deutschen unmittelbar auf das Prädikat/Verb im Satz folgt (»Das Haus ist *groß*.«), steht im Schottisch-Gälischen aufgrund der Verb-Subjekt-Objekt-Satzfolge unmittelbar nach dem Subjekt im Satz, bezieht sich aber trotzdem auf das Verb:

Tha an taigh mòr.	*Das Haus ist groß.*
Tha an litir fada.	*Der Brief ist lang.*
Tha an taigh a chunnaic mi ann an Glaschu mòr.	*Das Haus, welches ich in Glasgow sah, war groß.*

Ein attributives Adjektiv qualifiziert ein Substantiv und steht im Schottisch-Gälischen im Gegensatz zum Deutschen unmittelbar nach dem Substantiv, welchem es in Genus und Kasus folgt:

Cheannaich mi an taigh mòr. (m.)	*Ich kaufte das große Haus.*
Leugh mi an litir fhada. (f.)	*Ich schrieb den langen Brief.*

Qualifizieren mehrere Adjektive ein Substantiv, werden sie in der Reihenfolge »Größe, Qualität, Farbe« sortiert:

càr mòr, daor, dubh	*ein großes, teures, schwarzes Auto*

Adjektive im Nominativ Singular

- Adjektive bei maskulinen Substantiven bleiben unverändert
- feminine Substantive lenieren das Adjektiv

Maskulina (Adjektiv unverändert)

unbestimmt		bestimmt	
oileanach trang	*ein fleißiger Student*	an t-oileanach trang	*der fleißige Student*
bàta beag	*ein kleines Boot*	am bàta beag	*das kleine Boot*
doras mòr	*eine große Tür*	an doras mòr	*die große Tür*

Feminina (Adjektiv leniert)

unbestimmt		bestimmt	
eaglais bheag	*eine kleine Kirche*	an eaglais bheag	*die kleine Kirche*
feusag bhàn	*ein weißer Bart*	an fheusag bhàn	*der weiße Bart*
sràid ghoirid	*eine kurze Straße*	an t-sràid ghoirid	*die kurze Straße*

Adjektive im Genitiv Singular

Ein Adjektiv im Genitiv wird durch Einfügen von -i- aufgehellt. Außerdem gilt:

- maskuline Substantive lenieren das Adjektiv
- feminine Substantive erweitern das Adjektiv durch Anhängen von -e

Maskulina (Adjektiv leniert und aufgehellt)

unbestimmt		bestimmt	
oileanaich thraing	*eines fleißigen Studenten*	an oileanaich thraing	*des fleißigen Studenten*
bàta bhig	*eines kleinen Bootes*	a' bhàta bhig	*des kleinen Bootes*
dorais mhòir	*einer großen Tür*	an dorais mhòir	*der großen Tür*

Feminina (Adjektiv nicht leniert, aufgehellt und durch -e am Ende erweitert)

unbestimmt		bestimmt	
eaglaise bige	*eine kleine Kirche*	na h-eaglaise bige	*der kleinen Kirche*
feusaige bàine	*eines weißen Bartes*	na feusaige bàine	*des weißen Bartes*
sràide goiride	*eine kurze Straße*	na sràide goiride	*der kurzen Straße*

Adjektive im Dativ Singular

- unbestimmte Adjektive bei maskulinen Substantiven bleiben unverändert, bestimmte werden leniert
- feminine Substantive lenieren das Adjektiv und hellen es durch Einfügen von -i- auf

Maskulina (unbestimmtes Adjektiv unverändert, bestimmtes leniert)

unbestimmt		bestimmt	
le oileanach trang	*mit einem fleißigen Studenten*	leis an oileanach thrang	*mit dem fleißigen Studenten*
le bàta beag	*mit einem kleinem Boot*	leis a' bhàta bheag	*mit dem kleinen Boot*
aig doras mòr	*an einer großen Tür*	aig an doras mhòr	*an der großen Tür*

Feminina (Adjektiv leniert und aufgehellt)

unbestimmt		bestimmt	
ann an eaglais bhig	*in einer kleinen Kirche*	anns an eaglais bhig	*in der kleinen Kirche*
air feusaig bhàin	*auf einem langen Bart*	air an fheusaig bhàin	*auf dem langen Bart*
air sràid ghoirid	*auf einer kurzen Straße*	air an t-sràid ghoi-rid	*auf der kurzen Straße*

Übungen

1. Setzen Sie die Adjektive in der richtigen Form ein.

1. Tha briogais (dubh) ____________ aig lain agus tha geansaidh (daor) ____________ aig Màiri.
2. Tha pìob (mòr) ____________ aig Connal agus tha clàrsach (beag) ____________ aig Màiri.
3. Leugh Màrtainn an sgeul (fada) ____________, (tarraingeach) ____________.
4. Chunnaic mi am boireannach (bòidheach) ____________ an-diugh.
5. Òlaidh mi an t-uisge (fuar) ____________.

2. Ordnen Sie jedem Substantiv ein sinnvolles Adjektiv im richtigen Kasus zu.

beag mòr dubh daor fada trom inntinneach salach geal cunnartach

1. le leabhar ____________
2. anns a' bhàta ____________
3. air a' bhòrd ____________
4. na pìoba ____________
5. leis a' chlàrsaich ____________
6. ro eaglais ____________
7. anns a' chàr ____________
8. meud an t-seòmair ____________
9. blas an fhìona ____________
10. air an t-sràid ____________

3. Setzen Sie jeweils die korrekte Form des Adjektivs ein.

1. Tha Beathag a' leughadh na litreach (fada) ____________.
2. Tha Dòmhnall a' ceannachd na briogaise (uabhasach) ____________ anns a' bhùth (daor) ____________ seo.
3. Bhuail Seòras leis a' cheann (goirt) ____________ an agaidh làmh an dorais (mòr) ____________.
4. Tha mi a' fosgladh na h-uinneige (salach)____________ anns an t-seòmar (blàth) ____________.
5. Chunnaic mi earball a' chait (dubh) ____________ fon leabaidh (gorm) ____________.
6. Bha mi a' leughadh an leabhair (prìseil) ____________ anns an leabharlann (cliùiteach) ____________.

4. Korrigieren Sie die falsch gebildeten Adjektive im Text.

Tha an uinneag mòr anns an t-seòmar farsainge agam fosgailte. Chì mi an lios bhig agam agus na tha a' fàs ann. Tha an càl a' fàs glè mhath am-bliadhna ged a bha uisge throm, fuar againn an t-seachdain sa chaidh. Chì mi aon eun bheag a tha a' ceilearadh ann an craobh mòr. Fon chraoibh mhòr chì mi an cat dubh a tha a' sealg an luch dubh a chunnaic mi an-dè anns a' chidsin fon bhòrd beag a tha ri taobh na h-uinneige mhòire.

5. Übersetzen Sie ins Schottisch-Gälische.

1. Das kleine Mädchen spielt im grünen Garten.
2. Der grüne Garten liegt hinter dem großen Haus.
3. Das große Haus liegt an einer langen Straße in der großen Stadt.
4. Am Ende der langen Straße kann man eine große, schöne Kirche sehen.
5. Sie befindet sich neben einem teuren Café.
6. In dem teuren, aber sehr guten Café machen sie den leckeren Kuchen, den ich sehr gerne esse.
7. In dem billigen Laden neben dem teuren Café kauft meine Mutter Hosen und Hemden für mich, die ich hasse.
8. Ich bevorzuge die Läden in der großen Stadt Glasgow, wo ich alles bekomme, was ich will.

Vokabelhilfe

Ende	ceann (f.)
ich hasse	is beag orm
bekommen	faigh

6. Ordnen Sie den Nomen jeweils eines der folgenden Nationalitätenadjektive zu.

1. biadh	Spàinnteach
2. càr	Sasannach
3. sgoil	Sìonach
4. sràid	Gearmailteach
5. fìon	Beilgeach
6. eaglais	Frangach

7. Ordnen Sie den folgenden Adjektiven ein sinnvolles bestimmtes Nomen im richtigen Kasus zu.

1. mhòr	an càr
2. bhig	dath na feusaige
3. inntinnich	an eaglais
4. faide	anns a' bhùth
5. mhòir	duilleag an leabhair
6. daor	air an t-sràid

37 Adjektive im Plural

Bei einsilbigen Adjektiven wird im Plural ein -a an die Singularform angehängt:

leabraichean mòra *große Bücher*

Mehrsilbige Adjektive verändern ihre Form nicht:

leabhraichean inntinneach *interessante Bücher*

Wenn Adjektive auf ein hell endendes Substantiv folgen, werden sie im Nominativ / Akkusativ und Dativ Plural leniert. Im Genitiv bleiben sie unleniert, da dieser dunkel endet. Dies gilt sowohl für Adjektive, die bestimmten als auch unbestimmten Substantiven folgen. Eine Ausnahme gilt bei Substantiven, die auf -n enden und vor einem Adjektiv stehen, welches mit *d*, *t* oder *s* beginnt. Hier wird das Adjektiv wegen der Lenitionsblockade nicht leniert:

na h-òrain dona *die schlechten Lieder*

Es folgen zwei Beispiele zur Pluralbildung der Adjektive:

Substantiv endet hell:

	unbestimmt	bestimmt
Nominativ/Akkusativ	balaich mhòra	na balaich mhòra
Genitiv	bhalach mòra	nam balach mòra
Dativ	aig balaich mhòra	aig na balaich mhòra

Substantiv endet dunkel:

Wenn Adjektive auf ein dunkel endendes Substantiv folgen, werden sie nicht leniert.

	unbestimmt	bestimmt
Nominativ/Akkusativ	càraichean mòra	na càraichean mòra
Genitiv	chàraichean dubha	nan càraichean dubha
Dativ	le càraichean annasach	leis na càraichean annasach

Vorangestellte Adjektive

Es gibt einige Adjektive, die dem Substantiv vorangestellt werden müssen und dieses dann gegebenenfalls lenieren. Der Unterschied gegenüber gleichbedeutenden Adjektiven, die dem Nomen folgen, liegt in der Intensität. Die vorangestellten Adjektive verstärken die Bedeutung. Sie können weder gesteigert noch konjugiert werden:

seann	*(ur-)alt, angegammelt*	seann* taigh	*ein altes Haus (= Bruchbude)*
droch	*schlecht*	droch naidheachd	*eine schlechte Nachricht*
fìor	*wahr, wirklich, echt*	fìor adhbhar	*ein echter Grund*
deagh	*gut*	deagh charaid	*ein enger, guter Freund*
sàr	*exzellent, perfekt, ideal*	sàr obair	*eine exzellente Arbeit*

* Beachten Sie auch hier die Lenitionsblockade.

Übungen

1. Verbinden Sie die Substantive mit den Adjektiven in der richtigen Form.

1. na h-òrain | brèagha ____________________
2. na bàird | comasach ____________________
3. aig na balaich | beag ____________________
4. anns na lochan | domhain ____________________
5. nan càraichean | daor ____________________
6. faisg air na bailtean | mòr ____________________
7. fo na bùird | salach ____________________
8. còmhla ris na boireannaich | bòidheach ____________________
9. leis na còisirean | uabhasach ____________________

2. Übersetzen Sie ins Schottisch-Gälische.

1. Das ist eine wirklich schlechte Nachricht.
2. Ailean Dòmhnallach ist ein exzellenter Dudelsackspieler.
3. Jetzt hätte ich gerne eine gute Tasse Tee.
4. Die uralten Bücher sind in der exzellenten Bibliothek von Sabhal Mòr Ostaig.

3. Formen Sie die folgenden Sätze in den Singular um.

1. Ghoid iad na leabhraichean ùra às na bùitean mòra.
2. Sguabaidh mi fo na bùird shalach.
3. Tha na deideagan daora aig na balaich bheaga.
4. Bhuannaich na bàird chomasach aig na co-fharpaisean doirbh.
5. Thadhail sinn air na h-eaglaisean cliùiteach anns na dùthchannan caitligeach.

38 Steigerung der Adjektive

Im Schottisch-Gälischen gibt es zwei Steigerungsstufen des Adjektivs: den Komparativ und den Superlativ. Zur Bildung werden dem Adjektiv je nach Tempus bestimmte Steigerungspartikeln vorangestellt. Zudem kommt es beim Adjektiv zu verschiedenen Veränderungen (s. u.).

Präsens und Futur

Der Komparativ wird im Präsens und Futur mit nas »mehr«, der Superlativ mit as »meist« gebildet. In den Steigerungspartikeln nas und as sind jeweils das Relativpronomen a und das Verb is enthalten.

Präteritum und Konditional

Im Präteritum und Konditional wird das in den oben genannten Steigerungspartikeln *nas* und *as* enthaltene Verb *is* zu *bu*. Die Steigerungspartikeln lauten hier also na bu (Komparativ) und a bu (Superlativ). *Bu* leniert das folgende Wort, außer wenn es mit *d*, *t* oder *s* beginnt. Regional unterschiedliche Handhabungen sind hier möglich.

Veränderungen bei den Adjektiven

Je nachdem, wie sich die Adjektive durch die Steigerung verändern, lassen sie sich in sechs unterschiedliche Kategorien einteilen. Da jedoch nicht immer ersichtlich ist, zu welcher Kategorie ein Adjektiv gehört, ist es ratsam, die jeweilige Steigerungsform beim Vokabellernen immer gleich mitzulernen. Sie finden sie in einem Wörterbuch und in dem Vokabelverzeichnis dieses Buches stets nach der Grundform aufgeführt.

Kategorien der Adjektive

Steigerungsart	Grundform	Komparativ	Superlativ
letzte Silbe des Adjektivs enthält ein i: Grundform + e	tric	nas trice na bu trice	as trice a bu trice
Aufhellen der letzten Silbe mit -i- + Anhängen von -e	saor	nas saoire na bu saoire	as saoire a bu saoire
Vokalwechsel + e	bog	nas buige na bu bhuige	as buige a bu bhuige
letzte Silbe wird gekürzt + Anhängen von -e	bòidheach	nas bòidhche na bu bhòidhche	as bòidhche a bu bhòidhche
Adjektiv beginnt mit f: wird leniert + Aufhellen der letzten Silbe mit -i- + Anhängen von -e	fada	nas fhaide na b' fhaide	as fhaide a b' fhaide
Adjektiv ändert sich nicht, wenn es auf Vokal endet	toilichte	nas toilichte na bu toilichte	as toilichte a bu toilichte

Daneben gibt es unregelmäßig gesteigerte Adjektive, die Sie ebenfalls lernen müssen. Hier die wichtigsten:

Grundform	Deutsch	Komparativ	Superlativ
beag	*klein*	nas lugha na bu lugha	as lugha a bu lugha
dona	*schlecht*	nas miosa na bu mhiosa	as miosa a bu mhiosa
furasta	*einfach*	nas fhasa na b' fhasa	as fhasa a b' fhasa
goirid	*kurz*	nas giorra na bu ghiorra	as giorra a bu ghiorra
làidir	*stark*	nas treasa na bu treasa	as treasa a bu treasa
math	*gut*	nas fheàrr na b' fheàrr	as fheàrr a b' fheàrr
mòr	*groß*	nas motha na bu mhotha	as motha a bu mhotha

Satzbau bei der Steigerung

Komparativ

Tha Dòmhnall nas trainge na Calum. — *Dòmhnall ist fleißiger als Calum.*

Bha Màiri na bu bhòidhche na Eilidh. — *Màiri war schöner als Eilidh.*

Superlativ

'S e Loch Nis an loch as fhaide ann an Alba — *Loch Ness ist der längste See in Schottland.*

B' e Dàibhidh a b' airde anns an sgoil. — *Dàibhidh war der Größte in der Schule.*

Gleiches Maß

Tha Niall cho gasta ri Donnchadh. — *Niall ist so nett wie Donnchadh.*

Cha robh a' Ghàidhlig cho doirbh ri Fraingis. — *Gälisch war nicht so schwer wie Französisch.*

Die Steigerungsformen ändern sich im Plural nicht:

Tha na taighean an seo nas àirde na ann an Glaschu. — *Die Häuser sind hier größer als in Glasgow.*

Sin na lochan as brèagha ann an Alba. — *Das sind die schönsten Seen in Schottland.*

Übungen

1. Steigern Sie die folgenden Adjektive im Präsens und Präteritum.

1. leisg	nas ______________	na bu ______________
2. inntinneach	nas ______________	na bu ______________
3. uabhasach	nas ______________	na bu ______________
4. grianach	nas ______________	na bu ______________
5. luath	nas ______________	na bu ______________
6. trom	nas ______________	na bu ______________
7. òg	nas ______________	na bu ______________
8. geal	nas ______________	na bu ______________
9. sean	nas ______________	na bu ______________
10. faisg	nas ______________	na bu ______________

2. Welche Steigerungsform ist richtig, welche falsch? Und wie lautet jeweils die korrekte Grundform der Adjektive?

1. as trice | 2. nas boige | 3. nas snòige | 4. as mòire | 5. nas maithe | 6. nas fhasa | 7. na bu gasta | 8. a b' fhaide | 9. nas gile | 10. as duibhe

3. Übersetzen Sie ins Schottisch-Gälische.

1. Sìne ist schöner als Sùsaidh.
2. Dòmhnall ist stärker als Calum.
3. Alasdair ist schlauer als seine Frau, die reicher ist als er.
4. Das ist das größte Haus in der Straße.
5. Ich wäre der beste, wenn ich gelernt hätte.
6. In Schottland war es kälter als in Italien.
7. Iain war stärker als Donnchadh, als sie jünger waren.
8. Aber Donnchadh war der Schlaueste in der Klasse.
9. Inverness ist nicht so groß wie Glasgow.
10. Glasgow ist die größte Stadt in Schottland.

4. Setzen Sie die richtige Adjektivform ein.

1. 'S e sin am biadh ______________ (das schlechteste), a dh'ith mi riamh anns an dùthaich seo.
2. Tha ceòl na pìoba ______________ (schöner) na ceòl na fìdhle.
3. Tha Màiri a cheart cho______________ (fleißig) ri Iain anns an sgoil, tha esan ______________ (schneller) ach is Dòmhnall ______________ (der Beste).
4. Bha an taigh-òsta anns a' Ghearasdan ______________ (gefährlicher) na Beinn Nibhis a shreap.
5. Bhiodh e ______________ (besser) Gàidhlig ionnsachadh na a bhith a' coimhead air an telebhisean.
6. B' e Alasdair ______________ (der beste) anns an oifis agus choisinn e an duais ______________ (den teuersten) anns a' cho-fharpais.

5. Finden Sie in dem Buchstabensalat sieben Steigerungsformen von Adjektiven.

F	M	A	M	L	M	T	R	I	C	E	U	P	L	M	R	A	D	E
T	U	A	B	H	A	S	A	I	C	H	E	M	A	S	N	B	C	T
R	T	B	G	F	A	M	I	O	S	A	N	T	R	E	A	S	A	R
M	F	H	E	A	R	R	A	R	I	M	H	O	I	M	P	O	H	U
B	O	I	D	H	C	H	E	J	P	L	M	U	T	B	U	I	G	E

6. Finden Sie die Fehler in den folgenden Sätzen und korrigieren Sie sie.

1. Bha Eilidh an sgoilear as miosa anns an sgoil.
2. Chunnaic mi an caisteal a bu mhoire ann an Earra-Ghàidheal.
3. Tha Mìcheal a' sgrìobhadh nas luath na Niall.
4. 'S e Donnchadh am bàird nas comasaiche anns a' bhaile.
5. Tha am Mercedes as daoire na am Fiat.
6. B' e sin an leabhar as mhiosa a leugh mi riamh.
7. B' e Clann Mhic Cruimein na pìobaire as fheàrr anns an Eilean aig an àm sin.
8. Tha mise na b' àirde na thusa agus is esan a' b' fheàrrde.

7. Beantworten Sie die folgenden Fragen in ganzen Sätzen.

1. Dè am baile as motha ann an Alba?
2. A bheil Inbhir Nis nas lugha na Dùn Èideann?
3. A bheil sibh eòlach air aon de na bàird Ghàidhlig as cliùitiche ann an Alba?
4. Dè an dùthaich a tha nas motha? Alba neo a' Ghearmailt?
5. An tusa am balach/ an nighean as glice anns an teaghlach?

8. Stimmt die qualitative Wortreihenfolge der Adjektive? Wenn nicht, sortieren Sie sie um.

1. am bàta gorm, beag | 2. an taigh-beag dubh, salach | 3. an nighean bhrònach bheag | 4. an togalach daor, àrd, grannda | 5. an càr uaine, ùr, mòr

9. Finden Sie zu folgenden schottisch-gälischen Sprichwörtern mögliche Entsprechungen im Deutschen und unterstreichen Sie die Steigerungsformen.

1. Is fheàrr teicheadh math na droch fhuireachd.
2. Bidh an t-ubhal as fheàrr air a'mheangan as àirde.

39 Adverbien

Adverbien drücken die subjektive Beziehung eines Sprechers bezogen auf eine Tätigkeit aus und sind somit quasi Adjektive, die sich auf das Verb beziehen.

Von jedem Adjektiv kann im Schottisch-Gälischen durch die Voranstellung der Adverbialpartikel gu ein Adverb gebildet werden. Sehen Sie folgendes Beispiel:

Adjektiv – bezieht sich auf das Substantiv:

Tha an duine toilichte.	*Der Mann ist glücklich.*

Adverb – bezieht sich auf das Verb:

Dh'fhalbh e gu toilichte.	*Er ging glücklich weg.*
Thàinig e air ais gu luath.	*Er kam schnell zurück.*
Dh'òladh e fìon gu tric.	*Er trank oft Wein.*

Es gibt auch einige Adverbien ohne gu, z.B.:

moch / anmoch	*früh / spät*
ceart	*richtig*
dìreach	*gerade, geradezu*
tràth	*früh*

Qualifiziert ein Adverb ein Adjektiv, wird gu nicht benutzt:

fìor mhath	*echt gut*
glè fhuar	*sehr kalt*
uabhasach dona	*entsetzlich schlecht*
làn chinnteach	*vollkommen/absolut sicher*
cianail fuar	*jämmerlich kalt*

Auch in Kombination mit dem Verb *is* findet gu keine Anwendung:

Is tric a chunnaic mi e.	*Es war oft, dass ich ihn sah.*
Is cinnteach nach dèan thu sin a-rithist.	*Es ist sicher, dass du das nicht mehr machst.*

Adverbiale Bestimmungen

Adverbiale Bestimmungen drücken die subjektive Beziehung eines Sprechers bezogen auf den ganzen Satz aus. Im Folgenden wird nur eine Auswahl der wichtigsten schottisch-gälischen Adverbialbestimmungen – des Ortes, der Zeit und der Art und Weise – aufgeführt.

1. Adverbiale Bestimmungen des Ortes

Schott.-Gälisch	Deutsch
an seo / an sin / an siud	*hier / dort / dort drüben*
sìos	*nach unten, hinunter*
shìos	*unten*
a-nìos	*von unten, herauf*
suas	*nach oben, hinauf*
shuas	*oben*
a-nuas	*von oben, herunter*
a-steach	*hinein/ herein*
a-mach	*hinaus/ heraus*
a-staigh*	*drinnen*
a-muigh	*draußen*

Schott.-Gälisch	Deutsch
a-bhos, sa' bhos	*drüben, hier drüben*
thall, ud thall	*drüben, dort drüben*
a-null	*hinüber*
a-nall	*herüber*
a-null 's a-nall	*hin und her*
dhachaigh	*nach Hause*
fad às	*weit entfernt*
fada air ais	*weit zurück*
fad air falbh	*weit weg*
air ais	*rückwärts, zurück*
air adhart	*vorwärts, vor*

* steht in Uist auch für »hinein / herein«.

2. Adverbiale Bestimmungen der Zeit

Schott.-Gälisch	Deutsch
an-diugh	*heute*
a-màireach	*morgen*
an-dè	*gestern*
a bhon-dè	*vorgestern*
an-earar	*übermorgen*
a-nochd	*heute Abend*
a-raoir / an-raoir	*gestern Abend*
an ath oidhche	*morgen Abend/ morgen Nacht*
an treas oidhche	*übermorgen Nacht*
a' bhon-raoir	*vorgestern Nacht*
an-dràsta	*im Moment*
a-nis, a-nist, a-nise	*jetzt*
am-bliadhna	*dieses Jahr*
an-uiridh	*letztes Jahr*

Schott.-Gälisch	Deutsch
an ath-bhliadhna	*nächstes Jahr*
a' bhon-uiridh	*vorletztes Jahr*
an t-seachdain-sa	*diese Woche*
an t-seachdain sa chaidh	*letzte Woche*
an ath-sheachdain	*nächste Woche*
an t-seachdain sa tighinn	*kommende Woche*
turas / uair	*einmal*
a-rithist	*wieder*
ro làimh	*vorher, im Voraus*
às / an dèidh làimh	*nachher, im Nachhinein*
mu dheireadh thall	*schließlich, endlich*

aig a' cheann thall	*letzten Endes, letztlich*
a cheanna / mu / mar-thà thràth	*schon*
uaireigin	*irgendwann*
a dh'aithghearr	*bald*
an dèidh sin	*danach*

an uair sin	*dann*
latha air choireigin	*irgendeines Tages*
latha bha seo	*eines Tages*
air an latha seo	*an diesem Tag*
a-riamh (Prät.) / gu brath (Futur)	*nie*
gu brath tuilleadh	*nie mehr*

3. Adverbiale Bestimmungen der Art und Weise

Schott.-Gälisch	Deutsch
(agus) mar sin	*deshalb / und so*
an àite + Gen.	*anstatt, stattdessen*
rud beag + Adj.	*ein bisschen*
beagan + Gen.	*wenig*
mòran + Gen.	*viel*
car / caran	*etwas / ziemlich*
gu math	*ziemlich*
buileach	*ganz*
gu ìre	*in gewisser Weise*
glè + Len.	*sehr (Adjektiv-intensivierung)*
uabhasach + Adj.	*unwahrscheinlich, sehr*
gu mòr	*sehr (mögen)*
beag air bheag	*nach und nach*
air leth	*außergewöhnlich*

Schott.-Gälisch	Deutsch
eadhon / fiù 's	*sogar*
ro + Len.	*zu (z.B. zu viel)*
ro-	*absolut*
sa bhad	*sofort*
an còmhnaidh / daonnan	*immer*
gu tur	*vollkommen*
mar an ceudna	*ebenso*
ceart cho	*genau so*
mas motha / na bu mhotha (Prät.)	*nicht mehr*
mu + Len.	*ungefähr*
cuideachd	*auch*
fhathast	*noch*
airson a' chiad turais	*zum ersten Mal*

Übungen

1. Übersetzen Sie ins Schottisch-Gälische.

Hier unten war es ziemlich dunkel. Sie gingen Hand in Hand hinauf und oben war es vollkommen hell und sehr warm. In gewisser Weise gefiel ihm das sehr. Nach und nach gewöhnte er sich sogar an die Wärme.

Die Situation war vollkommen verrückt. Gestern noch war er im viel zu kalten Inverness gewesen, heute ist er hier drüben auf dieser Insel mitten im Ozean, und wer konnte es wissen – vielleicht musste er morgen wieder zurück sein in seinem ungemütlichen Büro drüben in Europa. So war es immer: hin und her reisen, über den Ozean und zurück nach Hause. Er musste schon immer hart arbeiten und letzten Endes gefiel ihm das sehr, denn eines Tages würde er genug Geld haben, um sich bald ein Haus zu kaufen. Dann wäre das harte Leben endlich vorbei.

2. Auf und ab, hin und her, rein und raus. Übersetzen Sie ins Schottisch-Gälische.

1. Ich gehe hinauf.
2. Ich bin oben.
3. Ich komme herunter.
4. Màiri ist dort drüben und kommt herüber.
5. Die Kinder rennen hin und her und Dòmhnall läuft hinüber.
6. Hier drüben ist es schöner als dort drüben.
7. Sie fuhren nach Hause, weit weg nach Frankreich.
8. Sei willkommen und komm herein!
9. Am Samstag gehen wir aus.
10. Sie sind draußen und kommen nicht herein.

3. Setzen Sie das entsprechende Adverb ein.

1. Nuair a chaidh mi (hinunter) ________________ don abhainn, chunnaic mi am bàta (noch) ____________.
2. (Letzte Woche) ____________________ fhuair sinn caoraich ùra à Uibhist.
3. Ged as toil leam fìon dearg (noch) ______________, cha toil leam fìon geal (nicht mehr) ____________.
4. Bha mi ann an Uibhist (vorletztes Jahr) ______________________, cha robh mi ann (dieses Jahr) ____________________________, agus bha mi ga ionndrainn (sehr) ___________________.
5. (Irgendeines Tages) ____________________ fàgaidh e an taigh, gabhaidh e a chàr is falbhaidh e (sofort) _______________ agus cha till e (nie mehr) _____________.

40 Präfixe

Die folgende Aufstellung soll Ihnen einen ersten Einblick in die große Welt der kleinen Anhängsel verschaffen. Mit den Präfixen kann man z.B. Adjektive oder Substantive qualifizieren und sich auf diese Weise etwas genauer ausdrücken. Dieses Kapitel ist bei Weitem nicht vollständig, hier werden nur die wichtigsten Präfixe mit einigen Beispielen erwähnt. Weitere Beispiele finden Sie in jedem guten Wörterbuch.

<table>
<tr><td>an-/ana-
Lenitions-
regeln unklar</td><td>Intensivierungs-
partikel
»super«</td><td>an-mhòr – riesengroß, immens
an-bhlasta – superlecker, köstlich
ana-cuimseach – exorbitant
ana-measarra – exzessiv
ana-miann(ach) – Lust, Begierde, (lüstern)</td></tr>
<tr><td>an-/ana-
+ Lenition
bei f und s</td><td rowspan="2">»un-« im Sinne
einer negativen
Alternative,
die es auch
gibt</td><td>an-abaich – unreif
ana-ceartas – Ungerechtigkeit
an-fhios – Unkenntnis
an-iochd – Herzlosigkeit
an-shocair – Unruhe</td></tr>
<tr><td>mì-
+ Lenition</td><td>mì-bhlasta – geschmacklos
mì-fhallain – ungesund
mì-fhortanach – unglücklicherweise
mì-chomhfhurtail – unbequem
mì-chomasach – unfähig
mì-chothromach – unfair
mì-laghail – ungesetzlich
mì-mhodhail – ungezogen
mì-thoilichte – unglücklich
mì-thuigse – Missverständnis</td></tr>
<tr><td>eas-
+ Lenition</td><td>»un-« im Sinne
eines Dissens /
negativen
Gegensatzes,
dt. auch »dis-«</td><td>eas-aonta – Dissens
eas-aonachd – Uneinigkeit
eas-chruthach – abstrakt
eas-onarach – unehrenhaft
easbhaidh-eòlais – Unerfahrenheit</td></tr>
<tr><td>eu-</td><td>»un-« im Sinne
einer negativen
Alternative</td><td>eu-cinnteach – ungewiss
eucoir – Unrecht
eu-dòchasach – hoffnungslos
eu-dòchas – Hoffnungslosigkeit
eu-slàinteach – Patient, ein Kranker</td></tr>
</table>

dì- + Lenition	»ent-«	dìochuimhnich, -eachadh – *vergessen* dì-cheannaich, -achadh – *enthaupten* dì-làraich, -adh – *abreißen* dì-luchdaich, -achadh – *entladen* dì-mol, -adh – *tadeln*
do- + Lenition	»un-« im Sinne einer Unmöglichkeit, im Dt. auch oft mit dem Suffix »-lich«	do-ainmeachadh – *undefinierbar* do-aithneachail – *unkenntlich* do-chreidsinneach – *unglaublich* do-fhaicsinneach – *unsichtbar* do-mhearachdach – *unfehlbar* do-mhìneachadh – *unerklärlich* do-ruigsinneach – *unerreichbar* do-thuigsinneach – *unverständlich*
so- + Lenition	Gegenteil von *do-*, entspricht dem dt. Suffix »-bar«	so-àicheadh – *widerlegbar* so-dhèanta – *machbar, praktikabel* so-leigheas – *heilbar* so-leisgeulach – *entschuldbar* so-thuigsinn – *leicht verständlich*
ro- + Lenition*	Intensivierungspartikel »extra«, »extrem«, »ultra-«, »über-«	ro-amaideach – *extrem bescheuert* ro-dhian – *übereifrig* ro-fhuar – *extrem kalt* ro-throm – *übergewichtig* ro-tharraing – *überzogen* (z.B. Konto)
ro + Lenition*	»zu« im Sinne von »zu viel«	ro bhòidheach – *zu hübsch* ro fhuar – *zu kalt* ro bhlàth – *zu warm* ro bheartach – *zu reich*
neo- + Lenition	»un-« im Sinne einer wertfreien Alternative	neo-àbhaisteach – *ungewöhnlich* neo-armaichte – *unbewaffnet* neo-bhlasta – *geschmacklos* neo-cheòlmhor – *unmusikalisch* neo-chinnteach – *unsicher* neo-chiontach – *unschuldig* neo-chomasach – *unfähig* neo-fhoirmeil – *informell* neo-fhoghlamaichte – *ungebildet* neo-fhreagarrach – *inkompatibel, ungeeignet* neo-phoileataigeach – *unpolitisch* neo-thoileach – *unwillig*

* zu *ro* als Vorsilbe »vor-«: ⇨ Kapitel 32

Übungen

1. Übersetzen Sie ins Schottisch-Gälische.

1. Er ist ungebildet, aber nicht dumm.
2. Es gab keine Straße, Calums Haus war vollkommen unerreichbar.
3. Er kam ins Gefängnis, obwohl er unschuldig und unpolitisch war.
4. Obwohl das Cèilidh informell war, hatte sie ihre teuren Kleider angezogen.
5. Es ist hoffnungslos, er will kein Gälisch lernen.
6. Nach vielen Jahren wurde Maria Stuart enthauptet.
7. Unglücklicherweise gab es im Hotel kein Zimmer mehr.
8. Sie hatte die Hoffnungslosigkeit vergessen, seit sie wieder geheiratet hatte.
9. Gestern war das Essen superlecker, heute vollkommen geschmacklos.
10. Die Kinder waren ungezogen und unfähig. Es war hoffnungslos.

Vokabelhilfe

vollkommen	gu tur
Maria Stuart	Màiri, Ban-Rìgh na h-Alba

2. Übersetzen Sie ins Deutsche.

1. Bha an taigh an-mhòr agus bha na cosgaidhean airson a thogail dìreach ana-cuimseach.
2. Tha mi cho mì-thoilichte, on a dhìochuimhnich Iain an co-latha-breith agam.
3. Ged a bha iad uile neo-armaichte, chaidh am marbhadh.
4. Chan eil mòran ann an Alba a tha neo-cheòlmhor.
5. Bha e dìreach do-chreidsinneach! Bha an neach-teagaisg cinnteach gum biodh e gu tur do-mhearachdach.
6. Bha am bathar-bog seo neo-fhreagarrach don choimpiutair ùr aige.
7. Ged a bha na sìthichean do-fhaicsinneach, bha e cinnteach gun robh iad ann.
8. Fìon geal blàth agus biadh mì-bhlasta. Ged a bha an t-acras aige an-mhòr, dh'fhàg e an taigh-bìdh.
9. On a bha a' Ghàidhealtachd do-smachdaichte, chaidh rathaidean a thogail.
10. Bha e a' bruidhinn fad uairean a thìde, agus gu mì-fhortanach bha an òraid aige do-thuigsinneach agus fada ro fhada.

Vokabelhilfe

bathar-bog (m.)	*Software*
sìthichean	*Feen*
òraid (f.)	*Rede*

3. Bilden Sie jeweils die Verstärkungen mit *zu* und *extrem*.

1.	fuar	ro fhuar	ro-fhuar
2.	toilichte	___________	___________
3.	brònach	___________	___________
4.	fliuch	___________	___________
5.	grannda	___________	___________
6.	dorch	___________	___________
7.	soilleir	___________	___________

4. Übersetzen Sie ins Schottisch-Gälische.

1. Der Dissens war offensichtlich, das Parlament verlangte Neuwahlen.
2. Der Patient hatte Krebs. Es war ungewiss, ob er das Krankenhaus lebend verlassen würde.
3. Diese Frau war einfach zu schön; alle Männer waren an diesem Abend hinter ihr her.
4. Es war unglaublich. Er hatte noch nie einen so extrem netten Mann getroffen.
5. Das Haus war zu groß, das Auto zu teuer, der Mann zu reich, der Hund zu fett – es war einfach extrem furchtbar.

Vokabelhilfe

nett gasta
furchtbar eagallach
Wahlen taghaidhean

41 Konjunktionen

Nebenordnende Konjunktionen

Nebenordnende Konjunktionen verbinden Wörter, Wortgruppen, Satzteile oder ganze Sätze miteinander. Sie werden im Schottisch-Gälischen im Großen und Ganzen wie im Deutschen benutzt.

Funktion	Schottisch-Gälisch	Deutsch
Aufzählung	agus, is*	*und*
Gegensatz, Einschränkung	ach	*aber*
Widerspruch, Korrektur	ach	*sondern*
Alternative	neo, no**	*oder*
Grund	oir	*denn****

* Kurzform | ** neue Rechtschreibung | *** nicht »weil« (s.u. »Unterordnende Konjunktionen«)

Wenn mehrere gleiche Begriffe miteinander verbunden werden, kann statt agus die Kurzform is verwendet werden:

Ithidh mi uabhal is càise is iogart.	*Ich esse einen Apfel und Käse und Joghurt.*

Wenn zwei Hauptsätze miteinander verbunden werden, folgt nach der Konjunktion im zweiten Satz die Aussageform des Verbs bzw. bei Verneinungen die abhängige Form:

Bha mi ann an Glaschu agus chaidh mi don taigh-dhealbh an sin.	*Ich war in Glasgow und ich ging dort ins Kino.*
Bha mi ann an Glaschu ach cha do thachair mi ri lain.	*Ich war in Glasgow, aber ich traf lain nicht.*
Cha robh mi ann an Glaschu ach chaidh mi a dh'Inbhir Nis.	*Ich war nicht in Glasgow, sondern ich fuhr nach Inverness.*
Bidh mi ann am Peairt neo bidh mi anns an Eaglais Bhric.	*Ich werde in Perth sein oder ich werde in Falkirk sein.*
Chaidh mi a dh'Uibhist oir bha agam ri obair an-sin.	*Ich fuhr nach Uist, denn ich hatte dort zu arbeiten.*

Unterordnende Konjunktionen

Unterordnende Konjunktionen verbinden Haupt- und Nebensätze miteinander, d.h. sie leiten einen Nebensatz ein. Im Folgenden werden die Beispiele stets in verschiedenen Zeiten präsentiert, um deutlich zu machen, wie der Nebensatzanschluss nach einer Konjunktion in den unterschiedlichen Tempora funktioniert.

Nebensätze mit *gun* »dass«

Die Konjunktion gun, gefolgt von der abhängigen Form des Verbs, wird verwendet, wenn etwas bekannt oder sicher ist. Vor *bheil* wird gun zu gu, vor b, p, f, m zu gum. Vor gun kann ein Komma gesetzt werden, im alltäglichen Schriftgälisch wird dies allerdings nur selten gemacht:

Präsens

Tha fios agam gu bheil thu sgìth	*Ich weiß, dass du müde bist.*
Chì mi gu bheil thu air do nàireachadh.	*Ich sehe, dass du beschämt bist.*

Präteritum

Chunnaic mi gun robh e ann.	*Ich sah, dass er da war.*
Cha do mhothaich mi gun do bhreab mi e.	*Ich bemerkte nicht, dass ich ihn trat.*
Cha robh fhios aige, gun do rugadh e an seo.	*Er wusste nicht, dass er hier geboren wurde.*

Futur

Tha mi cinnteach, gum bi mi air ais a-nochd.	*Ich bin sicher, dass ich heute Abend zurück sein werde.*
Tha mi an dòchas, gum faic mi thu.	*Ich hoffe, ich werde dich sehen.*
Chuala mi, gun tèid Gàidhlig a theagasg an seo	*Ich hörte, dass hier Gälisch unterrichtet (werden) wird.*

Konditional

Bha mi an dòchas gun dèanadh tu sin.	*Ich hoffte, du würdest das machen.*
Cha robh mi ag iarraidh, gun rachadh a bhualadh.	*Ich wollte nicht, dass er geschlagen würde.*

Die Verneinung »dass nicht« lautet immer nach, ebenfalls gefolgt von der abhängigen Form des Verbs:

Tha fios agam, nach eil thu sgìth.	*Ich weiß, dass du nicht müde bist.*
Tha fios agam, nach dèanadh tu sin.	*Ich weiß, dass du dies nicht tun würdest.*

In Verbindung mit dem Verb is lautet die Konjunktion für den Nebensatz mit »dass« gur, bei bu lautet sie gum. Die Verneinung wird auch hier mit nach* gebildet:

Tha e cinnteach, gur toil leis am fìon seo.	*Er ist sicher, dass er diesen Wein mag.*
Thuirt i, gum bu toil leatha ceòl pop.	*Sie sagte, dass sie Popmusik mochte.*
Tha fios againn, nach toil leotha feòil.	*Wir wissen, dass sie kein Fleisch mögen.*
Dh'aidich iad, nach bu toil leotha uisge-beatha.	*Sie gaben zu, dass sie keinen Whisky mochten.*

* leniert *f*

Nebensätze mit *a, an, am* »ob«

Die Fragepartikel a, an, am – gefolgt von der abhängigen Form des Verbs – wird im Schottisch-Gälischen als Nebensatzeinleitung benutzt, um das deutsche »ob« auszudrücken:

An innis thu dhomh a bheil sin ceart gu leòr?	*Kannst du mir sagen, ob das in Ordnung ist?*
Tha mi coma an tig thu no nach tig.	*Es ist mir egal, ob du kommst oder nicht.*
Cha robh fios agam an robh e aig baile an-dè.	*Ich wusste nicht, ob er gestern zu Hause war.*
Bha am poileas a' sgrùdadh an do mharbh Iain an duine.	*Der Polizist untersuchte, ob Iain den Mann getötet hatte.*
Tha e a' faighneachd dhìom am bi mi ann an Glaschu a-màireach.	*Er fragt mich, ob ich morgen in Glasgow sein werde.*

Nebensätze mit »weil«

Um das deutsche »weil« auszudrücken, gibt es im Schottisch-Gälischen mehrere Möglichkeiten. Hier werden drei der gängigsten vorgestellt. Auf diese Konjunktionen folgt die abhängige Form des Verbs. Das gilt auch für die verneinte Form mit nach:

air sàilleibh 's* gu a chionn 's gu air sgàth 's gu	*weil*	air sàilleibh 's nach a chionn 's nach air sgàth 's nach	*weil nicht*

* *'s* ist eine Abkürzung von *agus* und kann auch ausgeschrieben werden.

Zusammen mit dem Verb is bzw. bu lauten die Formen wie folgt:

air sàilleibh 's gur / gum bu a chionn 's gur / gum bu air sgàth 's gur / gum bu	*weil*	air sàilleibh 's nach / nach bu a chionn 's nach / nach bu air sgàth 's nach / nach bu	*weil nicht*

Cha deach e don bhaile, air sàilleibh agus nach robh càr aige.	*Er fuhr nicht in die Stadt, weil er kein Auto hatte.*
Cha tèid mi don chèilidh, a chionn 's gun tig mo mhàthair a-nochd.	*Ich kann nicht zum Cèilidh gehen, weil meine Mutter heute Abend kommt.*
Bu toil leis an taigh, a chionn 's gum b'e taigh mòr, spaideil a bh' ann.	*Er mochte das Haus, weil es ein großes, schickes Haus war.*
Cha deach e don Ghearasdan air sgàth 's nach toil leis am baile.	*Er fuhr nicht nach Fort William, weil er die Stadt nicht mag.*

Übungen

1. Verbinden Sie die Sätze jeweils mit einer sinnvollen Konjunktion.

1. Òlaidh mi am bainne. Cha toil leam e.
2. Dèan cabhag. Cha tèid sinn a-mach a-nochd.
3. Cheannaich i bradan. Cheannaich i bainne. Cheannaich i aran.
4. Cha tèid mi a choiseachd an-diugh. Tha i ro fhuar.
5. Cha tèid mi a dh'obair. Fuirichidh mi anns an leabaidh.

2. Bilden Sie jeweils Nebensätze mit »dass« und »dass nicht«.

1. Tha fios agad. Tha mi sgìth.
2. Tha mi cinnteach. Thèid mi don Fhraing am-bliadhna.
3. Chuala mi. 'S e Iain an t-ainm a th' air.
4. Cha robh Seonaid ag aontachadh. Cheannaich thu an càr.
5. Tha mi toilichte. Rinn Màiri-Aileig biadh blasta.
6. Cha robh fios aig Mòrag. Chaochail a màthair an-raoir.

3. Übersetzen Sie ins Schottisch-Gälische.

1. Er wusste nicht, ob er nach London zurückkehren würde.
2. Ich bin nicht sicher, ob Donnchadh Gälisch kann.
3. Beathag kann nicht hören, ob das Kind schläft.
4. Es war ihm egal, ob Raonaid zurückkommen würde oder nicht.
5. Es bestanden Zweifel, ob er ein guter Lehrer war.
6. Wer weiß, ob ich morgen Zeit habe, dir zu helfen.
7. Oh, wenn er nur wüsste, ob Mòrag ihn liebte oder nicht.
8. Es wurde diskutiert, ob die neue Brücke gebaut werden würde.
9. Die Polizei untersuchte, ob Iain der Mörder war.
10. Calum war sich nicht sicher, ob Teàrlach ein guter Arzt war.

Vokabelhilfe

Kind pàiste (m.)

4. Verbinden Sie die Sätze jeweils mit »ob« und »ob nicht«.

1. Cha robh e cinnteach. Phòs i Dòmhnall.
2. Chan eil fios agam. Chaidh e a Ghlaschu airson obair fhaighinn.
3. Chaidh a cheasnachadh. Mharbh e dithist fhear.
4. Chan eil mi coma. Bruidhnidh tu Gàidhlig.
5. Thèid faighneachd dheth. Ghoid e an t-airgead.

5. Übersetzen Sie ins Schottisch-Gälische.

1. Ich fahre nicht mit dir nach Schottland, weil du zu faul zum Wandern bist.
2. Er heiratete diese Frau nicht, weil sie nur sein Geld wollte.
3. Wir kaufen dieses Haus nicht, weil es in einem schlechten Zustand ist.
4. Die Eltern sind traurig, weil die Schule keinen Gälischlehrer hat.
5. Vor 50 Jahren wurden die Kinder noch in der Schule geschlagen, weil sie Gälisch sprachen.
6. Sie schliefen im Auto, weil sie in dem kleinen Dorf kein Zimmer bekamen.
7. Ich fahre nicht in Schottland (Auto), weil ich Angst habe, auf der linken Seite zu fahren.
8. Er kaufte das Boot, weil es groß, chic und teuer war.
9. Die Kinder rannten weg, weil ihre Eltern zu viel tranken und brutal waren.
10. Calum hatte Angst auf der Fähre, weil der Sturm so rauh war.

Vokabelhilfe

schlechter Zustand	droch staid
traurig	brònach
wegrennen	ruith air falbh
brutal	brùideil
rauh	garbh

6. Verbinden Sie die Sätze jeweils mit »weil«.

1. Cha do shnàmh e anns a' mhuir. Bha i fada ro fhuar.
2. Dh'fhàg e a' Ghearmailt. Thachair e ri boireannach à Alba.
3. Cha tèid Màiri air saor-làithean don Eadailt. Cha toil leatha an teas an-sin.
4. Chan fhuirichinn ann an eilean. B' fheàrr leam baile mòr.
5. Chan fosglar a' bhùth seo. Nithear prothaid mhath dhith.
6. Thèid e a dh'Alba am-bliadhna. Bidh Runrig a' cluich ann an Inbhir Nis.
7. Cha bhi e a' dannsadh aig a' chèilidh. Tha e fada ro dhiùid.
8. Cha do bhuanaich Doileag aig a' Mhòd. Tha guth uabhasach aice.
9. Rug iad air an trèana a Lunnainn. Chaidh iad don stèisean tràth gu leòr.
10. Tha muinntir na sgìre toilichte. Thèid rathad ùr a thogail a dh'aithghearr.

42 Relativsätze

Relativsätze werden im Schottisch-Gälischen in der Regel mit dem Relativpronomen *a* »der, die, das / welcher, welche, welches« und der Aussageform des Verbs gebildet. Für das Futur gibt es allerdings eine eigenständige Form, das relative Futur (⇨ Kapitel 12). Vor dem Relativpronomen kann man traditionellerweise ein Komma setzen, dies wird heute aber kaum noch gemacht:

Bha an deise, a chunnaic mi, glè shnog. — *Das Kleid, das ich sah, war sehr schön.*

Is e sin an taigh a tha mi a' ciallachadh. — *Das ist das Haus, welches ich meine.*

Is e sin an duine a chaidh a thilgeil a-mach. — *Das ist der Mann, der hinausgeworfen wurde.*

Tha am fìon a dh'òlas mi uabhasach math. — *Der Wein, den ich trinke, ist äußerst gut.*

An e sin an leabhar a mholadh tu? — *Ist dies das Buch, welches du empfehlen würdest?*

Bhàsaich an cù, a bha tinn, an-dè. — *Der Hund, der krank war, starb gestern.*

Das Relativpronomen a verschmilzt im Präsens und Futur mit dem Verb is zu as. Im Präteritum und Konditional bleibt es bei a, gefolgt von bu. Beachten Sie, dass bu von a nicht leniert wird:

Is e sin an leabhar as toil leam. — *Das ist das Buch, welches ich mag.*

Is e sin am biadh as beag orm. — *Das ist das Essen, das ich verabscheue.*

B' e sin an ceòl a bu toil leotha. — *Das war die Musik, die ihnen gefiel.*

In den folgenden Konjunktionen ist das Relativpronomen bereits enthalten:

nuair a	*als, wenn*
ged a	*obwohl*
ma	*wenn* (erfüllbare Annahme)
mar a	*wie*
on a	*seit, da*

Nuair a bhios mi ann am Peairt, chì mi thu. — *Wenn ich in Perth sein werde, sehe ich dich.*

Ged as toil leis a' Ghàidhlig, cha bhruidhinn e i. — *Obwohl er Gälisch mag, spricht er es nicht.*

Mas toil leat pasta, nì mi dhut e. — *Wenn du Pasta magst, mach ich sie für dich.*

Mar a chithear, cha do dh'ionnsaich i dad. — *Wie man sieht, hat sie nichts gelernt.*

On a dh'fhàg e am baile, tha e nas fheàrr. — *Seit er die Stadt verließ, geht es ihm besser.*

Verneinte Relativsätze

Das negative Relativpronomen lautet in allen Positionen *nach* »der, die, das nicht / welcher, welche, welches nicht«. Auf nach folgt die abhängige Form des Verbs in der jeweiligen Zeit. Nach leniert nachfolgendes *f*. Das relative Futur findet in diesem Fall keine Anwendung, d.h. ein Relativsatz im Futur wird ebenfalls nach diesen Regeln gebildet:

an duine nach fhaca mi	*der Mann, den ich nicht sah*
an leabhar nach toil leam	*das Buch, welches ich nicht mag*
an t-òran nach rachadh a sheinn	*das Lied, welches nicht gesungen würde*
an taigh nach ceannaich mi	*das Haus, welches ich nicht kaufen werde*
am biadh nach bu toil leam	*das Essen, welches ich nicht mochte*
am fìon nach deach òl	*der Wein, der nicht getrunken wurde*

Relativsätze mit »wo«

Drückt der Relativsatz einen räumlichen Bezug aus, wird nicht das Relativpronomen, sondern far »wo« und die abhängige Form des Verbs in der jeweiligen Zeit benutzt:

Sin an taigh far an robh mi a' fuireach fad bhliadhnaichean.	*Dies ist das Haus, wo / in dem ich jahrelang wohnte.*
Sin a' bhùth far an do cheannaich mi na brògan.	*Das ist der Laden, wo ich die Schuhe gekauft habe.*
Is toil leam na sgìrean far a bheil Gàidhlig ga bruidhinn.	*Ich mag die Gegenden, wo Gälisch gesprochen wird.*

Relativsätze mit »was«

Bezieht sich der Relativsatz auf ein Demonstrativpronomen, benutzt man na »was« und die Aussageform des Verbs in der jeweiligen Zeit. Das Demonstrativpronomen setzt voraus, dass der Sachverhalt, auf den sich der Relativsatz bezieht, bereits bekannt ist. Beispiel: Der Satz »Thuirt e gur toil leis an leabhar seo. *Er sagte, dass ihm das Buch gefällt.*« ist gegeben. Darauf nimmt nun der Relativsatz Bezug:

Is e sin na thuirt e.	*Das ist es, was er sagte.*
Is e sin dìreach na tha mi a' ciallachadh.	*Das ist genau das, was ich meine.*

Vergleichen Sie im Gegensatz dazu die indirekte Frage (⇨ Kapitel 43):

Cha do thuig mi, dè thuirt e.	*Ich habe nicht verstanden, was er sagte.*

Relativsätze mit Präpositionen

Wenn das Verb eines Relativsatzes ein Verb mit Präposition ist, steht anstelle des Relativpronomens die Präposition, gefolgt von der abhängigen Form des Verbs in der jeweiligen Zeit:

Is toil leam an leabhar anns a bheil dealbhan inntinneach. — *Ich mag das Buch, in dem interessante Bilder sind.*

Sin an duine ris an do dh'èist mi. — *Dies ist der Mann, dem ich zuhörte.*

Cheannaich mi an càr leis an tàinig mi à Lunnainn. — *Ich kaufte das Auto mit dem ich aus London kam.*

Am faic thu am bòrd air an do chuir mi am botal? — *Siehst du den Tisch, auf den ich die Flasche gestellt habe?*

Sin am bòrd fo an do shìn an cat. — *Das ist der Tisch, unter dem die Katze liegt.*

Übungen

1. Übersetzen Sie ins Schottisch-Gälische.

1. Wie du weißt, werde ich morgen in Perth sein.
2. Da ich sehr müde war, schlief ich im Zug ein.
3. Obwohl er beschäftigt sein wird, wird er mir helfen.
4. Da ich kein Geld hatte, blieb ich gestern Abend zu Hause.
5. Als ich in Schottland war, hörte ich kein Gälisch.
6. Kannst du Milch kaufen, wenn du in der Stadt bist?

2. Bilden Sie sinnvolle Sätze aus den verschiedenen Versatzstücken.

1. Bha an cù leisg	leis an	èist e air an rèidio.
2. Is toil leis am prògram	ris an	do choisich an duine.
3. Sin an coire	às an	bheil na briosgaidean.
4. Chunnaic mi Niall	aig a	do shnàmh iad.
5. Is beag orm an taigh-òsta	anns an	bheil an taigh mòr.
6. Sin am bogsa	anns an	robh na leabaidhean uile salach.
7. Bha an loch ro-fhuar	anns a	tig an toit.

1. Bha ______________________________
2. Is ______________________________
3. Sin ______________________________
4. Chunnaic ______________________________
5. Is ______________________________
6. Sin ______________________________
7. Bha ______________________________

3. Bilden Sie aus den Sätzen jeweils einen Satz, bestehend aus Haupt- und Relativsatz.

1. Cheannaich mi an leabhar. Tha e inntinneach.
2. Sin am film. Chan fhaca mi e.
3. Bidh mi ann an Inbhir Nis. Chì mi thu.
4. Tha an cofaidh làidir. Òlaidh mi e.
5. 'S e sin an càr ùr. Is toil leam e.
6. Tha am bainne anns an fhuaradair. Cheannaich mi an-dè e.
7. Nach e sin an leanabh? Rughadh i an t-seachdain sa chaidh.
8. Bha a' chailleach ghrannda ag òl cus. Chaidh a tilgeil a-mach.
9. Chunnaic mi an fhàinne anns a' bhùth. Bha i uabhasach daor.
10. Tha Iain a' fuireach ann an Cille Rìbhinn. Bha e ag obair ann an Ibhir Nis.

4. Übersetzen Sie ins Schottisch-Gälische.

1. Ich sehe einen Mann, der in die Stadt rennt.
2. Ich kenne die Frau, die hier Gälisch unterrichtet.
3. Das ist das Mädchen, welches nicht lernen will.
4. Der Brief, den ich geschrieben habe, war sehr lang.

5. Verbinden Sie Sätze jeweils mit dem Relativpronomen *a*.

1. Is mise an dotair. Tha mi ag obair anns a' bhaile.
2. Tha an càr glè spaideil. Is toil leam e.
3. Sin am boireannach laghach. Is aithne dhomh i.
4. Tha am biadh grod. Is beag orm e.
5. An ceannaich thu am botal uisge-bheatha? Is fheàrr leam e.

6. Übersetzen Sie ins Schottisch-Gälische.

1. Kannst du mir sagen, wo du wohnst?
2. Das ist die Straße, wo ich wohne.
3. Ich weiß nicht mehr, wo ich bin.
4. Das ist der Ort, wo der Mord geschah.
5. Weißt du, wo der Bus hält?
6. Das ist exakt das, was ich kaufen wollte.
7. Ich weiß nicht, was du willst.
8. Ist es das, was du willst?
9. Ich glaube nicht, was ich sehe!
10. Er verstand nicht, was Iain genau meinte.

43 Fragewörter und indirekte Fragen

Fragewörter, die im Deutschen alle mit W beginnen, beginnen im Schottisch-Gälischen mit C (*dè* »was« ist eine Kurzform von *cia dé* und begann früher ebenfalls mit C).

Bis auf eine Ausnahme (*càite*) folgt auf das Fragewort das Relativpronomen *a*, gefolgt von der Aussageform des Verbs bzw. im Futur von dem relativen Futur.

Fragewörter

cò + Nomen / Personalpronomen	*wer (ist jmd.)*
cò (a)* + Verb	*wer (tut etw.)*
cò aig a	*wer (hat etw.)*
cò leis a	*wem (gehört etw.)*
cò às a	*woher (stammt etw., jmd.)*
cò dha a	*wem (gibt man etw.)*
cò còmhla ris a	*mit wem zusammen*
cò bhuaithe a	*von wem*

cò dheth a	*woraus*
cò mu dheidhinn a	*über wen*
cuin a	*wann*
ciamar a	*wie*
carson a	*warum*
cia mheud + Singular *a*	*wie viel*
dè cho tric 's a	*wie oft*
dè mu dheidhinn a	*worüber*

* Das eingeklammerte *a* ist unbetont und wird oft weggelassen.

Cò sibhse?	*Wer sind Sie?*
Cò rinn sin?	*Wer hat das gemacht?*
Cò aig a tha am bàta?	*Wer hat das Boot?*
Cò leis a tha am peann?	*Wem gehört der Kuli?*
Cò às a tha thu?	*Woher kommst du?*
Cò dha a thug thu an tì?	*Wem hast du den Tee gegeben?*
Cò còmhla ris a thàinig thu?	*Mit wem zusammen bist du gekommen?*
Cò bhuaithe a fhuair thu sin?	*Von wem hast du das?*
Cò dheth a chaidh sin a dhèanamh?	*Woraus wurde das hergestellt?*
Cò mu dheidhinn a bhruidhinn e?	*Über wen sprach er?*
Cuin a bhios tu ann an Alba?	*Wann wirst du in Schottland sein?*
Ciamar a bha a' chèilidh?	*Wie war das Cèilidh?*
Carson a tha thu sgìth?	*Warum bist du müde?*
Cia mheud càr a th' agad?	*Wie viele Autos hast du?*
Dè nì thu a-màireach?	*Was wirst du morgen tun?*
Dè cho fad 's a tha e gu/don …?	*Wie weit ist es bis/nach …?*
Dè cho tric 's a bhios tu ann an Alba?	*Wie oft bist du in Schottland?*

Antworten

Antworten auf diese Art von Fragen können natürlich individuell unterschiedlich ausfallen. Hierbei entscheidet der Kontext – im Gegensatz zur Entscheidungsfrage, auf die man zuerst mit »ja« oder »nein« antworten muss. Auf die Frage *Cò leis a …?* (z.B. *Cò leis a tha am bàta?*) muss man mit einer bestimmten Form antworten:

Is leamsa e.	*Es gehört mir.*
Is le Murchadh e.	*Es gehört Murchadh.*

Einen Sonderfall stellt das Fragewort càite »wo/wohin« dar. Hier folgt auf das Fragewort immer die abhängige Form des Verbs:

Càite a bheil thu a' fuireach?	*Wo wohnst du?*
Càite an do dh'fhàg mi an sporan?	*Wo habe ich das Portemonnaie gelassen?*
Càite an tèid sinn a-nochd?	*Wohin gehen wir heute Abend?*

Indirekte Fragen

Steht eine Frage im Nebensatz, handelt es sich um eine indirekte Frage, im Deutschen beispielsweise »Er fragt, wo sein Geld ist.« (Bei »ja/nein«-Fragen benutzt man »ob«. Diese Art von Fragen finden Sie im Kapitel »Nebensätze«.) Indirekte Fragen werden im Schottisch-Gälischen – wie im Deutschen – mit einem Fragewort gebildet:

Tha fios agam, cò e.	*Ich weiß, wer das ist.*
Chan eil fhios agam, dè tha seo a' ciallachadh?	*Ich weiß nicht, was das bedeutet?*
An innis thu dhomh, carson a rinn thu sin?	*Kannst du mir sagen, warum du das gemacht hast?*
An cuala tu, ciamar a bha a' chèilidh an-raoir?	*Hast du gehört, wie das Cèilidh gestern Abend war?*
A bheil fios agad, cia mheud duine a tha a' fuireach ann an Uibhist?	*Weißt du, wie viele Menschen in Uist wohnen?*
Dh'fhaighnich e dhìom, càite a bheil Murchadh a' fuireach.	*Er frug mich, wo Murchadh wohnt.*
Faighnichidh mi dhìot, cò dha a thug thu an leabhar.	*Ich frage dich, wem du das Buch gegeben hast.*
Chan eil Beathag ag ràdh, cuin a bhios i ann an Leòdhas.	*Beathag sagt nicht, wann sie in Lewis sein wird.*

Übungen

1. Übersetzen Sie ins Schottisch-Gälische.

1. Wohin gehst du heute Abend?
2. Warum ist die Banane krumm?
3. Was essen wir morgen?
4. Wann erreicht der Zug Aberdeen?
5. Wie weit ist es von Fort William nach Skye?
6. Wie oft hast du die Inseln bereist?

Vokabelhilfe

Banane	banana (m.)
krumm	crom
erreichen	ruig, ruigsinn
bereisen	tadhail air

2. Bilden Sie zu den Fragen aus Übung 1 indirekte Fragen. Benutzen Sie zur Einleitung die folgenden Satzteile.

Chan eil fhios agam, …
Cha do dh'innis i dhomh, …
Chan eil mi cinnteach, …
Cha do dh'fhaighnich e de Mhàiri, …

3. Hier finden Sie verschiedene Antworten. Wie lauten die passenden Fragen? Folgen Sie der Auflistung der Fragen am Anfang des Kapitels.

1. Is mise Murchadh MacDhòmhnaill.
2. Thug mo mhàthair orm Gàidhlig ionnsachadh.
3. Bha an rothair aig Donnchadh.
4. Is le Iain an càr.
5. Tha Gillebride à Alba.
6. Thug mi an t-airgead do Bhrìghde.
7. Thàinig Tòmas còmhla ri Ailean a Ghlaschu an-dè.
8. Ionnsaichidh mi Gàidhlig ann an Alba as t-samhradh.
9. Bha an dinnear uamhasach blasta an-dè.
10. Chaidh a thilgeil a-mach às an taigh-sheinnse, air sailleibh 's gun do dh'òl e cus.
11. Tha deich craobhan a' fàs timcheall air an taigh agam.
12. Cha do rinn mi dad an-raoir.
13. Tha e 230 mìle eadar Glaschu agus Port Rìgh anns an Eilean Sgitheanach.
14. Gabhaidh mi fras a h-uile latha.
15. Thèid sinn gu dannsa a-nochd.

4. Verbinden Sie folgende Versatzstücke zu sinnvollen Fragen.

Cuin a	an deach thu	Inbhir Nis.
Ciamar a	ruigeas an trèana	anns a' chlas an-diugh.
Dè	chunnaic thu	ri Ailean.
Carson a	facal a dh'ionnsaich thu	don phrìosan.
Càite	chòrd an leabhar	Di-Sathairne.
Cia mheud	chaidh lain a chur	ann an Alba.

1. Cuin a ____________________
2. Ciamar a ____________________
3. Dè ____________________
4. Carson a ____________________
5. Càite ____________________
6. Cia mheud ____________________

5. Was stimmt in folgenden (indirekten) Fragen nicht? Wie heißt es richtig?

1. Cuin an ruig am bàta Malaig?
2. Cia mheud chàraichean a th' agaibh?
3. Càite a bhios tu a-màireach?
4. Ciamar an robh an dannsa an-dè?
5. Chan eil fhios agam a bhios e ann an Alba.
6. Cò dha an do thug e an sporan?
7. Cha chuala mi far an tèid e.
8. Cò as a bheil sibh?
9. Cò fhosgail an uinneag?
10. Cha do dh'innis e dhomh na cheannaich e anns a' bhaile.

6. Setzen Sie die folgenden Fragen ins Futur.

1. Càite an deach thu an-raoir?
2. Cuin a chunnaic thu Calum?
3. Carson a dhraibh thu a Ghlaschu?
4. Dè cho fad 's a bha thu air falbh?
5. Cò dha a thug thu na h-iuchraichean?
6. Cò mu dheidhinn a bhruidhinn e?

44 Kleine Partikeln

Oft begegnen einem im Schottisch-Gälischen kleine unscheinbare Partikel, die alle gleich aussehen, aber fundamental Verschiedenes bedeuten können. Für Lernende ist es gut, die Unterschiede zu kennen. Hier werden die wichtigsten Partikel genannt.

a	
A!	Ausruf
a	beim Zählen als Auftakt verwendet, kann selbst nicht übersetzt werden: a h-aon, a dhà, a trì …
	Fragepartikel: A bheil?
	Vokativmarker: A Mhìcheil, A Bheathag, a bhalachaibh!
	Possessivpronomen *ihr*: a peann – *ihr Kuli*
a + Len.	Possessivpronomen *sein*: a pheann – *sein Kuli*
	Relativpronomen *welcher, welche, welches*
	Variante der Präposition *do* bei Ortsnamen: a Bharraigh – nach Barra / Variante der Präposition *do*: Cha toil leam an càr a ghlanadh.
	Variante der Präposition *de*: uair a thìde
a'	bestimmter Artikel
	Kurzform der Präposition *aig* vor Verbalnomen, die mit Konsonant beginnen: a' fuireach, a' glanadh
à	Präposition *aus*

Mit Ausnahme des letzten (à) sind alle diese *a* unbetonte Schwalaute und werden deshalb oft nicht geschrieben. Man muss allerdings wissen, wo sie stehen sollen, um als Lernender den Satz richtig verstehen zu können. Es folgen einige Beispiele:

Bha sinn air (a') Ghàidhealtachd.	*Wir waren in der Gàidhealtachd.*
Dè (a) rinn thu?	*Was machtest du?*
Tha mi (a') fuireach ann an Glaschu.	*Ich wohne in Glasgow.*
(A) Bheil thu ann?	*Bist du da?*
Chunnaic e (a) athair.	*Er sah seinen Vater.*
Chan eil (a dh') fhios againn.	*Wir wissen (es) nicht.*

Die Präposition à wurde vor der sehr kontroversen Rechtschreibreform GOC *á* geschrieben. Dieser Akzent zeigt(e) an, dass Vokale klar ausgesprochen werden, à wird also nie lang gesprochen, sondern wie ein deutsches *a*.

an	
an	Fragepartikel: an robh, an do cheannaich, an cuir, an cuireadh
	traditionelle Kurzform von *ann an*: tha mi an dòchas
	Possessivpronomen *ihr* (Pl.): an taigh – *ihr Haus*
	Grundform des bestimmten Artikels
	Teil der duplizierten Präposition *ann an*: ann an seòmar, ann an Alba
an-	Präfix z.B. vieler Adverben: an-diugh, an-dè, an-dràsta
	Intensivierungspartikel: an-mhòr – *immens*
	entspricht der dt. Vorsilbe *un-*: an-abaich – *unreif*, an-fhios – *Unkenntnis*

gun	
gun + Len.	(keine Len. bei d, t, s) dt. ohne: gun fhios, gun duine
gun	Nebensatzeinleitung *dass*: gun tàinig, gun do rinn, gun robh …
	Zusammensetzung aus *gu* und Possessivpronomen *an*: *bis zu ihnen*

do	
do	Partikel der abh. Form im Präteritum: do bhuail, do thachair
do + Len.	Possessivpronomen 2. Pers. Sg. *dein*: do bhràthair
	Präposition *zu*: do sheòmar – *zu einem Zimmer*
do- + Len.	Präfix, entspricht dt. *un-*, *alternativlos*: do-bhriste – *unzerbrechlich*, do-chloiste – *unhörbar*, do-chreidsinneach – *unglaublich*

Übungen

1. Übersetzen Sie ins Schottisch-Gälische.

1. James, Michael, Donald und Mòrag! Wo seid ihr?
2. Ich kenne seine Frau nicht, aber ich kenne ihre Mutter. (jmdn. kennen: *bi eòlach air*)
3. Das ist der neue Computer, den ich im Laden gesehen habe.
4. Die Touristen fahren nach Barra, South-Uist und Skye.
5. Ich bin jetzt 40 Jahre alt und weiß nicht, was ich machen werde.
6. Das Mädchen (*caileag*) ist aus Glasgow, wohnt aber in Perth und arbeitet auch dort.

2. Welche Bedeutung hat *an* in den folgenden Sätzen?

1. Chan eil fhios agam an tèid mi air saor-làithean a-nochd.
2. Reic iad an taigh-samhraidh anns an Eilean, oir bha e ro dhaor.
3. Bha an t-uabhal an-abaich ach dh'ith e e.
4. An tig e an-diugh no an tig e idir?

3. Setzen Sie jeweils die richtigen Partikeln ein, damit sinnvolle Sätze entstehen.

1. Bha e dìreach _____-chreidsinneach _____ deach e _____ _____Uibhist agus nach _____ _____ fheuch e ri Gàidhlig _____ bhruidhinn an sin.
2. Chan eil fhios agam _____ tàinig e _____-dè. Chan eil leabaidh agam dha ach ann _____ seòmar _____ bhràthar.
3. Thuirt e _____ robh am biadh _____ bhlas idir anns _____ taigh-òsta sin agus _____ _____ cheannaich e pizza _____ chàise is _____ mhaorach _____ dèidh dha tilleadh dhachaigh.
4. _____ e sin _____ phiuthar nach _____ _____ionnsaich Gàidhlig ged _____ _____fhuirich i ann _____ Leòdhas?

Die Präpositionalpronomen

Hier folgt eine Übersicht über alle Präpositionalpronomen. Erklärungen und Übungen finden Sie in den Kapiteln 30–34. Wenn Sie die Präpositionalpronomen lernen möchten, hilft es vielleicht, zu wissen, wie man sich einige Formen relativ einfach ableiten kann. Beachten Sie folgendes Beispiel:

leam	hier erkennt man das m von mi
leat	hier erkennt man das t von thu
leis	
leatha	
leinn	hier erkennt man das inn von sinn
leibh	hier erkennt man das ibh von sibh
leotha	diese Form endet immer auf a

Diese Endungen finden Sie bei allen Präpositionalpronomen. Sie können sich so immer die 1. und 2. Person Singular und Plural selbst ableiten und müssen dann nur noch die drei anderen Formen lernen.

Präposition	Deutsch	Präpositionalpronomen						
		mi	thu	e	i	sinn	sibh	iad
aig	*bei*	agam	agad	aige	aice	againn	agaibh	aca
air	*auf*	orm	ort	air	oirre	oirnn	oirbh	orra
à	*aus*	asam	asad	às	aiste	asainn	asaibh	asta
ann	*in*	annam	annad	ann	innte	annainn	annaibh	annta
le	*mit*	leam	leat	leis	leatha	leinn	leibh	leotha
ri	*gegen/ zu*	rium	riut	ris	rithe	ruinn/ rinn	ruibh/ ribh	riutha
do	*zu*	dhomh	dhut	dha	dhi	dhuinn	dhuibh	dhaibh
bho*	*von*	bhuam	bhuat	bhuaithe	bhuaipe	bhuainn	bhuaibh	bhuapa
ro	*vor*	romham	romhad	roimhe	roimhpe	romhainn	romhaibh	romhpa
fo	*unter*	fodham	fodhad	fodha	foimhpe	fodhainn	fodhaibh	fodhpa
de	*von*	dhiom	dhiot	dheth	dhith	dhinn	dhibh	dhuibh
mu	*um/über*	umam	umad	uime	uimpe	umainn	umaibh	umpa
gu	*bis*	thugam	thugad	thuige	thuice	thugainn	thugaibh	thuca
thar	*über*	tharam	tharad	thairis air	thairte	tharainn	tharaibh	tharta
eadar	*zwischen*	–	–	–	–	eadarainn	eadaraibh	eatorra

* auch uam, uat, uaithe etc.

Lösungsschlüssel

1 Lenition *S. 9/10*

1. 1. a' chaora | 2. a' mhàthair | 3. a' bhùth | 4. a' phiuthar | 5. an fhideag | 6. a' choimhearsnachd | 7. a' ghrian | 8. a' Bheurla

2. 1. seann phìob | 2. mo cheann | 3. aon chù | 4. dà chàr | 5. tòrr chèilidhean | 6. seann taigh | 7. sàr bhàrd | 8. gun salainn | 9. ri taobh shràidean | 10. beagan seachdainean

3. 1. bhuain | 2. cheannaich | 3. sgrìobh | 4. sheòl | 5. shnàmh | 6. fhreagair | 7. leugh | 8. chruinnich | 9. ruith | 10. thadhail

4. 1. Cha cheannaich … | 2. Cha toil … | 3. Cha dùin … | 4. Chan fhosgail … | 5. Cha snàmh … | 6. Cha seòl … | 7. Cha tug … | 8. Cha bhi … | 9. Cha cheannaichinn … | 10. Cha sgrìobh …

5. 1. Zeile: Calum, gasta | 2. Zeile: chaidh, cafaidh | 3. Zeile: seachdainean, ghleansadh | 4. Zeile: turais, thill | 5. Zeile: taobh, chòrdadh | 6. Zeile: taighean-dhealbh, caraidean | 7. Zeile: taighean | 8. Zeile: bhaile, mì-fhortanach, sàmhach | 9. Zeile: tràigh, cluinneadh | 10. Zeile: fhaca

2 Genus und Kasus der Substantive | Der Nominativ *S. 13*

1. 1. mask. | 2. mask. | 3. fem. | 4. mask. | 5. mask. | 6. mask. | 7. fem. | 8. fem. | 9. fem. | 10. mask.

2. 1. an càr (m.) | 2. an cat (m.) | 3. an seòmar (m.) | 4. an fheusag (f) | 5. am botal (m.) | 6. am balach (m.) | 7. a' mhàthair (f) | 8. a' bheinn (f) | 9. an gleann (m.) | 10. an litir (f) | 11. am feasgar (m.) | 12. an sgoil (f) | 13. am mac (m.) | 14. an eaglais (f) | 15. an t-seachdain (f) | 16. a' mhuir (f) | 17. an t-eadar-lìon (m.) | 18. an naidheachd (f) | 19. an t-athair (m.) | 20. an dùthaich (f)

3. 1. an taigh | 2. a' bhròg | 3. an luch | 4. an t-sròn | 5. a' chaora | 6. a' chraobh | 7. a' ghaoth | 8. a' bhreug | 9. an t-easbaig | 10. a' bhò

4. 1. am fear | 2. an doras | 3. an t-uisge | 4. beinn | 5. an seòmar | 6. a' chaileag, an càr | 7. cù, cat | 8. an fhideag | 9. an sgoil | 10. an t-sràid | 11. am baile | 12. an dùthaich | 13. cupa | 14. a' bhò | 15. an t-athair, am mac

3 Der Genitiv *S. 16/17*

1. 1. càir, a' chàir | 2. cait, a' chait | 3. seòmair, an t-seòmair | 4. feusaige, na feusaige | 5. botail, a' bhotail | 6. sgoile, na sgoile | 7. clàrsaiche, na clàrsaiche | 8. beinne, na beinne | 9. glinn, a' ghlinn | 10. dorais, an dorais | 11. feasgair, an fheasgair | 12. sgoile, na sgoile | 13. mic, a' mhic | 14. eaglaise, na h-eaglaise | 15. seachdaine, na seachdaine | 16. bogsa, a' bhogsa | 17. eich, an eich | 18. naidheachd, na naidheachd | 19. uinneige, na h-uinneige | 20. rathaid, an rathaid

2. 1. an taighe | 2. an locha | 3. an droma | 4. na dighe | 5. na sgèine | 6. na dùthcha | 7. an èisg | 8. na mara | 9. na litreach | 10. na bà

3. 1. an fhir | 2. na h-eaglaise | 3. an uisge | 4. a' mhic | 5. a' chàir | 6. na fideige | 7. a' phuist | 8. na sràide | 9. na beinne | 10. a' bhalaich

4. 1. taigh: Mhìcheil, Dhòmhnaill, Sheòrais, Theàrlaich, Uilleim, Ailein | bàta: Beathaig, Màiri, Eilidh, Mòraig, Peigi, Sìne

5. 1. doras seòmair | 2. uinneag sgoile | 3. dath càir | 4. feusag duine/fir | 5. duilleag leabhair | 6. iuchair dorais | 7. dath uinneige

6. 1. doras an t-seòmair | 2. uinneag na sgoile | 3. dath a' chàir | 4. feusaig an duine/fhir | 5. duilleag an leabhair | 6. iuchair an dorais | 7. dath na h-uinneige

4 Der Dativ *S. 19/20*

1. 1. air càr, ann an càr, ro chàr | 2. aig cat, ri cat, do chat | 3. aig seòmar, ann an seòmar, tro sheòmar | 4. aig mac, le mac, de mhac | 5. air feusaig, le feusaig, tro fheusaig | 6. air botal, le botal, de bhotal | 7. aig balach, ri balach, do bhalach | 8. aig clàrsaich, le clàrsaich, bho chlàrsaich | 9. air beinn, ri beinn, do bheinn | 10. aig gleann, ri gleann, tro ghleann | 11. air litir, le litir, bho litir | 12. aig taigh, ann an taigh, do thaigh | 13. aig sùil, ann an sùil, tro shùil | 14. aig seachdain, ann an seachdain, tro sheachdain | 15. aig muir, ri muir, do mhuir | 16. air dùthaich, ann an dùthaich, tro dhùthaich | 17. air each, le each, ro each | 18. aig doras, le doras, ro dhoras | 19. aig iasg, ann an iasg, bho iasg | 20. air grèin, le grèin, fo ghrèin

2. 1. air a' chàr, anns a' chàr, ron chàr | 2. aig a' chat, ris a' chat, don chat | 3. aig an t-seòmar, anns an t-seòmar, tron t-seòmar | 4. aig a' mhac, leis a' mhac, den mhac | 5. air an fheusaig, leis an fheusaig, tron fheusaig | 6. air a' bhotal, leis a' bhotal, den bhotal | 7. aig a' bhalach, ris a' bhalach, don bhalach | 8. aig a' chlàrsaich, leis a' chlàrsaich, bhon chlàrsaich | 9. air a' bheinn, ris a' bheinn, don bheinn | 10. aig a' ghleann, ris a' ghleann, tron ghleann | 11. air an litir, leis an litir, bhon litir | 12. aig an taigh, anns an taigh, don taigh | 13. aig an t-sùil, anns an t-sùil, tron t-sùil | 14. aig an t-seachdain, anns an t-seachdain, tron t-seachdain | 15. aig a' mhuir, ris a' mhuir, don mhuir | 16. air an dùthaich, anns an dùthaich, tron dùthaich | 17. air an each, leis an each, ron each | 18. aig an doras, leis an doras, ron doras | 19. aig an iasg, anns an iasg, bhon iasg | 20. air a' ghrèin, leis a'ghrèin, fon ghrèin

3. 1. bhon taigh don/dhan sgoil | 2. anns an t-seòmar air a' bhòrd | 3. air a' bhòrd fon phàipear-naidheachd | 4. aig bòrd anns a' chupa | 5. anns a' bhaile air an t-sràid | 6. bhon bhaile don dùthaich | 7. anns a' ghàrradh air a' chraoibh | 8. anns a' bhotal anns a' bhùth | 9. anns an trannsa anns a' bhaga | 10. anns a' mhuir fon uisge

4. 1. anns an fheasgar | 2. leis an t-seòmar | 3. *richtig* | 4. tron doras | 5. air an each | 6. den chlàrsaich | 7. air a' chàr | 8. anns an eaglais | 9. air an dùthaich | 10. leis an iasg | 11. leis a' bhòin | 12. anns an sgoil

5. 1. air a' bheinn | 2. anns an sgoil | 3. anns a' chidsin | 4. anns a' bhaile | 5. anns an t-seòmar | 6. anns a' chàr, air an t-sràid | 7. le cù, le cat | 8. còmhla ris a' charaid | 9. anns a' Ghearasdan | 10. anns an oidhche | 11. anns a' bhaile | 12. air an dùthaich | 13. bhon bhòrd | 14. anns a' choille | 15. don mhullach, don tràigh

6. 1. A ghràidh, an do dhràibh thu còmhla ri Dòmhnall anns a' chàr don Ghearmailt? | 2. Thig an càr ri taobh na craoibhe às an Fhraing. | 3. Tha am biadh air a' bhòrd anns an t-seòmar fhuar. |

4. Tha Màiri na seasamh ri taobh an fhir air an t-sràid. | 5. Chaidh Mìcheal agus Pàdraig bhon bhaile don dùthaich as t-samhradh. | 6. Sheas an nighean leis a' chlàrsaich ri taobh doras na h-eaglaise. | 7. Cheannaich sinn taigh Sheumais agus dh'fhuirich sinn anns a' bhaile ri taobh a' bhanca. | 8. A Theàrlaich, thoir dhomh an cupa bhon bhòrd! | 9. Sheas Màiri ri taobh an dorais agus chuidich i Iain, a bha a' glanadh na h-uinneige anns an t-seòmar. | 10. Tha oilthigh Ghlaschu air cnoc ann am meadhan a' bhaile. | 11. Is toil le muinntir an Òbain am baile aca. | 12. Tha a' Phàrlamaid ann an Dùn Èideann, priomh-bhaile na h-Alba. | 13. Chunnaic e an taigh air taobh eile an eilein. | 14. Choisich e bhon chidsin tron trannsa don ghàrradh agus shìn e (rinn e sìneadh) fon chraoibh. | 15. `S a mhadainn bha an cat na shuidhe air a' bhòrd ri taobh a' bhotail agus bha i ag òl a' bhainne bho thruinnsear a' bhodaich. | 16. Chunnaic mi luch fo làr a' chidsin. | 17. Sgrìobh e an litir gu Màiri air a' bheinge ri taobh na craoibhe anns a' ghàrradh an-diugh. | 18. Tha a' Ghearmailt a' cluich an aghaidh na Frainge an-diugh, agus bidh Sasainn a' cluich an aghaidh na h-Òlainde a-màireach. | 19. Ithidh muinntir na Frainge càise, òlaidh muinntir na Gearmailte leann agus ann an Alba ithidh iad iasg is tiops. | 20. Tha an gàrradh aig mo charaid ann am Port-Rìgh nas motha na am fear aig m' athar ann an Glaschu.

5 Der Vokativ *S. 21*

1. 1. A Nèill | 2. A Sheòrais | 3. A Sheumais | 4. A Theàrlaich | 5. A Chaluim | 6. A Dhòmhnaill | 7. A Mhàiri | 8. A Sheonag | 9. A Bheathag | 10. A Pheigi | 11. Anna | 12. A Chaitrìona

6 Der Plural *S. 25–27*

1. 1. Gen. Pl. unbest. | 2. Nom. Pl. unbest. | 3. Vok. Pl. | 4. Dat. Pl. best. | 5. Gen. Pl. best. | 6. Dat. Pl. best. | 7. Nom. Pl. best. | 8. Dat. Pl. best. | 9. Nom. Pl. unbest. | 10. Gen. Pl. best. | 11. Gen. Pl. best. | 12. Dat. Pl. best. | 13. Dat. Pl. best. | 14. Dat. Pl. best. | 15. Dat. Pl. best. | 16. Dat. Pl. best. | 17. Dat. Pl. best. | 18. Gen. Pl. unbest. | 19. Gen. Pl. best. | 20. Gen. Pl. best.

2. 1. nein: nam balach | 2. ja | 3. nein: nan litrichean | 4. ja | 5. ja | 6. nein: bhàrd | 7. ja | 8. nein: nam bailtean | 9. ja | 10. nein: nan craobh

3. 1. ja | 2. nein: na fir | 3. ja | 4. ja | 5. nein: na taighean | 6. nein: na seòmraichean | 7. nein: na sràidean | 8. nein: na botalan / na botail | 9. nein: na bùthan / bùitean | 10. nein: na h-uinneagan

4. 1. na beanntan | 2. na fir | 3. na pìoban | 4. na leabhraichean | 5. na taighean | 6. na seòmraichean | 7. na sràidean | 8. na botalan, na botail | 9. na bùthan, na bùitean | 10. na h-uinneagan

5. 1. ri taobh thaighean | 2. air beulaibh bheann | 3. air cùlaibh ghàrraidhean | 4. mu choinneamh chàraichean | 5. a dh'ionnsaigh bheann | 6. aig ceann shràidean | 7. os cionn mhullaichean | 8. ri raobh chraobh/chraobhan | 9. air cùlaibh bhalach | 10. ri taobh bhàrd

6. 1. Chunnaic mi fèidh air beulaibh nam beann. | 2. Tha craobh a' fàs air cùlaibh nan gàrraidhean. | 3. Tha i a' fàs nas fhuaire a dh'ionnsaigh nam beann. | 4. Tòisichidh an tràigh aig ceann nan sràidean/rathaidean | 5. Chithear an caisteal os cionn nam mullaichean.

7. 1. ann an eaglaisean | 2. à seòmraichean | 3. ann an naidheachdan | 4. do bhàtaichean | 5. air càraichean

8. 1. ann am bailtean/ anns na bailtean | 2. fo chraobhan | 3. air beinn | 4. do thaighean | 5. le litrichean

9. 1. anns na h-eaglaisean | 2. às na seòmraichean | 3. anns na naidheachdan | 4. anns na bàtaichean | 5. air na càraichean | 6. leis na litrichean | 7. anns na bailtean | 8. air na beanntan | 9. anns na taighean | 10. air na craobhan

10. 1. Absatz: do bhallachan, le radain | 2. Absatz: Radain! Chuir iad teicheadh air na coin, agus mharbh iad cait. Theum iad na leanabain anns a' chreathaill; dh'ith iad an càise anns na fiodhain; dh'imlich iad an eanraich à liadhan nan còcairean; tholl iad na baraillean 's dh'ith iad an sgadan. Rinn iad nid an bonaidean-caomhanta nam fear, agus le an sgreadail agus le an sgiamhail, air còig fichead fuaim is fonn, chuir iad na mnathan o bhruidhinn agus mhill iad an cuid cèilidhean.

11. 1. A charaidean! An deach sibh còmhla ri Dòmhnall ann an càraichean don Ghearmailt? | 2. Tha na càraichean ri taobh nan taighean às a' Ghearmailt. | 3. Tha na caileagan leis na clàrsaichean nan seasamh ri taobh dorsan nan eaglaisean. | 4. Cheannaich sinn taighean Sheumais agus dh'fhuirich sinn anns a' bhaile ri taobh a' bhanca. | 5. Chunnaic e na taighean air taobh eile nan eileanan. | 6. Choisich e bho na seòmraichean tron trannsa do na gàrraidhean agus rinn e sìneadh fo na craobhan. | 7. Anns a' mhadainn bha na cait nan suidhe air na bùird ri taobh nam botalan agus bha iad ag òl a' bhainne bho thruinnsearan nam bodach. | 8. Sgrìobaidh e na litrichean gu Màiri air beinge ri taobh nan craobh anns a' ghàrradh an-diugh. | 9. Tha na caileagan a'cluich an aghaidh nam balach an-diugh. | 10. Tha na Fraingich a' fuireach anns an Fhraing, tha na Gearmailtich ag òl leann, agus ann an Alba tha fireannaich is boireannaich a' seinn phìoban is chlàrsaichean.

12. 1. na balaich … nam bò anna … eilean | 2. mhinistearan … iomairt na Pàrlamaid | 3. dà leabharlann … trì eaglaisean … a' choimhearsnachd | 4. priomh-mhinistear na h-Alba … eaconomaidh dùthchannan an Aonaidh Eòrpaich | 5. an t-uabhas de luchd-turais Ghearmailteach … Alba a h-uile samhradh.

7 Zusammengesetzte Substantive *S. 29/30*

1.

Nom.	an t-àite-bìdh	a' chaol-shràid	an taigh-dhealbh	am fear-ceasnachaidh	an greim-cridhe
Gen.	an àite-bhìdh	na caol-shràide	an taigh-dhealbh	an fhir-cheasnachaidh	a' ghreim-chridhe
Dat.	aig an àite-bhìdh	air a' chaol-shràid	anns an taigh-dhealbh	leis an fhir-cheasnachaidh	leis a' ghreim-chridhe
Nom. Pl.	na h-àitichean-bìdh	na caol-shràidean	na taighean-dhealbh	na fir-cheasnachaidh	na greimean-cridhe
Gen. Pl.	nan àitichean-bìdh	nan caol-shràidean	nan taighean-dhealbh	nam fear-ceasnachaidh	nan greimean-cridhe
Dat. Pl.	anns na h-àitichean-bìdh	air na caol-shràidean	anns na taighean-dhealbh	leis na fir-cheasnachaidh	leis na greimean-cridhe

2. 1. Thug e na h-iseanan às an taigh-chearc agus thug e biadh dhaibh./, bhiathaich e iad. | 2. Chan eil a' chearc-fhraoich a' fuireach anns an taigh-chearc no anns a' mhòr-bhaile. | 3. Bha toiseach na bròin-cluiche uabhasach mar-thà, ach bha an corr dheth dìreach eagallach dona. |

4. Chaochail ceudan aig a' chrith-thalmhainn anns an Eadailt. | 5. Tha na tuathanaich a' losgadh nam feannagan-glasa ann an Uibhist a Deas. | 6. Am faca tu am film ùr anns an taigh-dhealbh. | 7. Bha fianais an fhir-cheasnachaidh bochd.

3. 1. Zeile: a' phuist-dealain | 2. Zeile: an àite-bhìdh, an taigh-dhealbh | 3. Zeile: àite-parcaidh, an taigh-pharcaidh | 4. Zeile: a' bhun-sgoil, an taigh-dhealbh | 5. Zeile: muic-mhara | 6. Zeile: an t-àite-bìdh, caol-shràid | 7. Zeile: a' chaol-shràid | 8. Zeile: an deireadh-seachdain | 9. Zeile: a' phort-adhair

post-dealain: Nomen, mask. + Nomen, àite-bìdh: Nomen, mask. + Nomen, taigh-dhealbh: Nomen, mask. + Nomen, Gen. Pl., àite-parcaidh: Nomen, mask. + Nomen, taigh-parcaidh: Nomen, mask. + Nomen, bun-sgoil: Präfix + Nomen, muc-mhara: Nomen, fem. + Nomen, caol-shràid: Adjektiv + Nomen, deireadh-seachdain: Nomen, mask. + Nomen, port-adhair: Nomen, mask. + Nomen

8 Ortsnamen *S. 34/35*

1. 1. Bha muinntir Bharraigh toilichte nuair a ràinig bàta ùr an Òbain. | 2. Bha mi ann an Leòdhas an-dè, thèid mi a Gheàrrloch a-màireach agus an uair sin bho Gheàrrloch a Mhuile. | 3. Tha beanntan Mhuile glè àrd. | 4. Bha abaid Lios Mhòir cudthromach ann an eachdraidh na h-Alba. | 5. Tha mìltean de dh'oileanaich aig Oilthigh Ghlaschu. | 6. Chaidh ceann-siudhe nan Stàitean Aonaichte a dh'Èirinn.

2. 1. à Bun Easain / a Bhun Easain | 2. ann an Lios Mòr | 3. muinntir Bhaile a' Mhanaich | 4. bhon Òban don t-Sròin Reamhair | 5. ann an Taigh an Uillt | 6. bho Bhagh a' Chaisteil | 7. bho Chaladh nan Clach tro Inbhir Nis a Ghlaschu | 8. ann an Tobar na Màthar agus ann an Glaschu | 9. muinntir a' Ghearasdain | 10. Sgoil Bhaile a' Mhanaich

3. 1. Ràinig e Glaschu air an itealan agus chaidh / dhràibh e a dh'Inbhir Nis. | 2. Bha iad a' dràibheadh fad an latha bho Bhun Easain a dh'Obar Dheathain agus cha robh seòmar ann tuilleadh ann an Obar Dheathain. | 3. Ghabh iad an rathad bho Dhùn Èideann don/ dhan Òban agus bhon Òban don/dhan Ghearasdan. | 4. Cheannaich iad rudeigin ri ithe anns a' Ghearasdan agus thill iad a Bhaile a' Chaolais. | 5. An do ghabh sibh am bàt'-aiseig bhon t-Sròin Reamhair a dh'Èirinn?

4. 1. Zeile: a dh'Alba, port-adhair Phreastbhaig | 2. Zeile: a Ghlaschu, ann am Pàislig | 3. Zeile: bho Phàislig a Pheairt | 4. Zeile: Peairt | 5. Zeile: bho Ùige anns an Eilean Sgitheanach, a Loch nam Madadh | 6. Zeile: a dh'Uibhist a Deas, bho Loch Baghasdail | 7. Zeile: a Mhalaig | 8. Zeile: a Phort nan Long ann an Uibhist a Tuath | 9. Zeile: do na Hearadh, a Leòdhas | 10. Zeile: Tursachan Chalanais, ann an Nis | 11. Zeile: ann an Steòrnabhagh, a dh'Ulapul | 12. Zeile: Ulapul, a Gheàrrloch | 13. Zeile: a Chaol Loch Aillse, seachad air Loch Duich le Caisteal Eilein Donnain, don Gearasdan | 14. Zeile: bhon Ghearsdan, tro Bhaile a' Chaolais a Thaigh an Droma, bho Thaigh an Droma | 15. Zeile: a Ghlaschu, ann am Baile nam Frisealach | 17. Zeile: ann am Preastbhaig | 18. Zeile: Bonn anns a' Ghearmailt | 19. Zeile: ann am Bonn | 20. Zeile: don Spàinnt

5. 1. Dùn Èideann | 2. Glaschu | 3. Peairt | 4. Inbhir Nis | 5. An t-Eilean Sgitheanach | 6. Uibhist a Deas | 7. Baile a' Chaolais | 8. An Aghaidh Mhòr | 9. An Gearasdan | 10. Caol Loch Aillse | 11. Baile Eilidh | 12. Na Hearadh

10 Präteritum S. 38/39

1. 2. leugh, do leugh | 3. chaidil, do chaidil | 4. cheannaich, do cheannaich | 5. dh'òl, do dh'òl | 6. dh' fhàg, do dh'fhàg | 7. thilg, do thilg | 8. shluig, do shluig | 9. phòg, do phòg | 10. chuidich, do chuidich

2. 2. Leugh e an leabhar. Cha do leugh e an leabhar. An do leugh e an leabhar? Leugh. Cha do leugh. | 3. Chaidil i ann an leabaidh bhòg. Cha do chaidil i ann an leabaidh bhog. An do chaidil i ann an leabaidh bhog? Chaidil. Cha do chaidil. | 4. Cheannaich mi brògan. Cha do cheannaich mi brògan. An do cheannaich thu brògan? Cheannaich. Cha do cheannaich. | 5. Dh'òl mi leann. Cha do dh'òl mi leann. An do dh'òl thu leann? Dh'òl. Cha do dh'òl. | 6. Dh'fhàg e a' bhean. Cha do dh'fhàg e a bhean. An do dh'fhàg e a bhean? Dh'fhàg. Cha do dh'fhàg. | 7. Thilg e a-mach i. Cha do thilg e a-mach i. An do thilg e a-mach i? Thilg. Cha do thilg. | 8. Shluig e na pilichean. Cha do shluig e na pilichean. An do shluig e na pilichean? Shluig. Cha do shluig. | 9. Phòg e mi. Cha do phòg e mi. An do phòg e mi? Phòg. Cha do phòg. | 10. Chuidich Anna mi. Cha do chuidich Anna mi. An do chuidich Anna mi? Chuidich. Cha do chuidich.

3. 1. Ghlac e èisg agus giomaich an-raoir. | 2. Leugh e an leabhar anns an leabaidh. | 3. Chaidil iad ann an taigh-òsta anns an Òban. | 4. Cheannaich sinn an taigh ann an Dùn Èideann. | 5. Dh'òl mi cus an-dè. | 6. Dh'fhàg thu Màiri. | 7. Thilg i an cù a-mach às an taigh. | 8. Shluig e na pilichean. | 9. Phòg e Mòrag. | 10. Chuidich Iain Teàrlach air a' bhàta.

4. 1. Cha do ghlac e èisg agus giomaich an-raoir. | 2. Cha do leugh e an leabhar anns an leabaidh. | 3. Cha do chaidil iad ann an taigh-òsta anns an Òban. | 4. Cha do cheannaich sinn an taigh ann an Dùn Èideann. | 5. Cha do dh'òl mi cus an-dè. | 6. Cha do dh'fhàg thu Màiri. | 7. Cha do thilg i an cù a-mach às an taigh. | 8. Cha do shluig e na pilichean. | 9. Cha do phòg e Mòrag. | 10. Cha do chuidich Iain Teàrlach air a' bhàta.

5. 1. Thuirt e, gun do ghlac e èisg agus giomaich an-raoir. | 2. Thuirt e, nach do leugh e an leabhar anns an leabaidh. | 3. Thuirt e, gun do chaidil iad ann an taigh-òsta anns an Òban. | 4. Thuirt e, nach do cheannaich sinn an taigh ann an Dùn Èideann. | 5. Thuirt e, gun do dh'òl mi cus an-dè. | 6. Thuirt e, nach do dh'fhàg thu Màiri. | 7. Thuirt e, gun do thilg i an cù a-mach às an taigh. | 8. Thuirt e, nach do shluig e na pilichean. | 9. Thuirt e, gun do phòg e Mòrag. | 10. Thuirt e, nach do chuidich Iain Teàrlach air a' bhàta.

6. 1. Cha do sgrìobh mi an litir an-dè. | 2. An do dhraibh thu a Dhùn Bheagain an-raoir. | 3. Phòg Iain Màiri aig an doras. | 4. Dh'fhosgail e uinneag anns a' chidsin. | 5. Thuirt e nach do dh'ith e am pasta. | 6. Nach do dh'fhàg e Màiri an-uiridh? | 7. Leugh sinn an leabhar. | 8. Dh'ionnsaich iad Gàidhlig agus Gearmailtis. | 9. An do dh'ith thu do bhracaist? | 10. Nach do chaidil e gu math?

11 Unregelmäßige Verben im Präteritum S. 40/41

1. chaidh | Rug | Cha chuala | deach | chuala | chunnaic | Thug | cha do ràinig | fhuair | Chan fhaca | thug | thàinig | thuirt

2. 1. An deach e don ospadal? | 2. An do rug Màiri balach beag? | 3. An cuala e gun deach i don ospadal? | 4. An cuala e guth leanaibh? | 5. Am faca e Màiri anns an leabaidh? | 6. An tug i bainne don leanabh? | 7. Nach do ràinig am balach a' chìoch? | 8. An d' fhuair e grèim oirre? | 9. Am faca Dòmhnall a' bhanaltram? | 10. An tug e pòg do Mhàiri? | 11. An tàinig an dotair?

3. 1. Chaidh. / Cha deach. | 2. Rug. / Cha do rug. | 3. Chunnaic. / Chan fhaca. | 4. Thug. / Cha tug. | 5. Thuirt. / Cha tuirt.

4. 1. Nach deach e don ospadal? Chaidh. / Cha deach. | 2. Nach do rug Màiri balach beag? Rug. / Cha do rug. | 3. Nach cuala e gun deach i don ospadal? Chuala. / Cha chuala. | 4. Nach cuala e guth leanaibh? Chuala. / Cha chuala. | 5. Nach faca e Màiri anns an leabaidh? Chunnaic. / Chan fhaca. | 6. Nach tug i bainne don leanabh? Thug. / Cha tug. | 7. Nach do ràinig am balach a' chìoch? Ràinig. / Cha do ràinig. | 8. Nach d' fhuair e grèim oirre? Fhuair. / Cha d' fhuair. | 9. Nach fhaca Dòmhnall a' bhanaltram? Chunnaic. / Chan fhaca. | 10. Nach tàinig an dotair? Thàinig. / Cha tàinig. | 11. Nach tuirt e, gum biodh Màiri slàn fallain? Thuirt. / Cha tuirt.

5. 1. Thàinig mi às an Òban agus chaidh mi don Ghearasdan. | 2. Thug Beathag na leabhraichean dhomh a ràinig Dùn Èideann an-dè. | 3. Nach fhaca tu Seumas an-dè? | 4. Chan fhaca mi thu an-dè nuair a ràinig thu Glaschu. | 5. Rug a' chearc dà ugh. | 6. Cha d' fhuair mi an t-airgead, a thug Iain dhomh. | 7. Thuirt e, gun do rinn e an obair.

6. 1. Chunnaic | 2. fhaca | 3. Chunnaic, chaidh | 4. Chuala , rinn | 5. Ràinig | 6. Fhuair | 7. rinn

12 Futur — *S. 44/45*

1. 1. glacaidh, glac | 2. leughaidh, leugh | 3. caidlidh, caidil | 4. ceannaichidh, ceannaich | 5. òlaidh, òl | 6. fàgaidh, fàg | 7. tilgidh, tilg | 8. sluigidh, sluig | 9. pògaidh, pòg | 10. cuidichidh, cuidich

2. 2. Leughaidh e an leabhar. Cha leugh e an leabhar. An leugh e an leabhar? Leughaidh. Cha leugh. | 3. Chaidlidh i ann an leabaidh bhòg. Cha chaidil i ann an leabaidh bhog. An caidil i ann an leabaidh bhog? Chaidlidh. Cha chaidil. | 4. Cheannaichidh mi brògan. Cha cheannaich mi brògan. An ceannaich thu brògan? Ceannaichidh. Cha cheannaich. | 5. Òlaidh mi leann. Chan òl mi leann. An òl thu leann? Òlaidh. Chan òl. | 6. Fàgaidh e a' bhean. Chan fhàg e a bhean. Am fàg e a bhean? Fàgaidh. Chan fhàg. | 7. Tilgidh e a-mach i. Cha tilg e a-mach i. An tilg e a-mach i? Tilgidh. Cha tilg. | 8. Sluigidh e na pilichean. Cha sluig e na pilichean. An sluig e na pilichean? Sluigidh. Cha sluig. | 9. Pògaidh e mi. Cha phòg e mi. Am pòg e mi? Pògaidh. Cha phòg. | 10. Cuidichidh Anna mi. Cha chuidich Anna mi. An cuidich Anna mi? Cuidichidh. Cha chuidich.

3. 1. Glacaidh e èisg agus giomaich a-màireach. | 2. Leughaidh e an leabhar anns an leabaidh. | 3. Chaidlidh iad ann an taigh-òsta anns an Òban. | 4. Ceannaichidh sinn an taigh ann an Dùn Èideann. | 5. Òlaidh mi cus a-màireach. | 6. Fàgaidh tu Màiri. | 7. Tilgidh iad an cù a-mach às an taigh. | 8. Sluigidh e na pilichean. | 9. Pògaidh e Mòrag. | 10. Cuidichidh Iain Teàrlach air a' bhàta.

4. 1. Cha ghlac e èisg agus giomaich a-màireach. | 2. Cha leugh e an leabhar anns an leabaidh. | 3. Cha chaidil iad ann an taigh-òsta anns an Òban. | 4. Cha cheannaich sinn an taigh ann an Dùn Èideann. | 5. Chan òl mi cus a-màireach. | 6. Chan fhàg thu Màiri. | 7. Cha tilg iad an cù a-mach às an taigh. | 8. Cha sluig e na pilichean. | 9. Cha phòg e Mòrag. | 10. Cha chuidich Iain Teàrlach air a' bhàta.

5. 1. Tha e ag ràdh, gun glac e èisg agus giomaich a-màireach. | 2. Tha e ag ràdh, nach leugh e an leabhar anns an leabaidh. | 3. Tha e ag ràdh, gun caidil iad ann an taigh-òsta anns an Òban. | 4. Tha e ag ràdh, nach ceannaich sinn an taigh ann an Dùn Èideann. | 5. Tha e ag ràdh, gun òl mi cus a-màireach. | 6. Tha e ag ràdh, nach fhàg thu Màiri. | 7. Tha e ag ràdh, gun tilg iad an cù a-mach às an taigh. | 8. Tha e ag ràdh, nach sluig e na pilichean. | 9. Tha e ag ràdh, gum pòg e Mòrag. | 10. Tha e ag ràdh, nach cuidich Iain Teàrlach air a' bhàta.

6. 1. Cha sgrìobh mi an litir a-màireach. | 2. An draibh thu a Dhùn Bheagain a-nochd. | 3. Pògaidh Iain Màiri aig an doras. | 4. Fosglaidh e uinneag anns a' chidsin. | 5. Tha e ag ràdh nach ith e am pasta. | 6. Nach fhàg e Màiri an ath-bhliadhna? | 7. Leughaidh sinn an leabhar. | 8. Ionnsachaidh iad Gàidhlig agus Gearmailtis. | 9. An ith tu do bhracaist? | 10. Nach caidil e gu math?

7. 1. Nuair a bhios/bhitheas mi ann an Sruighlea, tadhlaidh mi air a' chaisteal. | 2. Ged a tha mi ann am Malaig, cha ghabh mi am bàt'-aiseig. | 3. Mura ceannaich mi an taigh, ceannaichidh mi bàta ùr. | 4. Ged a dh'fhuiricheas Màiri ann an Uibhist, chan eil Gàidhlig aice. | 5. Ged nach ionnsaich sinn, chan eil sinn dona anns an sgoil.

8. Nuair a bhios mi ann an Alba an ath thuras, tadhailidh mi air àitichean far nach robh mi riamh roimhe. Draibhidh mi a Lèodhas agus cuiridh mi beagan làithean seachad anns an eilean bhòidheach seo. Fuirichidh mi ann an taigh-òsta ann an Steòrnabhagh agus draibhidh mi mun cuairt an eilein. Togaidh mi mòran dealbhan, tha fhios. Cumaidh mi orm do na Hearadh agus ceannaichidh mi pios fada de chlo Hearach gus seacaid a dhèanamh. Gabhaidh mi am bàta bhon Tairbeart air ais don Eilean Sgitheanach agus fàgaidh mi an càr ann an taigh-òsta ann am Port Rìgh is coisichidh mi beagan anns an Eilean. Is dòcha gun dìrich mi beinn cuideachd.

13 Unregelmäßige Verben im Futur S. 47/48

1. Thèid | beiridh | gum beir i leanabh | thilleas | chì | cuiridh | faic | toir e | faigh

2. 1. An tèid Dòmhnall don ospadal airson Màiri fhacinn? Thèid. / Cha tèid. | 2. Am bèir i leanabh? Bheir. / Cha bheir. | 3. Am faic e a leanabh? Chì. / Chan fhaic. | 4. An toir e airgead leis? Bheir. / Cha toir. | 5. Am faigh an teaghlach taigh ùr? Gheibh. / Chan fhaigh.

3. 1. An tèid sinn don bhaile? | 2. Cluinnidh mi thu, ach chan eil mi ag èisteachd riut. | 3. Ruigidh mi Glaschu aig ochd uairean agus chì mi an uair sin thu. | 4. Sin a' chearc a bheireas còig uighean gach latha. | 5. An toir thu an leabhar dhomh? | 6. Cha chan mi dad gun nach can mi cus. | 7. Chan fhaigh mi am bus, mura dèan mi cabhag. | 8. Cha toir mi airgead dhut, chan fhaigh thu dad. | 9. Cha ruig an t-aiseag Barraigh, tha e ro stoirmeil. | 10. An toir thu an salann dhomh?

4. 1. Bheir Màiri leanabh as t-samhradh. | 2. An tig thu don bhaile aig ochd uairean? | 3. Gheibh Eìlidh càr ùr an t-seachdain-sa. | 4. An cluinn e mi an-dràsta? | 5. Thèid sinn don bheinn a-màireach. | 6. Chì mi na fèidh an-diugh.

5. 1. tèid | 2. tig | 3. tig | 4. faic | 5. fhaic, chì | 6. nì | 7. Gheibh | 8. can, chluinn

6. 1. gum faic mi Calum | 2. nach fhaigh e dad ri ithe | 3. an tig thu don bhaile | 4. oir cluinnidh e fuaim na trèana | 5. ma ruigeas am bus Dùn Èideann | 6. ged nach dèan mi an obair seo

14 Konditional S. 51/52

1. 1. ghlacadh, glacadh | 2. leughadh, leughadh | 3. chaidleadh, caidleadh | 4. cheannaicheadh, ceannaicheadh | 5. dh'òladh, òladh | 6. dh'fhàgadh, fàgadh | 7. thilgeadh, tilgeadh | 8. shluigeadh, sluigeadh | 9. phògadh, pògadh | 10. chuidicheadh, cuidicheadh

2. 2. Leughadh e. Cha leughadh e. An leughadh e? Nach leughadh e? Leughadh. Cha leughadh. Leughainn, Leughamaid. | 3. Chaidleadh e, Cha chaidleadh e. An chaidleadh e? Nach chaidleadh e? Chaidleadh. Cha chaidleadh. Chaidlinn, chaidleamaid. | 4. Cheannaicheadh e. Cha cheannaicheadh e.

An ceannaicheadh e? Nach ceannaicheadh e. Cheannaicheadh. Cha cheannaicheadh. Cheannaichinn. Cheannaicheamaid. | 5. Dh'òladh e. Chan òladh e. An òladh e? Nach òladh e? Dh'òladh. Chan òladh. Dh'òlainn. Dh'òlamaid. | 6. Dh'fhàgadh e. Chan fhàgadh e. Am fàgadh e? Nach fhàgadh e? Dh'fhàgadh. Chan fhàgadh. Dh'fhàgainn. Dh'fhàgamaid. | 7. Thilgeadh e. Cha tilgeadh e. An tilgeadh e? Nach tilgeadh e? Thilgeadh. Cha tilgeadh. Thilginn. Thilgeamaid. | 8. Shluigeadh e. Cha sluigeadh e. An sluigeadh e? Nach sluigeadh e? Shluigeadh. Cha sluigeadh. Shluiginn. Shluigeamaid. | 9. Phògadh e. Cha phògadh e. Am pògadh e? Nach pògadh e? Phògadh. Cha phògadh. Phògainn. Phògamaid. | 10. Chuidicheadh e. Cha chuidicheadh e. An cuidicheadh e? Nach cuideicheadh e? Chuidicheadh. Cha chuidicheadh. Chuidichinn. Chuidicheamaid.

3. 1. Ghlacadh e èisg is giomaich a-màireach. / Cha ghlacadh e èisg agus giomaich a-màireach. | 2. Leughadh e an leabhar anns an leabaidh. / Cha leughadh an leabhar anns an leabaidh. | 3. Chaidleadh iad ann an taigh-òsta anns an Òban. / Cha chaidleadh iad ann an taigh-òsta anns an Òban. | 4. Cheannaicheamaid an taigh ann an Dùn Èideann a-màireach. / Cha cheannaicheamaid an taigh ann an Dùn Èideann a-màireach. | 5. Dh'òlainn cus a-màireach. / Chan òlainn cus a-màireach. | 6. Dh'fhàgadh tu Màiri. / Chan fhàgadh tu Màiri. | 7. Thilgeadh iad an cù a-mach às an taigh. / Cha tilgeadh iad an cù a-mach às an taigh. | 8. Shluigeadh e na pilichean. / Cha sluigeadh e na pilichean. | 9. Phògadh e Màiri. / Cha phògadh e Màiri. | 10. Chuidicheadh Iain Tèarlach air a' bhàta. / Cha chuidicheadh Iain Tèarlach air a' bhàta.

4. 1. Nam bithinn air a' mhuir, ghlacainn èisg is giomaich. | 2. Nam biodh tu aig an taigh, leughadh tu leabhar anns an leabaidh. | 3. Nam biomaid anns an Òban, chaidleamaid ann an taigh-òsta. | 4. Nam biodh obair againn ann an Dùn Èideann, cheannaicheamaid an taigh an sin. | 5. Nam bithinn aig a' chèilidh, dh'òlainn cus. | 6. Mura fàgainn Màiri, phosadh i mi. | 7. Mura biodh an cù salach, cha tilgeadh iad e a-mach às an taigh. | 8. Mura cuidicheadh na pilichean, cha sluigeadh e iad. | 9. Mura biodh e diùid, phògadh e Màiri. | 10. Cha chuidicheadh Iain Teàrlach air a' bhàta, nam biodh e stoirmeil.

5. 1. Cha sgrìobhainn an litir a-màireach. | 2. An draibheadh tu a Dhùn Bheagain a-nochd. | 3. Phògadh Iain Màiri aig an doras. | 4. Dh'fhosgladh e uinneag anns a' chidsin. | 5. Tha e ag ràdh nach itheadh e am pasta. | 6. Nach fhàgadh e Màiri an ath-bhliadhna? | 7. Leughamaid an leabhar. | 8. Dh'ionnsaicheadh iad Gàidhlig agus Gearmailtis. | 9. An itheadh tu do bhracaist? | 10. Nach caidleadh e gu math?

6. 1. Thuirt e, gun glacadh e èisg agus giomaich a-màireach. | 2. Thuirt e, nach leughadh an leabhar anns an leabaidh. | 3. Thuirt e, gun caidleadh iad ann an taigh-òsta anns an Òban. | 4. Thuirt e, nach ceannaicheamaid an taigh ann an Dùn Èideann a-màireach. | 5. Thuirt e, gun òlainn cus a-màireach. | 6. Thuirt e, nach fhàgadh tu Màiri. | 7. Thuirt e, gun tilgeadh iad an cù a-mach às an taigh. | 8. Thuirt e, nach sluigeadh e na pilichean. | 9. Thuirt e, gum pògadh e Màiri. | 10. Thuirt e, nach cuidicheadh Iain Tèarlach air a' bhàta.

15 Unregelmäßige Verben im Konditional — *S. 54/55*

1. 1. Nan rachadh Dòmhnall don ospadal, chitheadh e Màiri. | 2. Bheireadh i leanabh agus cha bhiodh fios aige air sin. | 3. Cha chluinneadh e ach gun deach i don ospadal gu h-obann. | 4. Nam fosgladh e doras seòmar Màiri, chluinneadh e guth an leanaibh. | 5. Chitheadh e Màiri anns an leabaidh agus bheireadh i bainne don leanabh. | 6. Mura ruigeadh an leanabh a' chìoch, chan òladh e. (cha b' urrainn dha òl.) | 7. Ged a chitheadh Dòmhnall a' bhanaltram, bheireadh e pòg do Mhàiri. | 8. Nan tigeadh an dotair, chanadh e, gum biodh Màiri agus an leanabh slàn fallain.

2. 1. Thuirt e, gum faiceadh e Màiri nan rachadh e don ospadal. | 2. Mhothaich e, gum bheireadh i leanabh agus nach biodh fios aige air sin. | 3. Thuirt e, nach cluinneadh e ach gun deach i don ospadal gu h-obann. | 4. Nam fosgladh e doras seòmar Màiri, chluinneadh e guth an leanaibh. | 5. Bha fios aige gum faiceadh e Màiri anns an leabaidh agus gun toireadh i bainne don leanabh. | 6. Mhothaich e mura ruigeadh an leanabh a' chìoch, nach òladh e. (nach b' urrainn dha òl.) | 7. Thuirt e, gun toireadh e pòg do Mhàiri, ged a chitheadh e a' bhanaltram. | 8. Smaoinich e, gun canadh an dotair, nan tigeadh e, gum biodh Màiri agus an leanabh slàn fallain.

3. 1. gheibh thu | 2. chaidh mi | 3. chitheadh thu | 4. rachainn | 5. gheibheadh tu | 6. am faighinn | 7. chunnaic iad | 8. thug sinn | 9. an cluinn sibh | 10. cha chluinn | 11. an do rinn sibh | 12. thuirt e | 13. an dèan iad | 14. fhuair mi | 15. am faca tu | 16. thàinig

4. 1. An do sgrìobh Mòrag an leabhar seo ann an Uibhist? | 2. An rachadh Seòras a Ghlaschu a-màireach? | 3. Chunnaic mi bàta mòr an-dè. | 4. Bheir sibh duais don t-seinneadair. | 5. Chì sinn leumadair aig a' chladach. | 6. Gheibheadh iad a' chèic seo anns a' bhùth. | 7. Chuala Ealasaid an luch anns an t-seòmar. | 8. An tàinig Màiri le tacsaidh às an Òban? | 9. An do rug an dotair air an trèana à Inbhir Nis. | 10. Cha do rinn an clèireach an obair anns an oifis.

5. 1. rachainn/rachamaid, chithinn/chitheamaid | 2. faiceadh | 3. toireadh | 4. Gheibhinn/Gheibheamaid, rachainn/rachamaid | 5. canadh, rachamaid | 6. Fhaigh

6. Nan rachainn a dh'Alba, dh'fuirichinn ann an Inbhir Nis. Ged nach fhaigheadh tu taigh air prìs reusanta an sin, b' fheàrr leam fuireach anns a' bhaile seo. Nan toireadh mo phàrantan airgead dhomh, cheannaichinn fear. Bu toil leam Inbhir Nis. Bhithinn faisg air a' mhuir ach bhiodh goireasan a' bhaile agam cuideachd. Fiù 's ann am meadhan a' bhaile chluinneadh tu fuaim nan faoileagan. Chitheadh tu mòran luchd-turais cuideachd. Bhiodh ceòl math anns na taighean-seinnse, nan tigeadh còmhlan-ciùil a chluich ann oidhche Shathairne. Gheibheadh tu filmichean inntinneach anns an taigh-dhealbh cuideachd. Agus dh'ionnsaichinn Gàidhlig an sin cuideachd. Bu dòcha gum faighinn obair far am biodh an cànan feumail.

16 Das Verb *bi* — *S. 58/59*

1. 1. Tha mi ann an Alba. | 2. Tha Màiri ann an Glaschu. | 3. A bheil thu sgìth? | 4. Tha iad ag obair anns an sgoil. | 5. Bidh sinn a' fuireach ann an Dùn Èideann. | 6. Nach eil e trang? | 7. Tha Dòmhnall ag ionnsachadh Gàidhlig. | 8. Tha mi ag ithe uabhal. | 9. Tha iad ag òl uisge-beatha. | 10. Tha iad a' snàmh ann an loch.

2. Präteritum: 1. Bha mi ann an Alba. | 2. Bha Màiri ann an Glaschu. | 3. An robh thu sgìth? | 4. Bha iad ag obair anns an sgoil. | 5. Bha sinn a' fuireach ann an Dùn Èideann. | 6. Nach robh e trang. | 7. Bha Dòmhnall ag ionnsachadh Gàidhlig. | 8. Bha mi ag ithe uabhal. | 9. Bha iad ag òl uisge-beatha. | 10. Bha iad a' snàmh ann an loch. | Futur: 1. Bidh mi ann an Alba. | 2. Bidh Màiri ann an Glaschu. | 3. Am bi thu sgìth? | 4. Bidh iad ag obair anns an sgoil. | 5. Bidh sinn a' fuireach ann an Dùn Èideann. | 6. Nach bi e trang. | 7. Bidh Dòmhnall ag ionnsachadh Gàidhlig. | 8. Bidh mi ag ithe uabhal. | 9. Bidh iad ag òl uisge-beatha. | 10. Bidh iad a' snàmh ann an loch. | Konditional: 1. Bhithinn ann an Alba. | 2. Bhiodh Màiri ann an Glaschu. | 3. Am biodh thu sgìth? | 4. Bhiodh iad ag obair anns an sgoil. | 5. Bhiomaid a' fuireach ann an Dùn Èideann. | 6. Nach biodh e trang. | 7. Bhiodh Dòmhnall ag ionnsachadh Gàidhlig. | 8. Bhiodh mi ag ithe uabhal. | 9. Bhiodh iad ag òl uisge-beatha. | 10. Bhiodh iad a' snàmh ann an loch.

3. 1. Tha. | 2. Cha robh. | 3. Bidh. | 4. Bhiodh. | 5. Cha robh.

4. 1. Bhiodh | 2. Cha bhi. | 3. Cha robh. | 4. Cha bhiodh. | 5. Chan eil.

5. 1. Nach eil/robh/bi thu ag obair ann am Bonn? Chan eil. / Cha robh. / Cha bhi. | 2. An robh iad trang an-dè? Bha. | 3. Am bi e ann an Glaschu a-màireach? Bidh. | 4. Am biodh tu ag obair? Cha bhiodh. | 5. A bheil sibh sgìth? Tha.

6. 1. Am bi thu a' pòsadh Màiri? Bidh, bidh mi a' pòsadh Màiri. / Bidh, bidh mi ga pòsadh. | 2. Am bi thu ag ionndrainn Sheòrais? Bidh, bidh mi ag ionndrainn Sheòrais. / Bidh, bidh mi ga ionndrainn. | 3. A bheil Aonghas a' leughadh an leabhair? Bidh, bidh e a' leughadh an leabhair. / Bidh, bidh e ga leughadh. | 4. A bheil Màiri a' fosgladh na h-uinneige? Tha, tha i a' fosgladh na h-uinneige. / Tha, tha i ga fosgladh. | 5. A bheil Dòmhnall a' dùnadh an dorais? Tha, tha e a' dùnadh an dorais. / Tha, tha e ga dhùnadh. | 6. Am bi e a' marbhadh an t-saighdeir? Bidh, bidh e a' marbhadh an t-saighdeir. / Bidh, bidh e ga mharbhadh. | 7. A bheil e a' deasachadh a' bhìdhe? Tha, tha e a' deasachadh a' bhìdhe. / Tha, tha e ga dheasachadh. | 8. An robh i a' bualadh an fhir? Bha, bha i a' bualadh an fhir. / Bha, bha i ga bhualadh. | 9. An robh iad a' togail an taighe? Bha, bha iad a' togail an taighe. / Bha, bha iad ga thogail.

17 Das Verb *is* — *S. 65*

1. 1. Is mise Tòmas. | 2. 'S e pìobaire a th' annam. | 3. Is toil leam leabhraichean ach is fheàrr leam a' phìob. | 4. 'S urrainn dhomh a' phìob a chluich. | 5. Is dòcha gun ionnsaich mi a' chlàrsach cuideachd. | 6. Is truagh nach do dh'ionnsaich mi sin. | 7. Tha pìob phrìseil agam. Is fhiach i trì mìle not. | 8. Sin Ailean. | 9. 'S e Albannach a th' ann. | 10. S' esan an tidsear agam aig an oilthigh.

2. 1. An tusa Tòmas? Is mi. / Cha mhi. | 2. An e pìobaire a th' annad? 'S e. / Chan e. | 3. An toil leat leabraichean? Is toil. / Cha toil. | 4. An urrainn dhut a' phìob a chluich? 'S urrainn. / Chan urrainn. | 6. An truagh nach do dh'ionnsaich thu a' chlàrsach? Is truagh. / Cha truagh. | 7. Am fiach a' phìob trì mìle not? 'S fhiach. / Chan fhiach. | 8. An esan Ailean? 'S e. / Chan e. | 9. An e Albannach a th' annad? 'S e. / Chan e. | 10. An esan an tidsear agad? S' e. / Chan e.

3. 1. Bu mhise Tòmas. | 2. B' e pìobaire a th' annam. | 3. Bu toil leam leabhraichean ach b' fheàrr leam a' phìob. | 4. B' urrainn dhomh a' phìob a chluich. | 7. Bha pìob phrìseil agam. B' fhiach i trì mìle not. | 9. B' e Albannach a bh' ann. | 10. B' esan an tidsear agam aig an oilthigh.

4. 1. 'S e tidsear a th' annam. | 2. Seo Ailean. | 3. 'S e pìobaire a th' annam. / Is mise am pìobaire. | 4. A bheil thu sgìth? | 5. 'S e botal a tha ann. | 6. An sibhse an clas Gàidhlig? Is sinn. | 7. B' esan an dotair. | 8. An iadsan na pìobairean? | 9. B' e pìobaire math a bha/bhiodh ann an Calum. | 10. 'S e clèireach a tha ann an Ealasaid agus 's e reiceadairean a th' annta.

5. 1. Is Dòmhnall an dràibhear-tacsaidh. | 2. 'S e reiceadair a th' innte. | 3. 'S e eilean brèagha a tha ann an Uibhist a Deas. | 4. 'S e oileanaich a th' annta. | 5. 'S e togalach àrd a tha ann an Drochaid an Eilein Sgitheanaich. | 6. 'S iad Màiri agus Eilidh an luchd-teagaisg.

6. 1. Is truagh, nach do sheinn e a' chlàrsach air an oidhche sin. | 2. Ich cinnteach, gun d' fhuair e an dreuchd ùr. | 3. Is beag an t-iongnadh, gu bheil Gàidhlig agad. | 4. An toiseach bha mi a' smaoineachadh gum biodh e gòrach ach innsidh mi dhut: Bu ghasta an duine seo. | 5. Tha mi cinnteach, gum bi a' chèilidh math. | 6. Is fèineil mi. Sin mar a tha mi.

18 Das Verbalnomen *S. 69/70*

1. 1. faighneachd | 2. ionnsachadh | 3. teagasg | 4. leughadh | 5. siubhal | 6. seòladh | 7. cur | 8. teasachadh | 9. dràibheadh | 10. òl

2. 1. rach – dol | 2. faigh – faighinn | 3. thoir – toirt | 4. ruig – ruigsinn | 5. thig – tighinn | 6. faic – faicinn | 7. breith – beirsinn | 8. abair – ràdh, cantainn | 9. cluinn – cluinntinn

3. 1. ceannaich | 2. dùin | 3. fosgail | 4. ruith | 5. ith | 6. innis | 7. cuir | 8. teagaisg | 9. bruidhinn | 10. èist

4. 1. a' chàir | 2. na pìoba | 3. an òrain | 4. na Gàidhlig | 5. nam beann | 6. nam briosgaidean | 7. na h-aiste | 8. an fhìona | 9. nam bròg | 10. na sràide

5. 2. Tha e ga cluich. | 3. Bha e ga sheinn. | 4. Tha i ga h-ionnsachadh. | 5. Tha e gan sreap. | 6. Am biodh iad gan ithe? | 7. Bha i ga sgrìobhadh. | 8. Bha e ga òl. | 9. Bidh i gan ceannachd. | 10. Bha e ga salachadh.

6. 1. Zeile: an t-iasgach, a dh'iasgach | 2. Zeile: a' glacadh | 3. Zeile: a' tòiseachadh, ga fhaicinn | 4. Zeile: a shnàmh, dol | 5. Zeile: dhlùthachadh, a phutadh | 6. Zeile: falbh

7. 1. Bha sinn gan glacadh. | 2. Tha mi a' dol ga cheannachd. | 3. Bha mi ga faicinn. | 4. Am bi thu ga thogail? | 5. Thig mi ga dèanamh.

8. 1. nam | 2. na | 3. nan | 4. nad | 5. nar

9. 1. Tha mi a' sguabadh na sràide. | 2. Tha mi a' lìonadh a' choire le uisge. | 3. Thàinig Seonaid a ghlanadh taigh a mic. | 4. Tha sinn nar dùisg, tha sinn a' sgrìobhadh Gàidhlig agus tha sinn ga leughadh cuideachd. | 5. Chaidh e a cheannachd na deise agus thug e do a mhàthair i. | 6. Tha a' mhuc-mhara na laighe air an tràigh agus i marbh.

10. 1. leughadh | 2. air | 3. èisteachd ris | 4. air, a | 5. a/ar/ur/am

19 Zusammengesetzte Zeiten *S. 72/73*

1. 1. Tha mi air tadhail air Alba. | 2. Bha sinn dìreach air ithe, nuair a sheirm e aig an doras. | 3. Bhitheamaid/Bhiomaid air a bhith gu math gòrach, mura bitheamaid air Gàidhlig ionnsachadh. | 4. Bha iad air fhaicinn, mus do bhris e a-steach don bhanca. | 5. Bith mi air ithe, nuair a thilleas tu dhachaigh. | 6. Bha sinn air na leabhraichean a cheannachd ann an Glaschu agus chunnaic sinn an uair sin, gun robh iad na bu saoire ann am Peairt. | 7. Bhitheamaid/Bhiomaid air na leabhraichean a cheannachd ann am Peairt, nam biodh fios air a bhith againn, gun robh iad na bu saoire an sin. | 8. Tha sinn dìreach air ithe, mar sin chan eil an t-acras oirnn an-dràsta. | 9. Tha mise air snàmh anns an loch agus tha thusa air leabhar a leughadh. | 10. Bha Màiri air èisteachd ris an rèidio agus bha i air litir a sgrìobhadh, nuair a thàinig Mòrag a-steach.

2. 1. Tha Dòmhnall air brot ithe. | 2. A bheil Dòmhnaill air bruidhinn ris an dotair? | 3. Tha mi air draibheadh a Ghlaschu. | 4. Tha e air leughadh agus sgrìobhadh ionnsachadh anns an sgoil. | 5. Tha mi air an stèisean a ruigsinn agus tha mi air ticead a cheannachd an sin.

3. 1. Sgrìobh mi an litir. | 2. Shnàmh thu anns a' mhuir. | 3. An cuala tu na thuirt e. | 4. Chunnaic sinn am baile. | 5. Chunnaic thu mi.

4. 1. Tha mi air càise ithe. | 2. An robh e air an taigh a cheannachd. | 3. Tha mi air mo bhracaist a ghabhail. | 4. Tha Dòmhnall a' draibheadh air an t-sràid. | 5. Bha iad air coimhead air an telebhisean.

20 Präteritum Passiv S. 75/76

1. 1. leughadh, do leughadh: Leughadh am Bioball anns an eaglais. An do leughadh am Bioball anns an eaglais? Leughadh. / Cha do leughadh. | 2. cheannaicheadh, do cheannaicheadh: Cheannaicheadh an coimpiutair ùr an-dè. An do cheannaicheadh an coimpiutair ùr an-dè? Cheannaicheadh. / Cha do cheannaicheadh. | 3. dh'òladh, do dh'òladh: Dh'òladh am fìon sa' bhad. An do dh'òladh am fìon sa' bhad? Dh'òladh. / Cha do dh'òladh. | 4. dh'fhàgadh, do dh'fhàgadh: Dh'fhàgadh an corp anns an loch. An do dh'fhàgadh an corp anns an loch? Dh'fhàgadh. / Cha do dh'fhàgadh. | 5. thilgeadh, do thilgeadh: Thilgeadh e a-mach às an taigh. An do thilgeadh e a-mach às an taigh? Thilgeadh. / Cha do thilgeadh. | 6. shluigeadh, do shluigeadh: Shluigeadh na pilichean. An do shluigeadh na pilichean? Shluigeadh. Cha do shluigeadh. | 7. phògadh, do phògadh: Phògadh Alasdair. An do phògadh Alasdair? Phògadh. / Cha do phògadh.

2. Dh'òladh an tì. Dhùineadh an doras le Màiri. Dhraibheadh Màiri a Ghlaschu agus cheannaicheadh brògan ùra. Dh'fhosgladh bùth mhòr, ùr anns a' bhaile. Leughadh an leabhar ach cha do thuigeadh dad. Ghlanadh an seòmar le Eilidh.

3. 1. An do dhùineadh an doras le Màiri? Dhùineadh. / Cha do dhùineadh. | 2. An do dhraibheadh Màiri a Ghlaschu? Dhraibheadh. / Cha do dhraibheadh. | 3. An do cheannaicheadh brògan ùra? Cheannaicheadh. / Cha do cheannaicheadh. | 4. An do dh'fhosgladh bùth mhòr, ùr anns a' bhaile? Dh'fhosgladh. / Cha do dh'fhosgladh. | 5. An do leughadh an leabhar? Leughadh. / Cha do leughadh. | 6. An do thuigeadh dad? Thuigeadh. / Cha do thuigeadh. | 7. An do ghlanadh an seòmar le Eilidh? Ghlanadh. / Cha do ghlanadh.

4. 1. Chaidh an doras a dhùnadh le Màiri. | 2. Chaidh Màiri a dhraibheadh a Ghlaschu. | 3. Chaidh brògan ùra a cheannachd. | 4. Chaidh bùth mhòr, ùr fhosgladh anns a' bhaile. | 5. Chaidh an leabhar a leughadh ach cha deach dad a thuigsinn. | 6. Chaidh an seòmar a ghlanadh le Eilidh.

5. Rug is thog mo mhàthair mi faisg air Inbhir Nis. Chuir m'athair mi don sgoil nuair a bha mi 5 bliadhna a dh' aois. Cha do thog mo phàrantan taigh, cheannaich iad fear na bu mhotha nuair a bha mi 10 bliadhna a dh' aois. Bha mo sheanmhair ag obair anns a' ghàrradh as t-samhradh agus bhuainnich i measan is buntàta. Shealg mo sheanair fèidh sa' gheamhradh nuair a bha mi òg. Mharbh sinn tòrr dhiubh agus dh'ith sinn feòil nam beathaichean ud an uair sin.

6. 1. Chaidh an t-òran a sheinn aig a' Mhòd, agus bha e dìreach uabhasach. | 2. Chaidh a' phìob a chàradh, chaidh a toirt dhachaigh, agus bha i fada na b' fheàrr an dèidh sin. | 3. Chaidh an taigh fuar is fliuch a ghlanadh agus a theasachadh. | 4. Chaidh a' bhùth fhosgladh, ach air sgàth 's nach do rinn iad prothaid dhith, chaidh a dùnadh a-rithist.

21 Futur Passiv S. 77/78

1. 1. Thèid rathad ùr a thogail eadar Glaschu agus Dùn Èideann. | 2. Thèid na taighean ùra a reic gu math daor, a thèid a thogail aig bruach na h-aibhne. | 3. Cha tèid clann a mholadh mura bheil iad modhail. | 4. Thèid barrachd daoine fhastadh ma bhios barrachd obrach ann. | 5. Thèid gach rud a dhèanamh gus ar cuideachadh.

2. 1. Thèid an talla a ghlanadh nuair a bhios a' chèilidh seachad. An tèid an talla a ghlanadh nuair a bhios a' chèilidh seachad? | 2. Thèid an lùchairt fhosgladh airson an luchd-turais, nuair a bhios a' bhan-rìgh air ais ann an Lunnainn. Nach tèid an lùchairt fhosgladh airson an luchd-turais, nuair a bhios a' bhan-rìgh air ais ann an Lunnainn? | 3. Gheibh Mòrag obair ùr anns an Òban agus an uair sin thèid an taigh ùr a cheannachd. An tèid an taigh ùr a cheannachd ma gheibh Mòrag obair ùr anns an Òban? | 4. Thèid an doras a dhùnadh ma bhios e ro fhuar anns an t-seòmar. An tèid an doras a dhùnadh ma bhios e ro fhuar anns an t-seòmar? | 5. Chan eil mi cinnteach, an tèid am film ùr a chraoladh air BBC Alba. A bheil thu cinnteach, an tèid am film ùr a chraoladh air BBC Alba?

3. Òlar an tì. Dùinear an doras. Draibhear Màiri a Ghlaschu agus ceannaichear brògan ùra. Fosglar bùth mhòr, ùr anns a bhaile. Leughar an leabhar ach cha tuigear dad. Glànar an seòmar.

4. 1. Goirtichear trì daoine deug. | 2. Marbhar an neach-ceannairc air beulaibh an stèisein. | 3. Dùinear an taigh-bìdh, on a tha e làn radan. | 4. Glanar an càr. | 5. Chan fhaodar smocadh an seo.

5. 1. Sin an taigh a cheannaichear. | 2. Thuirt e gun sgrìobhar leabhar ùr. | 3. Chaidh fhoillseachadh gun dùinear a' bhùth aig deireadh na bliadhna. | 4. Chualas air Radio nan Gàidheal, nach cosgar sgillin ruadh air rathad ùr anns an Eilean. | 5. Chan eil fhios agam an cleachdar an leabhar ùr anns an sgoil.

22 Konditional Passiv S. 80

1. Thogte an taigh nam biodh airgead gu leòr aig an teaghlach. Cheannaichte clachan is stuth eile agus phaighte an stuth sin leis an airgead a thug mo mhàthair dhuinn. Dh'òlte fìon math, nam biodh mullach an taighe deiseil agus dheasaichte bufaidh bhlasta cuideachd. Reicte an seann taigh anns a' bhaile mus imricheadh an teaghlach don taigh ùr. | mit *rach*: Rachadh an taigh a thogail nam biodh airgead gu leòr aig an teaghlach. Rachadh clachan is stuth eile a cheannachd agus rachadh an stuth sin a phaigheadh leis an airgead a thug mo mhàthair dhuinn. Rachadh fìon math òl, nam biodh mullach an taighe deiseil agus rachadh bufaidh mhath a dheasachadh cuideachd. Rachadh an seann taigh anns a' bhaile a reic mus imricheadh an teaghalch don taigh ùr.

2.

B	R	C	H	E	A	N	N	A	I	C	H	T	E
B	M	H	O	L	T	E	U	P	H	Ù	O	O	T
U	Ò	U	R	L	P	A	P	G	T	M	M	G	H
A	L	I	M	U	I	L	T	H	M	T	U	T	I
I	T	R	E	I	C	T	E	L	U	E	M	E	R
L	E	T	C	L	T	R	R	A	I	R	H	R	P
T	R	E	H	D	H	Ù	I	N	T	E	E	A	C
E	I	B	H	R	E	A	B	T	E	I	T	I	H
D	E	A	D	I	R	P	U	E	P	D	H	B	I

buailte | òlte | chuirte | cheannaichte | togte | mholte | reicte | ghlante | bhreabte | dhùinte | cùmte

3. An togte … | An ceannaichte … | Am paighte … | An òlte … | An deasaichte … An reicte

4. 1. Rachadh. / Cha rachadh. | 2. Dh'òlte. / Chan òlte. | 3. Ghlacte. / Cha ghlacte. | 4. Dh'fhaoidte. / Chan fhaoidte. | 5. Dh'fhosgailte. / Chan fhosgailte.

5. 1. An rachadh an taigh a thogail, nam biodh e ro dhaor? | 2. Rachadh na h-ùbhlan a bhuain, mura biodh iad amh. | 3. Chan ithte measan amh. | 4. Rachadh an obair a dhèanamh, nam biodh luchd-obrach gu leòr ann. | 5. Rachadh Gàidhlig a bhruidhinn na bu trice, nan cluinnte na bu trice i. | 6. Mura rachadh an uinneag fhosgladh, dh'fhasamaid uile sgìth. | 7. Nan òlte cus, rachadh an taigh-seinnse a dhùnadh.

23 Passivformen der unregelmäßigen Verben *S. 82*

1. Thogadh | do rugadh | Theirear | cluinnear | Chunnacas | Thuirteadh gum faicte | chualas

2. 1. Rugadh mi anns an Òban agus thogadh mi ann an Inbhir Nis. | 2. Nam bite ann an Uibhist, chluinnte Gàidhlig an sin. | 3. Beirear clann, ma tha airgead gu leòr ann air an son. | 4. Ruigear Hiort, mura bheil i stoirmeil. | 5. Cha dh'fhuaireas dad ri ithe an seo sa' gheamradh.

3. 1. An do rugadh tu anns an Òban? Rugadh. / Cha do rugadh. | 2. An cluinnte Gàidhlig nam bite ann an Uibhist? Chluinnte. / Cha chluinnte. | 3. Am beirear clann, ma tha airgead gu leòr ann air an son? Beirear. / Cha bheirear. | 4. An ruigear Hiort mura bheil i stoirmeil? Ruigear. / Cha ruigear. | 5. An d' fhuaireas dad ri ithe an seo sa' gheamradh? Fhuaireas. / Cha d' fhuaireas.

4. 1. chunnacas | 2. an cualas | 3. thugadh | 4. gheibhear | 5. an toirear | 6. cha tuirteadh | 7. dhèante | 8. cha chluinnear | 9. a ruigear | 10. cha tugadh

24 Passiv der Verlaufsformen *S. 85/86*

1. 1. Thathar a' ceannachd a' chàir. Tha an càr air a cheannachd. | 2. Bithear a' cluich na pìoba. Bidh a' phìob air a cluich. | 3. Bhathar a' seinn an òrain. Bha an t-òran air a sheinn. | 4. Thathar ag ionnsachadh na Gàidhlig. Tha a' Ghàidhlig air a h-ionnsachadh. | 5. Bhite a' sreap nam beann. Bhiodh na beanntann air an sreap. | 6. Am bite ag ithe nam briosgaidean? Am biodh na briosgaidean air an ithe? | 7. Bhathar a' sgrìobhadh na h-aiste. Bha an aiste air a sgrìobhadh. | 8. An robhar ag òl an fhìona? An robh an fìon air òl? | 9. Bithear a' ceannachd nam brògan. Bidh na brògan air an ceannachd. | 10. Bhathar a' sàlachadh na sràide. Bha an t-sràid air a sàlachadh.

2. 1. Tha an t-sràid ga sguabhadh. | 2. Tha an coire ga lìonadh le uisge. | 3. Tha an leabhar ga leughadh anns an leabaidh gu fada. | 4. Tha Gàidhlig ga bruidhinn anns na h-eileanan fad linntean. | 5. Tha factoraidh ga togail ann an Inbhir Nis an-dràsta. | 6. Bha trama ga thogail fad bhliadhnaichean ann an Dùn Èideann. | 7. Bha an aon òrain ga sheinn fad uairean a thìde aig a' Mhòd. | 8. Thathar a' sealg fhiadh agus thathar a' glachadh iasg anns na h-aibhnichean. | 9. Thathar a' teagasg Gàidhlig a-nise anns an sgoil ùir ann an Dùn Èideann. | 10. Bhite a' draibheadh mun cuairt anns a' cheò fad an latha, gun a bhith a' faicinn dad.

3. 1. Tha mi air mo nàireachadh. | 2. Thathar gam fhaicinn. | 3. Bhite air càr a cheannachd. | 4. Bithear air èisteachd ris an rèidio. | 5. Tha Gàidhlig ga bruidhinn an seo.

4. 1. Bha mòran taighean air an ceannachd anns a' bhaile seo. | 2. Bha an duine air a thilgeil a-mach às an taigh. | 3. Bha a' chèilidh air a deasachadh fad an latha. | 4. Bha am bàta air a chàradh.

5. 1. Es wird gesagt, dass die gälische Schule Taobh na Pairce mehr Geld bekommt. | 2. Hier spricht man Gälisch. | 3. Im nächsten Jahr wird in der Schule Gälisch unterrichtet werden. | 4. Diese gefährliche Straße wird repariert werden. | 5. Morgen kommt Prinz Charles und man wird ihn den ganzen Tag in der Stadt sehen können. | 6. Heute Abend wird ein Konzert in der Halle veranstaltet.

25 Modalverben *S. 89–91*

1. 1. Am feum thu Gàidhlig ionnsachadh? Feumaidh. / Chan fheum. | 2. Am faod mi coimhead air ball-coise a-nochd? Faodaidh. / Chan fhaod. | 3. An urrainn dhomh snàmh anns a' mhuir? Is urrainn. / Chan urrainn. | 4. Am bu chòir do dh'Alba a bhith na dùthaich neo-eisimeileach? Bu chòir. / Cha bu chòir. | 5. An toil leat uisge-beatha òl? Is toil. / Cha toil. | 6. Am feumadh tu seinn aig a' chèilidh? Dh'fheumadh. / Chan fheumadh. | 7. Am fosgladh tu an doras dhomh? Dh'fhosgladh. / Chan fhosgladh. | 8. Am bu toil leat ithe anns an taigh-sheinnse seo? Bu toil. / Cha bu toil. | 9. A bheil thu ag iarraidh mo mhàthair fhaicinn a-màireach? Tha. / Chan eil. | 10. Am faod thu barrachd uisge-bheatha òl an-diugh? Faodaidh. / Chan fhaod.

2. 1. Tha mi ag iarraidh do phiuthar a phòsadh. | 2. Feumaidh tu an seòmar a ghlanadh. | 3. Am faod e an t-òran a sheinn? | 4. Is urrainn dha Ruisis a sgrìobhadh. | 5. Is beag orm goilf a chluich. | 6. Bu toil leam na h-èisg a ghlacadh. | 7. Is fuath leam Màiri fhaicinn. | 8. Am feum mi brochan ithe? | 9. Bu chòir dhomh an leabhar fhaighinn. | 10. Chan urrainn dhuinn a' bhreug seo a chreidsinn. | 11. Cha ruig thu leas fìon dearg òl.

3. 1. Chan fhaod Iain snàmh anns an loch. | 2. Feumaidh mi fuireach anns an leabaidh. | 3. Tha agam ri draibheadh don bhaile. | 4. Chan eil mi ag iarraidh cadal anns a' chàr. | 5. Is beag orm seasamh air beinn àird. | 6. An toil leibh dannsadh ann an diosgo?

4. 1. Feumaidh sinn am baile fhàgail. | 2. Am faod mi smocadh ann an cafaidh? | 3. Bu toil leatha Iain fhaicinn. | 4. Bu chòir do Mhàiri a coinneachadh. | 5. Chan fheum e an obair a dhèanamh anns an oifis. | 6. Chan eil mi ag iarraidh an leabhar a cheannachd.

5. 1. Thuirt e, gum feum mi Gàidhlig ionnsachadh. | 2. Thuirt e, gum faod mi coimhead air ball-coise a-nochd. | 3. Thuirt e, gun urrainn dhomh snàmh anns a' mhuir. | 4. Thuirt e, gum bu chòir do dh'Alba a bhith na dùthaich neo-eisimeileach. | 5. Thuirt e, gur toil leis uisge-beatha òl. | 6. Thuirt e, nach fheumainn seinn aig a' chèilidh nam bithinn ann an Uibhist. | 7. Thuirt e, nach fhosglainn an doras dhut. | 8. Thuirt e, nach bu toil leis ithe anns an taigh-sheinnse seo. | 9. Thuirt e, nach eil e ag iarraidh mo mhàthair fhaicinn a-màireach. | 10. Thuirt e, nach fhaod mi barrachd uisge-bheatha òl an-diugh.

6. 2. Zeile: Tha sinn, airson | 4. Zeile: Bu toil leinn, Is toil leam | 7. Zeile: B'fheàrr, is beag orm | 8. Zeile: bu chòir dhomh, is fheàrr leam | 10. Zeile: chan fheum, tha agam ri | 12. Zeile: Bu chòir dhut, Is toil leam | 13. Zeile: cha bu chòir dhut | 14. Zeile: Am feum | 15. Zeile: Feumaidh!, faodaidh | 16. Zeile: Feumaidh mi | 17. Zeile: Cha leig thu leas | 19. Zeile: feumaidh, Is fheudar dhomh | 20. Zeile: Faodaidh

26 Personalpronomen *S. 93/94*

1. 1. Tha mi ann an Glaschu. | 2. Cunnaic mi anns a' Ghearasdan thu. | 3. Cha do chum mise thu bho a bhith ag ionnsachadh Gàidhlig. | 4. An do shad thusa sinn don sgudal? | 5. An tèid sibh don chèilidh? | 6. Tha sinne à Alba, ach tha sibhse às an Fhraing. | 7. Tha mise trang ach tha thusa leisg.

2.

C	H	D	T	H	U	S	A
R	M	S	E	G	N	P	G
S	F	I	G	F	I	O	U
G	H	B	S	I	N	N	S
I	P	H	T	E	O	T	H
E	A	G	H	S	H	E	L
T	H	U	I	A	D	C	S
S	R	P	S	N	I	H	T

thusa | sibh | sinn | esan | thu | iad | i | e

3. 1. Cha mhise Mìcheal. | 2. An tusa an t-iasgair? | 3. Cha bhi mi ann an Glaschu a-nochd. | 4. Chunnaic mi sibhse anns an taigh-dhealbh. | 5. Cheannaich e e.

4. 1. mehrere | 2. eine | 3. mehrere | 4. eine | 5. eine

5. 3. Zeile: bhios tu | 4. Zeile: An tusa | 6. Zeile: biodh tu, dèanadh tusa | 9. Zeile: cluinnidh tu bhuam, is tusa

27 Possessivpronomen *S. 98/99*

1. 2. a bhriogais | 3. ar brògan | 4. ur n-athair | 5. do mhàthair | 6. a pàrantan | 7. a mhac

2. 1. ja | 2. ja | 3. nein, richtige Übersetzung: Tha an cat a' dùsgadh. | 4. nein, richtige Übersetzung: Bha Màiri na ruith … | 5. ja | 6. ja

3. 1. Thàinig i gam fhaicinn. | 2. Thèid mi a cheannachd. | 3. Tha mi gad chluinntinn, a bheil thu gam chluinntinn? | 4. `S e banaltram a bh' innte agus bha i na cadal aig obair anns an ospadal. | 5. Dh'fhàg mi mo chòta anns an t-seòmar. | 6. Tha sinn nar suidhe aig a' bhòrd, tha sinn a' seasamh, agus thèid sinn don t-seòmar againn. | 7. Tha iad nan sìneadh air an tràigh fad an latha, tha iad a' leughadh agus tha iad ag òl uisge-beatha le còc. | 8. Càite a bheil ur briogaisean, ur n-adan agus mo bhrògan?

4. 1. Tha mi nam sheòmar. | 2. Tha e na leabaidh. | 3. Tha sinn nar dràibhearan-tagsaidh an-dràsta. | 4. Tha i a' leughadh na Bioball. | 5. Tha iad nan seòmraichean.

5. 1. Tha mi gan lorg. | 2. Tha mi ga fhaicinn. | 3. Tha iad ga cheannachd. | 4. Tha thu ga òl. | 5. Tha an tidsear ga moladh.

6. 1. Tha iad gan lorg nam sheòmar. | 2. Tha e ga ithe na chàr. | 3. Tha e ga pògadh nar leabaidh. | 4. Tha e a' leughadh nam leabhar-latha. | 5. Tha iad nan draibhearan-tagsaidh nam baile agus tha iad ga thoirt dhachaigh.

7. 1. Thàinig e a cheannachad an taighe. | 2. Ruith iad a ghabail am bus. | 3. Thig mi gur faicinn. | 4. Thog mi an leann ga òl.

8. 1. Bha iad nan laighe nan leapanan, nuair a thàinig e a-staigh/a-steach gan dùsgadh. | 2. Bha e na shuidhe anns a' bhaile mharbh seo fad bhliadhnaichean, nuair a thill i ga thoirt leatha mu dheireadh thall. | 3. Bha iad gam faicinn fad an latha, feasgar ruith iad air falbh gam pòsadh.

9. 1. Zeile: nam, nam | 2. Zeile: mo, mo | 3. Zeile: ar | 4. Zeile: mo, nar | 5. Zeile: ar | 7. Zeile: mo | 8. Zeile: a, a | 9. Zeile: nan

28 Demonstrativpronomen *S. 101/102*

1. 1. Hast du das in der Zeitung gelesen? | 2. Diesen Wein habe ich heute gekauft. | 3. Hast du diese Suppe selbst gemacht. | 4. Das ist es, was ich lernen wollte. | 5. Wie geht es Ihnen selbst?

2. 1. Cha sgioblaich mise am bùrach seo! | 2. Am faca tu an duine gasta seo? | 3. Siud bliadhna eile seachad agus a-rithist cha do rinn mi dad. | 4. An e sin do bràthair? | 5. B' iad siud a bhris a-steach don taigh. | 6. 'S e mi fhìn a bh' ann a dh'fhosgail an doras dhaibh.

3. 1. fhìn | 2. sin | 3. fhèin | 4. fhèin/fèin | 5. seo | 6. Sin | 7. fhèin, seo | 8. fhìn

4. 1. Siud Seachdain eile seachad. | 2. Rinn e amadan dheth fhèin. | 3. Cheannaich mi an taigh seo. | 4. Tha fèin-aithne cudthromach do dhaoine. | 5. An e sin e?

29 Indefinitpronomen *S. 104/105*

1. 1. A bheil cuideigin an seo? | 2. Bhris duine air choireigin an uinneag. | 3. Bha Gàidhlig aig gach darna fear, cha robh aig càch. | 4. Cheannaich fear de na h-iasgairean bàta ùr agus sa' bhad bha càch farmadach. | 5. Bhuail iad càch a chèile agus thuirt cuid nach gabhadh sinn tuigsinn. | 6. Bha iad uile sgìth as dèidh na h-obrach agus bha gach fear dhiubh toilichte. | 7. Tha mi ag iarraidh rudan eile a dhèanamh fhathast. | 8. Dh'ìth e an còrr de na briosgaidean. | 9. Feuch am fàg thu an còrr do Chalum. | 10. A bheil rud a dhìth ort airson do h-obrach?

2. *je ein sinnvolles Beispiel:* 1. Cha robh duine sam bith ann. | 2. Am faca tu cuideigin an seo? | 3. Dh'ìth mise an t-aran agus dh'ìth càch an sailead. | 4. Bha fios aig tè air an fhreagairt cheart. | 5. Shnàmh feadhainn anns a' mhuir agus an t-uisge cho blàth.

3. 2. Zeile: fear eile, am fear seo | 3. Zeile: a h-uile duine | 4. Zeile: dh'fheadhainn | 5. Zeile: cuid | 7. Zeile: an còrr | 8. Zeile: gach darna fear | 10. Zeile: duine sam bith | 11. Zeile: tè, dad | 12. Zeile: càch | 13. Zeile: an tè eile

30 Präpositionen mit dem Dativ I *S. 108*

1. 1. Tha Iain a' feitheamh aig an doras. | 2. Tha mi aig an taigh/ aig baile. | 3. Shuidh sinn aig bòrd, dh'ith sinn brot agus cha robh aran againn. | 4. Seo an taigh agam agus sin an taigh aig Seonaig. | 5. Dè th' agad an sin? An e sin am fòn-làimhe ùr agad? | 6. Bha iad aig a' chèilidh an-raoir.

2. 1. aige | 2. aig | 3. agam | 4. agaibh | 5. aig | 6. agam | 7. aca | 8. agam fhìn

3. 1. Tha an t-airgead air a' bhòrd. | 2. Dè tha a dhìth ort? | 3. A bheil an t-acras ort? | 4. Tha am pathadh air Dòmhnall agus tha an t-acras orm. | 5. Cuir air an solas! | 6. Tha gaol agam ort. A bheil gaol agad orm cuideachd? | 7. Dè an t-ainm a tha ort? | 8. `S e Mòrag Dhòmhnallach an t-ainm a th' oirre. | 9. Bidh sinn a' tadhal air an Eilean Sgitheanach a-màireach.

4. 1. air | 2. oirnn | 3. oirre | 4. orra | 5. air | 6. air | 7. oirbh | 8. oirre | 9. orm

31 Präpositionen mit dem Dativ II *S. 113/114*

1. 1. Tha mi às a' Ghearmailt agus tha thusa à Alba. | 2. Thàinig e às an eaglais. | 3. Tha an ceòl seo às an fhasan. | 4. Ged a tha mi à Dùn Èideann, tha Gàidhlig agam. | 5. Thuit an truinnsear à làimh Iain. | 6. Bha e a' tarraing à Donnchadh. | 7. Chaidh an teine às agus bha e fuar. | 8. Chan eil dol às ann, feumaidh sinn obair a-rithist a-màireach. | 9. `S e duine gasta a th' ann ach tha e rud beag às an rathad. | 10. A-mach às an rathad, tha cabhag orm!

2. 1. às, à | 2. asam | 3. às | 4. à, às | 5. às a' bhaga

3. 1. A Dhòmhnaill, a bheil thu ann? | 2. Cha bhi cèilidh ann a-nochd. | 3. Bha i blàth ann am Muile, ach bha i fuar anns an Òban. | 4. Tha e a' snàmh anns a' mhuir ann an Alba. | 5. Tha Màiri anns an t-seòmar agus tha Calum anns a' chàr. | 6. Chuir iad na saor-làithean seachad anns na Stàitean Aonaichte agus chan ann ann an Èirinn. | 7. Is e neach-teagaisg a th' ann agus is e rùnaire a th' innte. | 8. `S e duine gasta a tha ann an Iain agus tha e a' fuireach anns an Eilean Sgitheanach. | 9. Tha mi an dòchas gum bi thu ann. | 10. Tha mi an sàs ann am proiseact anns a' Ghearasdan.

4. 1. anns a' Ghearmailt | 2. anns an t-seòmar | 3. ann an seòmar | 4. anns an eaglais | 5. annam | 6. ann an Alba | 7. anns na Stàitean Aonaichte | 8. innte | 9. anns an Fhraing | 10. ann an Sasainn

5. linke Spalte: annam, annad, ann, innte, annainn, annaibh, annta | rechte Spalte: annamsa, annadsa, annsan, inntese, annainne, annaibhse, anntasan

6. 1. anns a' bhaile | 2. innte | 3. anns an Eilean Sgitheanach, ann an Leòdhas | 4. anns a' Ghearmailt | 5. ann an Ìle | 6. ann am flat ùr anns a' Ghearasdan

7. 1. Is leamsa an taigh agus is leothasan an fhactoraidh. | 2. An toil leat tì? | 3. Chaidh an leabhar a sgrìobhadh le Màrtainn MacDhòmhnall. | 4. Chaidh e don dotair leis a' chù. | 5. Mharbh e an radan le bròig. | 6. Bu toil leinn ithe. | 7. Bhàsaich mi leis an acras. | 8. Cha leig mi leat trod ri Màiri. | 9. Tha mi a' dol leat gu tur. | 10. Cha robh bàt-aiseig ann leis an droch shìde.

8. 1. Is leamsa an càr. | 2. Bu toil leam Gàidhlig ionnsachadh. | 3. B' fheàrr le Iain fuireach ann am Peairt. | 4. Tha mi a' dol le Màiri. | 5. Chan fhaca mi dad leis a' cheò.

9. 1. richtig | 2. falsch: leatha | 3. richtig | 4. richtig | 5. falsch: leibh | 6. richtig | 7. falsch: leatha

10. 1. Bhruidhinn mi ris a' manaidsear. | 2. Tha mi ag iarraidh bruidhinn ri manaidsear. | 3. Sheas an duine ris a' bhalla. | 4. Bruidhinn rium! | 5. Bha mi anns a' bhùth ach cha robh dad ri fhaighinn. | 6. Sheas sinn air mullach na beinne agus cha robh dad ri fhaicinn. | 7. Tha i coltach ri Màiri. | 8. Chaidh sinn còmhla ri Iain a dh'Alba.

11. 1. ris, ri | 2. ri | 3. riutha | 4. ris | 5. ris

32 Präpositionen mit dem Dativ III *S. 120–122*

1. 1. Rinn mi do dh'Ailean e, chan ann dhutsa. | 2. Chaidh Calum don/dhan t-seòmar agus dhùin e an doras. | 3. Thug Donnchadh an leabhar do dh'Iain. | 4. Chaidh sinn a Dhùn Èideann, ach chaidh esan don/dhan Eilean Sgitheanach. | 5. Tha e na charaid dhuinn. | 6. Innis dhomh far an robh sibh an-dè. | 7. `S aithne do Mhàiri Eilidh, chaidh iad don/dhan sgoil còmhla. | 8. Às deidh dhomh mo bhracaist a ghabhail, chaidh mi air ais don/dhan leabaidh. | 9. Feumaidh mi dol don/dhan Ghearasdan a-màireach. | 10. Dh'innis e do na daoine gun toireadh e barrachd airgid dhaibh.

2. 1. don Ghearmailt, a Shasainn | 2. a Bharraigh | 3. do Mhàiri, dhi | 4. dhomh | 5. don bhaile, dhomh

3. 1. a dh'Inbhir Nis | 2. do thaigh | 3. don/dhan bhaile | 4. dhut | 5. dhaibh | 6. don/dhan chèilidh | 7. don/dhan Eilean Sgitheanach | 8. dhi | 9. a Ghlaschu | 10. a dh'Alba agus don/dhan Eadailt

4. 1. Thàinig sinn do thaigh mo bhràthar. | 2. Chaidh sin a dh'Inbhir Nis Di-Sathairne. | 3. An deach sibh don chèilidh an-raoir? | 4. Thoir dhomh an t-aigead agus cuiridh mi don sporan e. | 5. Tha e na charaid dha. | 6. As dèidh dha an taigh fhàgail chaidh e don obair. | 7. Dè dh'èirich dhuibh? | 8. Thug e dhuinn an leabhar. | 9. `S fheudar dhuibh an càr a chàradh. | 10. `S aithne dhomh e.

5. 1. bhuam | 2. richtig | 3. bhuaithe | 4. richtig | 5. richtig | 6. richtig | 7. richtig | 8. bhuainne | 9. richtig | 10. bhuapasan

6. 1. Chaidh iad bho Pheairt a Ghlaschu. | 2. Thàinig iad bhon Spàinnt agus chaidh iad don Fhraing. | 3. Bha e na ruith bhon bhaile thugam. | 4. Fhuair mi litir bhuapa an-dè. | 5. An d' fhuair thu freagairt bhuaipe. | 6. On a tha e a' fuireach ann am Port Rìgh, tha e nas fheàrr. | 7. `S fhada bhon a chunnaic mi thu. | 8. Cò bhuaithe a fhuair thu an deise ùr? | 9. Bhon uair sin cha do bhruidhinn e rium tuilleadh. | 10. Cluinnidh tu bhuam a-màireach.

7. 1. von meinem Herzen | 2. von mir | 3. von Frankreich | 4. von | 5. von da an | 6. von meiner Mutter | 7. von ihnen | 8. von zu Hause weg

8. 1. Bha an duine na laighe fon chàr feuch an càradh e e. | 2. `S e samhradh a bh' ann agus bha an gàrradh fo làn bhlàth. | 3. Tha dol fodha na grèine ann an Uibhist uabhasach àlainn. | 4. Tha na daoine anns an fhlat fodham glè gasta. | 5. Bha mi fo eagal nuair a chuala mi an duine a bha às mo dhèidh. | 6. Tha na fo-aodaich salach, feumaidh mi an nighe. | 7. Tha fo-sgoil Ghàidhlig anns a' bhaile againn. | 8. Dè fo ghrèin a thachair? | 9. Is toil leam fo-rèile Ghlaschu. | 10. Chaidh am bàta fodha anns an stoirm.

9. 1. fodhad | 2. fon leabaidh | 3. fodhpa | 4. fon uinneig | 5. fo bhòrd

10. 1. Sheall/Choimhead mi tro tholl anns a' bhalla, ach chan fhaca mi thu. | 2. Bha mi a' coiseachd tron bhaile, feuch an do lorg mi Iain. | 3. Bidh e na chadal tron latha, ach bidh e na dhùisg tron oidhche. | 4. Bidh e ag obair agus a' fuireach ann am Peairt tron t-seachdain, ach bidh e aig baile aig a mhnaoi Di-Dòmhnaich. | 5. 52 roimh Chrìosda bha a' Ghall air fad fo smachd nan Ròmanach. | 6. Bha fios agam ro làimh nach tigeadh tu. | 7. Chuir e roimhe Gearmailtis ionnsachadh. | 8. Chunnaic mi i romham, nuair a bha mi anns a' bhùth. | 9. Sgrìobh Donnchadh ro-ràdh an leabhair. | 10. Ràinig sinn an taigh-òsta ro mheadhan-oidhche agus sinn sgìth ris a' chù.

11. tro: tromham, tromhad, troimh, troimhpe, tromhainn, tromhaibh, tromhpa | ro: romham, romhad, roimh, roimhpe, romhainn, romhaibh, romhpa

12. 1. Bha beagan Fraingis aig aonar dhiubh. | 2. Dh'fheuch mi beagan den Taigeis agus bha i na bu bhlasta na bha mi an dùil. | 3. Dh'fhàs cuid dhiubh tinn, chaochail cuid eile dhuibh. | 4. Tha mi a' faighneachd dhìot, am faca tu Calum. | 5. Cuir dhìot agus dèan thu fhèin comhfhurtail.

13. 1. dhìom | 2. de na taighean | 3. dhiubh | 4. den bhàta | 5. dhìot

14. do: dhomh, dhut, dha, dhi, dhuinn, dhuibh, dhaibh | de: dhìom, dhìot, dheth, dhith, dhinn, dhibh, dhiubh

15. 1. Chunnaic mi e mu chola-deug air ais. | 2. Bhruidhinn mi riut mun duine. | 3. Bha sinn a' deasbaireachd mun chuspair seo gun toradh sam bith. | 4. Cha do bhruidhinn iad mun chuspair seo gus an robh iad aig baile/ aig an taigh. | 5. Cuir umad, feumaidh sinn falbh.

33 Präpositionen mit dem Genitiv *S. 125/126*

1. 1. Tha e cairteal gu sia uairean. | 2. Feumaidh sinn a bhith deiseal gu toiseach na h-ath-seachdaine. | 3. Chan urrainn dha sgrìobhadh sa' Ghàidhlig gus an latha an-diugh. | 4. Bha Gàidhlig ga bruidhinn air feadh na h-Alba gus an darna linn deug. | 5. Chaidh an trèana bho Ghlaschu gu Inbhir Nis. | 6. Chuir e an litir thugam. | 7. Tha am bus gu Dùn Èideann fadalach a-rithist. | 8. Shreap Janni gu mullach na beinne. | 9. Air an t-slighe gu Lunnainn thachair sinn ri Iain anns an Aghaidh Mhòir. | 10. Choisich e chun na h-uinneige agus an uair sin chun a' bhalla.

2. 1. Bhiodh a h-uile duine a' bruidhinn Gàidhlig air a' Ghàidhealtachd rè na seachdamh linn deug. | 2. Bha e anabarrach teth rè na h-oidhche. | 3. Leum e thar balla, ruith e thar drochaide, ghoid e càr agus theich e. | 4. Dhìrich sinn na beanntan bhon Ghearmailt, choisich sinn thar a' bealaich, thar na crìche don Ostair. | 5. Tha an gràmar Ruisis seo fada thar mo chomais, tha a' Ghàidhlig nas fhasa. | 6. Chaidh iad thar a chèile, am biodh sin ceàrr no ceart.

3. 1. Sgrìobh e litir thugainn. | 2. Chaidh e chun an dorais is dh'fhosgail e e. | 3. Dhraibh iad bho bhaile gu baile, feuch am faigheadh iad obair ùr. | 4. Cuir fòn thugam nuair a bhios tu anns a' bhaile. | 5. richtig | 6. Chuir Iain fòn gu Màiri. | 7. An deach am bus chun a' Ghearasdain? | 8. richtig | 9. richtig | 10. richtig

4. 1. Rè, thairis air | 2. rè | 3. thar | 4. Rè | 5. rè

34 Präpositionen mit dem Akkusativ *S. 129*

1. 1. Tha beanntan àrda eadar an Spàinnt agus an Fhraing. | 2. Eadar dà sgeul, an do thachair thu ri Iain anns a' bhaile an-diugh? | 3. Chaidh an leabhar eadar-theangachadh gu Gàidhlig. | 4. Bha càirdeas mòr eatorra. | 5. Chaidh am bàt'-aiseig eadar Malaig agus Uibhist a Deas fhosgladh ann an 2013. | 6. Bidh mi ag ionnsachadh le leabhraichean seach air an eadar-lìon. | 7. Cha robh i fuar agus cha robh i blàth, cha b' e aon seach aon. | 8. Ann an dòigh seach dòigh feumaidh i gabhail ris, eadar gu bheil neo nach eil i ga creidsinn. | 9. Chuir mi mu seach beagan airgid, ach chan ann gu seach laghail. | 10. On a bha an seach-rathad dùinte, cha do ràinig sinn Glaschu ach feasgar.

2. 1. Tha i ag obair mar rùnaire no mar sin, chan eil fhios agam air. | 2. Agus mar sin ghabh e an coimpiutar agus thilg e a-mach air an uinneig e. | 3. Bha iad nan ruith mar a' ghaoth, ach cha do rug iad air a' bhus tuilleadh. | 4. Cha do dh'ith i ach rudan a bha fallain, mar ubhlan, sailead agus iogart. | 5. Mar as àbhaist gabhaidh mi an trèana aig cairteal gu seachd uairean gu Margaid an Fheòir. | 6. Mar a bu trice bha a' chèilidh dìreach sgoinneil. | 7. Mar as òige a' chlann, is ann as fheàrr a dh'ionnsaicheas iad. | 8. Dh'iarr e orm e agus mar sin thug mi mo chuid airgid dha. | 9. Thàinig e dhachaigh, thuit e don t-sòfa agus chaidil e mar chloich. | 10. Bhruidhinn e rium mar charaid, ach cha do chreid mi e.

35 Zusammengesetzte Präpositionen S. 132/133

1. Er kam mit mir zusammen an dem Mann mit dem Messer in seiner Hand vorbei. Wir rannten über die Brücke, am Platz vorbei und die Situation war wie in einem Film mit James Bond. Um Mitternacht herum sahen wir eine Bar vor uns, die noch geöffnet hatte, genau vor einem großen schwarzen Gebäude. Wir hörten jemanden, der hinter uns her war, und wir bemerkten den Mann vor uns in einer schwarzen Ecke, neben einer schmutzigen Toilette. Er kam auf uns zu und anscheinend gab es keinen Ausweg. Aber plötzlich tauchte ein Wagen auf aus der Straße zu unserer Linken – die Polizei. Wir hörten eine Stimme rufen: Stopp! Erledigt! Und wir sahen die Kamera – wir befanden uns unter Schauspielern.

2. 1. Tha an taigh air beulaibh na h-eaglaise agus ri taobh a' bhanca. | 2. Tha am banca mu choinneamh na butha. | 3. Tha iad as mo dhèidh. | 4. Tha mi a' feitheamh air beulaibh an taighe. | 5. Sheas e mu mo choinneamh air cùlaibh a' chàir. | 6. Thàinig i ga ionnsaigh agus rinn i suidhe ri taobh a màthar. | 7. Chan fhaic mise duine air mo beulaibh no air mo chùlaibh, ach tha daoine nan seasamh mu mo choinneamh.

3. 1. Ruith iad timcheall air a' bhòrd. | 2. Bha iad a' bruidhinn mu dheidhinn fhireannach. | 3. Cha chualas dad air cùlaibh dhòrsan dùinte. | 4. Chaidh iad don bhaile còmhla ri Calum agus Beathaig. | 5. Choisich iad seachad air an eaglais.

4. 1. mu mo dheidhinn | 2. air an cùlaibh | 3. richtig | 4. richtig | 5. às ur n-aonais

5. 1. Tha mi air cùlaibh a' bhùird. | 2. Tha mi ri taobh na beinge. | 3. Tha mi mu choinneamh na h-eaglaise. | 4. Tha mi air beulaibh an taighe. | 5. Tha mi ann an itealan os cionn a' bhaile.

6. 1. air do chùlaibh, ri taobh Chaluim | 2. air mo bheulaibh | 3. as do dhèidh | 4. as d' aonais | 5. air an son | 6. gur n-ionnsaigh | 7. mar coinneamh | 8. ma dheidhinn | 9. os an cionn | 10. air am beulaibh, ri ar taobh

7. 1. ri mo thaobh, ri thaobh, ri an taobh | 2. air do shon, air a shon, air ar son | 3. nad aghaidh, na h-aghaidh, nur n-aghaidh | 4. nar measg, nur measg, nam measg | 5. às mo dhèidh, as a dhèidh, às an dèidh | 6. às m' aonais, às d' aonais, às ur n-aonais | 7. mu mo choinneimh, mu a (ma) coinneimh, mu an (man/mun) coinneimh | 8. mu mo dheidhinn, mu ar (mar) deidhinn, mu an (man/mun) deidhinn | 9. mu do thimcheall, ma thimcheall, mun/man timcheall | 10. os mo chionn, os (a) chionn, os ar cionn

36 Adjektive im Singular S. 136/137

1. 1. dhubh, daor | 2. mhòr, bheag | 3. fada, tarraingeach | 4. bòidheach | 5. fuar

2. 1. le leabhar inntinneach | 2. anns a' bhàta mhòr | 3. air a' bhòrd throm | 4. na pìoba mòire | 5. leis a' chlàrsaich dhaoir | 6. ro eaglais bhig | 7. anns a' chàr fhada | 8. meud an t-seòmair shalaich | 9. blas an fhìona ghil | 10. air an t-sràid chunnartaich

3. 1. faide | 2. uabhasaiche, dhaoir | 3. ghoirt, mhòir. | 4. salaiche, bhlàth. | 5. dhuibh, ghuirm | 6. phrìseil, chliùiteach

4. 1. Zeile: mhòr, fharsaing, beag | 3. Zeile: trom, beag | 4. Zeile: craoibh mhòir, chraoibh mhòir | 5. Zeile: bheag, mòire

5. 1. Tha a' chaileag bheag a' cluich anns a' gàrradh mhòr. | 2. Tha an gàrradh mòr air cùlaibh an taighe mhòir. | 3. Tha an taigh mòr air sràid fhada anns a' bhaile mhòr. | 4. Aig ceann na sràide mòire chithear eaglais mhòr bhrèagha. | 5. Tha i ri taobh cafaidh dhaoir. | 6. Anns a' chafaidh dhaor ach glè mhath nì iad a' chèic bhlasta as toil leam ithe gu mòr. 7. Anns a' bhùth shaoir ri taobh a' chafaidh dhaoir, ceannaichidh mo mhàthair briogaisean is lèintean dhomh as beag orm. | 8. Is fheàrr leam na bùitean mòra ann am baile mòr Ghlaschu, far am faigh mi a h-uile rud a tha mi ag iarraidh.

6. 1. biadh Gearmailteach | 2. càr Frangach | 3. sgoil Bheilgeach | 4. sràid Shasannach | 5. fìon Spàinnteach | 6. eaglais Shìonach

7. 1. an eaglais mhòr | 2. air an t-sràid bhig | 3. duilleag an leabhair inntinnich | 4. dath na feusaige faide | 5. anns a' bhùth mhòir | 6. an càr daor

37 Adjektive im Plural S. 139

1. 1. na h-òrain bhrèagha | 2. na bàird chomasach | 3. aig na balaich bheaga | 4. anns na lochan domhain | 5. nan càraichean daora | 6. faisg air na bailtean mòra | 7. fo na bùird shalach | 8. còmhla ri na boireannaich bhòidheach | 9. leis na còisirean uabhasach

2. 1. Is e fìor droch naidheachd a tha seo. | 2. Is e sàr phìobaire a tha ann an Ailean Dòmhnallach | 3. Nise bu toil leam deagh chupa tì. | 4. Tha na seann leabhraichean ann an sàr leabharlann an t-Sabhail Mhòir.

3. 1. Ghoid e an leabhar ùr às a' bhùth mhòir. | 2. Sguabaidh mi fon bhòrd shalach. | 3. Tha an deideag dhaor aig a' bhalach bheag. | 4. Bhuannaich am bàrd comasach aig a' cho-fharpais dhoirbh. | 5. Thadhail mi air an eaglais chliùitich anns an dùthaich chaitligich.

38 Steigerung der Adjektive S. 142/143

1. 1. nas leisge, na bu leisge | 2. nas inntinniche, na b' inntinniche | 3. nas uabhasaiche, na b' uabhasaiche | 4. nas grianaiche, na bu ghrianaiche | 5. nas luaithe, na bu luaithe | 6. nas truime, na bu truime | 7. nas òige, na b' òige | 8. nas gile, na bu ghile | 9. nas sine, na bu sine | 10. nas fhaisge, na b' fhaisge

2. 1. richtig; tric | 2. nas buige; bog | 3. richtig; snog | 4. as motha; mòr | 5. nas fheàrr; math | 6. richtig; furasta | 7. na bu ghasta; gasta | 8. richtig; fada | 9. richtig; geal | 10. richtig; dubh

3. 1. Tha Sìne nas bòidhche na Sùsaidh. | 2. Tha Dòmhnall nas treasa na Calum. | 3. Tha Alasdair nas glice na a bhean a tha nas beartaiche na esan. | 4. Is e sin an taigh as motha air an t-sràid. | 5. Bu mhise a b' fheàrr, nam bithinn air ionnsachadh. | 6. Bha Alba na b' fhuaire na an Eadailt. | 7. Bha Iain na bu treasa na Donnchadh nuair a bha iad na b' òige. | 8. Ach b' e Donnchadh a bu ghlice anns a' chlas. | 9. Chan eil Inbhir Nis cho mòr ri Glaschu. | 10. Is e Glaschu am baile as motha ann an Alba.

4. 1. as miosa | 2. nas snòige | 3. trang, nas luaithe, as fheàrr | 4. na bu chunnartaiche | 5. na b' fheàrr | 6. a b' fheàrr, a bu daoire

5.

F	M	A	M	L	M	T	R	I	C	E	U	P	L	M	R	A	D	E
T	U	A	B	H	A	S	A	I	C	H	E	M	A	S	N	B	C	T
R	T	B	G	F	A	M	I	O	S	A	N	T	R	E	A	S	A	R
M	F	H	E	A	R	R	A	R	I	M	H	O	I	M	P	O	H	U
B	O	I	D	H	C	H	E	J	P	L	M	U	T	B	U	I	G	E

6. 1. B' e Eilidh an sgoilear a bu mhiosa anns an sgoil. | 2. Chunnaic mi an caisteal a bu mhotha ann an Earra-Ghàidheal. | 3. Tha Mìcheal a' sgrìobhadh nas luaithe na Niall. | 4. 'S e Donnchadh am bàird as comasaiche anns a' bhaile. | 5. Tha am Mercedes nas daoire na am Fiat. | 6. B' e sin an leabhar a bu mhiosa a leugh mi riamh. | 7. B' e Clann Mhic Cruimein na pìobaire a b' fheàrr anns an Eilean aig an àm seo. | 8. Tha mise nas àirde na thusa agus is esan as àirde.

7. 1. Is e Glaschu am baile as motha ann an Alba. | 2. Tha, tha Inbhir Nis nas lugha na Dùn Èideann. | 3. Tha. Is e Rob Donn aon de na bàird as cliùtiche ann an Alba. | 4. Tha a' Ghearmailt nas motha na Alba. | 5. Is mi. Is mise am balach as glice anns an teaghlach.

8. 1. am bàta beag, gorm | 2. an taigh-beag salach, dubh | 3. an nighean bheag, bhrònach | 4. an togalach àrd, dearg, daor, grannda | 5. an càr mòr, daor, grannda, dearg

9. 1. Is fheàrr teicheadh math na droch fhuireachd. *Lieber ein Schrecken mit Ende, als ein Schrecken ohne Ende.* | 2. Bidh an t-ubhal as fheàrr air a'mheangan as àirde. *Der beste Apfel hängt immer am höchsten Ast.*

39 Adverbien **S. 146/147**

1. Bha i gu math dorch shìos an seo. Chaidh iad suas làmh air làimh agus bha e gu tur soilleir agus glè bhlàth shuas. Gu ìre chòrd sin riutha gu mòr. Beag air bheag dh'fhàs e fiù 's cleachdte ris a' bhlàths. Bha an suidheachadh gu tur craicte. An-dè bha e air a bhith ann an Inbhir Nis fada ro fhuar, an-diugh bha e sa' bhos anns an eilean seo ann an teis meadhan a' chuain, agus cò aig' tha brath – is dòcha gum feumadh e a bhith air ais anns an oifis mì-chomhfhurtail aige thall anns an Roinn-Èorpa. Sin mar a bha e an-còmhnaidh: a' siubhal a-null 's a nall, thairis air a' chuan agus air ais dhachaigh. B' fheudar dha obair gu cruaidh daonnan agus chòrd sin ris aig a' cheann thall, oir latha brèagha air choireigin bhiodh airgead gu leòr a bhith aige airson taigh a cheannachd a dh'aithghearr. An uair sin bhiodh a' bheatha chruaidh seachad mu dheireadh thall.

2. 1. Tha mi a' dol suas. | 2. Tha mi shuas. | 3. Tha mi a' tighinn a-nuas. | 4. Tha Màiri an siud agus tha i a' tighinn a-nall. | 5. Tha a' chlann na ruith a-null 's a-nall agus tha Dòmhnall na ruith a-null. | 6. Tha e nas bèagha sa' bhos na tha e ud thall. | 7. Chaidh iad dhachaigh, fad air falbh don Fhraing. | 8. Fàilte dhut agus thig a-steach/a-staigh. | 9. Di-Sathairne thèid sinn a-mach. | 10. Tha iad a-muigh agus cha tèid iad a-steach/ a-staigh.

3. 1. sìos, fhathast | 2. An t-seachdain sa chaidh | 3. fhathast, nas motha. | 4. a' bhon uiridh, am bliadhna, gu mòr | 5. Latha air choireigin, sa' bhad, gu brath tuilleadh

40 Präfixe S. 150/151

1. 1. Tha e neo-fhoghlamaichte ach chan eil e gòrach. | 2. Cha robh rathad ann, bha taigh Chaluim gu tur do-ruigsinneach. | 3. Chaidh a chur don phrìosan, ged a bha e neo-chiontach is neo-pholataigeach. | 4. Ged a bha a' chèilidh neo-fhoirmeil, bha i air a h-aodaich daora a chur oirre. | 5. Tha e eu-dòchasach, chan eil e ag iarraidh Gàidhlig ionnsachadh | 6. Às dèidh mòran bhliadhnaichean chaidh Màiri, ban-rìgh na h-Alba a dhì-cheannachadh. | 7. Gu mì-fhortanach cha robh seòmar ann tuilleadh anns an taigh-òsta. | 8. Bha i air an eu-dòchas a dhìochuimhneachadh, on a phòs i a-rithist. | 9. Bha am biadh ana-bhlasta an-dè, an-diugh bha e gu tur neo-bhlasta. | 10. Bha a' chlann mì-mhodhail agus neo-chomasach. Bha e eu-dòchasach.

2. 1. Das Haus war riesengroß und die Kosten, es zu bauen, waren geradezu exorbitant. | 2. Ich bin so unglücklich, seit Iain meinen Geburtstag vergessen hat. | 3. Obwohl sie alle unbewaffnet waren, wurden sie getötet. | 4. Es gibt nicht viele in Schottland, die unmusikalisch sind. | 5. Es war geradezu unglaublich. Der Lehrer war der Meinung, dass er absolut unfehlbar war. | 6. Diese Software war für seinen neuen Computer ungeeignet. | 7. Obwohl die Feen unsichtbar waren, war er sicher, dass sie da waren. | 8. Warmer Weißwein und geschmackloses Essen. Obwohl sein Hunger riesengroß war, verließ er das Restaurant. | 9. Da das Hochland unkontrollierbar war, wurden Straßen gebaut. | 10. Er redete stundenlang, und unglücklicherweise war seine Rede unverständlich und viel zu lang.

3. 2. ro thoilichte, ro-thoilichte | 3. ro bhrònach, ro-bhrònach | 4. ro fhliuch, ro-fhliuch | 5. ro ghrannda, ro-ghrannda | 6. ro dhorch, ro-dhorch | 7. ro shoilleir, ro-shoilleir

4. 1. Bha an eas-aonta follaiseach, dh'iarr a' Phàrlamaid taghaidhean ùra. | 2. Bha aillse air an eu-slàinteach. Bha e eu-cinnteach am fàgadh e an t-ospadal beò. | 3. Bha am boireannach seo dìreach ro-bhòidheach; bha a h-uile fireananch an tòir oirre air an oidhche seo. | 4. Bha e do-chreidsinneach. Cha do thachair e riamh ri duine cho ro-ghasta. | 5. Bha an taigh ro mhòr, an càr ro dhaor, an duine ro bheartach, am fìon ro dhaor, an cù ro reamhar – bha e dìreach ro-uabhasach.

41 Konjunktionen S. 155/156

1. 1. Òlaidh mi am bainne ach cha toil leam e. | 2. Dèan cabhag neo cha tèid sinn a-mach a-nochd. | 3. Cheannaich i bratan is bainne is aran. | 4. Cha tèid mi a choiseachd an-diugh oir tha i ro fhuar. | 5. Cha tèid mi a dh'obair ach fuirichidh mi anns an leabaidh.

2. 1. Tha fios agad, gu bheil mi sgìth. / Tha fios agad, nach eil mi sgìth. | 2. Tha mi cinnteach, gun tèid mi don Fhraing am bliadhna. / Tha mi cinnteach, nach tèid mi don Fhraing am bliadhna. | 3. Chuala mi gur e Iain an t-ainm a th' air. / Chuala mi nach e Iain an t-ainm a th' air. | 4. Cha robh Seonaid ag aontachadh, gun do cheannaich thu an càr. / Cha robh Seonaid ag aontachadh, nach do cheannaich thu an càr. | 5. Tha mi toilichte, gun do rinn Màiri-Aileig biadh blasta. / Tha mi toilichte, nach do rinn Màiri-Aileig biadh blasta. | 6. Cha robh fios aig Mòrag, gun do chaochail a màthair an-raoir. / Cha robh fios aig Mòrag, nach do chaochail a màthair an-raoir.

3. 1. Cha robh fios aige, an tilleadh e a Lunnainn. | 2. Chan eil mi cinnteach, a bheil Gàidhlig aig Dòmhnall. | 3. Cha chluinn Beathag an caidil am paiste. | 4. Bha e coma, an tilleadh Ronaid, neo nach tilleadh. | 5. Bha teagamh, an e tidsear math a bh' ann. | 6. Cò aig' tha brath, am bi ùine agam airson do chuideachaidh. | 7. O nam biodh fios aige, am biodh gaol aig Mòrag air neo nach biodh. | 8. Chaidh deasbaireachadh, an rachadh an drochaid ùr a thogail. | 9. Bha na poilis a' sgrùdadh, am b' e muirtear a bhiodh ann an lain. | 10. Cha robh Calum cinnteach, am b' e dotair math a bhiodh ann an Teàrlach.

4. 1. Cha robh e cinnteach am pòsadh i Dòmhnall. / Cha robh e cinnteach, nach pòsadh i Dòmhnall. | 2. Chan eil fios agam, an rachadh e a Ghlaschu airson obair fhaighinn. / Chan eil fios agam, nach rachadh e a Ghlaschu airson obair fhaighinn. | 3. Chaidh a cheasnachadh an robh e air dithist fhear a mharbhadh. / Chaidh a cheasnachadh nach robh e air dithist fhear a mharbhadh. | 4. Chan eil mi coma, am bruidhinn thu Gàidhlig. / Chan eil mi coma, nach bruidhinn thu Gàidhlig. | 5. Thèid faighneachd dheth, an do ghoid e an t-airgead. / Thèid faighneachd dheth, nach do ghoid e an t-airgead.

5. 1. Cha tèid mi a dh'Alba còmhla riut, air sgàth 's gu bheil thu ro leisg airson coiseachd. | 2. Cha do phòs e am boireannach seo, air sgàth 's nach robh i ag iarraidh ach airgead. | 3. Cha cheannaich sinn an taigh seo, air sàillibh 's gu bheil e ann an droch stait. | 4. Tha na pàrantan brònach a chionn 's nach eil tidsear Gàidhlig aig an sgoil. | 5. O chionn leth-cheud bliadhna chaidh a'chlann a bhualadh, air sgàth 's gun do bhruidhinn iad Gàidhlig. | 6. Chaidil iad anns a' chàr, air sgàth 's nach d' fhuair iad leabaidh anns a' bhaile bheag seo. | 7. Cha tèid mi a dh'Alba, air sàillibh 's gu bheil eagal orm draibheadh air an taobh chlì. | 8. Cheannaich e am bàta a chionn 's gun robh e mòr, spaideil agus daor. | 9. Ruith a' chlann air falbh, air sàillibh 's gun do dh'òl am pàrantan cus agus gun robh iad brùideil. | 10. Bha eagal air Calum air a' bhàt'-aiseig, air sgàth agus gun robh e cho stoirmeil.

6. 1. Cha do shnàmh e ann a' mhuir, sàilleibh 's gun robh i fada ro fhuar. | 2. Dh'fhàg e a' Ghearmailt, a chionn 's gun do thachair e ri boireannach à Alba. | 3. Cha tèid Màiri air saor-làithean don Eadailt, air sgàth 's nach toil leatha an teas an sin. | 4. Chan fhuirichinn ann an eilean, air sàilleibh 's gum b' feàrr leam baile mòr. | 5. Fosglar a' bhùth seo, a chionn 's gun nithear prothaid mhath dhith. | 6. Thèid e a dh'Alba am bliadhna, air sàilleibh 's gum bidh Runrig a' cluich ann an Inbhir Nis. | 7. Cha bhi e a' dannsadh aig a' chèilidh, air sgàth 's gu bheil e fada ro diùid. | 8. Cha do bhuanaich Doileag aig a' Mhòd, air sgàth 's gun robh guth uabhasach aice. | 9. Rug iad air an trèana a Lunnainn, air sàilleibh 's gun deach iad tràth gu leòr don stèisean. | 10. Tha muinntir na sgìre toilichte, air sàilleibh 's gun tèid rathad ùr a thogail a dh'aithghearr.

42 Relativsätze S. 159/160

1. 1. Mar a tha fios agad, bidh mi ann an Inbhir Nis a-màireach. | 2. On a bha mi glè sgìth, thuit mi nam chadal anns an trèana. | 3. Ged a bhios e trang, bidh e gam chuideachadh. | 4. On nach robh airgead agam, mhair mi aig baile/ aig an taigh an-raoir. | 5. Nuair a bha mi ann an Alba, cha chuala mi Gàidhlig. | 6. An ceannaich thu bainne, nuair a bhios tu anns a' bhaile?

2. 1. Bha an cù leisg leis an do choisich an duine. | 2. Is toil leis am prògram ris an èist e air an rèidio. | 3. Sin an coire às an tig an toit. | 4. Chunnaic mi Niall aig a bheil an taigh mòr. | 5. Is beag orm an taigh-òsta anns an robh na leabaidhean uile salach. | 6. Sin am bogsa anns a bheil na briosgaidean. | 7. Bha an loch ro-fhuar anns an do shnàmh iad.

3. 1. Cheannaich mi an leabhar a tha inntinneach. | 2. Sin am film nach fhaca mi. | 3. Chì mi thu nuair a bhios mi ann an Inbhir Nis. | 4. Tha an cofaidh, a dh'òlas mi, làidir. | 5. 'S e sin an càr ùr as toil leam. | 6. Tha am bainne, a cheannaich mi an-dè, anns an fhuaradair. | 7. Nach e sin an leanabh a rughadh i an t-seachdain sa chaidh? | 8. Chaidh a' chailleach ghrannda a tha ag òl cus, a thilgeil a-mach. | 9. Chunnaic mi an fhàinne, a bha uabhasach daor, anns a' bhùth. | 10. Tha Iain, a bha e ag obair ann an Ibhir Nis, a' fuireach ann an Cille Rìbhinn.

4. 1. Chì mi fear/duine a bhios na ruith don bhaile. | 2. Tha mi eòlach air a' bhoireannach a tha a' teagasg Gàidhlig an seo. | 3. Sin a' chaileag nach eil ag iarraidh ionnsachadh. | 4. Bha an litir, a sgrìobh mi an-dè, glè fhada.

5. 1. Is mise an dotair a tha ag obair anns an ospadal. | 2. Tha an càr as toil leam glè spaideil. | 3. Sin am boireannach laghach as aithne dhomh. | 4. Is beag orm am biadh a tha grod. | 5. An ceannaich thu am botal uisge-bheatha as fheàrr leam?

6. 1. An innis thu dhomh, càite a bheil thu a' fuireach? | 2. Sin an t-sràid far a bheil mi a' fuireach. | 3. Chan eil fhios agam tuilleadh far a bheil mi. | 4. Sin an t-àite far an do thachair am murt. | 5. A bheil fios agad, càite an stad am bus? | 6. Sin dìreach na bha mi ag iarraidh ceannachd. | 7. Chan eil fhios agam, dè tha thu ag iarraidh. | 8. An e sin na tha thu ag iarraidh? | 9. Cha chreid mi na chì mi! | 10. Cha do thuig e na bha Iain a' ciallachadh.

43 Fragewörter und indirekte Fragen *S. 163/164*

1. 1. Càite an tèid thu a-nochd? | 2. Carson a tha am banana crom? | 3. Dè dh'itheas sinn a-màireach? | 4. Cuin a ruigeas an trèana Obar Dheathain? | 5. Dè cho fad 's a tha e bhon Ghearasdan don Eilean Sgitheanach? | 6. Dè cho tric 's a thadhail thu air na h-eileanan?

2. 1. Chan eil fhios agam, càite an tèid thu a-nochd? | 2. Cha do dh'innis i dhomh, carson a tha am banana crom? | 3. Chan eil mi cinnteach, dè dh'itheas sinn a-màireach? | 4. Cha do dh'fhaighnich e de Mhàiri, cuin a ruigeas an trèana Obar Dheathain? | 5. Chan eil fhios agam, dè cho fad 's a tha e bhon Ghearasdan don Eilean Sgitheanach? | 6. Chan eil mi cinnteach, dè cho tric 's a thadhail thu air na h-eileanan?

3. 1. Cò sibhse? | 2. Cò thug oirbh Gàidhlig ionnsachadh? | 3. Cò aig a bha an rothair? | 4. Cò leis a tha an càr? | 5. Cò às a tha Gillebride? | 6. Cò dha a thug thu an t-airgead? | 7. Cò còmhla ris a thàinig Tòmas? | 8. Cuin a dh'ionnsaich thu Gàidhlig? | 9. Ciamar a bha an dinnear an-dè? | 10. Carson a chaidh a thilgeil a-mach às an taigh-sheinnse? | 11. Cia mheud craobh a tha a' fàs timmcheall air an taigh agam? | 12. Dè rinn thu an-raoir? | 13. Dè cho fad 's a tha e eadar Glaschu agus Port-Rìgh? | 14. Dè cho tric 's a ghabhas tu fras? | 15. Càite an tèid sibh a-nochd?

4. 1. Cuin a ruigeas an trèana Inbhir Nis? | 2. Ciamar a chòrd an leabhar ri Ailean? | 3. Dè chunnaic thu ann an Alba? | 4. Carson a chaidh Iain a chur don phrìosan? | 5. Càite an deach thu Di-Sathairne? | 6. Cia mheud facal a dh' ionnsaich thu anns a' chlas an-diugh?

5. 1. Cuin a ruigeas am bàta Malaig? | 2. Cia mheud càr a th' agaibh? | 3. Càite am bi thu a-màireach? | 4. Ciamar a bha an dannsa an-dè? | 5. Chan eil fhios agam cuin a bhios e ann an Alba. | 6. Cò dha a thug e an sporan? | 7. Cha chuala mi càite an tèid e. | 8. Cò as a tha sibh? | 9. Cò dh'fhosgail an uinneag? | 10. Cha do dh'innis e dhomh dè cheannaich e anns a' bhaile.

6. 1. Càite an tèid thu an-raoir? | 2. Cuin a chì thu Calum? | 3. Carson a dhraibheas tu a Ghlaschu? | 4. Dè cho fad 's a bhios tu air falbh? | 5. Cò dha a bheir thu na h-iuchraichean? | 6. Cò mu dheidhinn a bhruidhneas e?

44 Kleine Partikeln S. 166/167

1. 1. A Sheumais, a Mhìcheil, a Dhòmhnaill agus a Mhòrag! Càite a bheil sibh? | 2. Chan eil mi eòlach air a bhean, ach tha mi eòlach air a màthair. | 3. Sin an coimpiutar ùr a chunnaic mi anns a' bhùth. | 4. Thèid an luchd-turais a Bharraigh, a dh'Uibhist a Deas agus don/dhan Eilean Sgitheanach. | 5. Tha mi dà fhichead bliadhna a dh'aois agus chan eil fhios agam dè nì mi. | 6. Tha a' chaileag à Glaschu, tha i a' fuireach ann am Peairt agus tha i ag obair an sin cuideachd.

2. 1. Fragepartikel, hier in der Bedeutung »ob« | 2. an taigh-samhraidh: best. Artikel oder Possessivpronomen 3. Pers. Pl. »ihr Sommerhaus« | 3. an t-uabhal: best. Artikel / an-abaich: Intensivierungspartikel | 4. an tig: Fragepartikel

3. 1. Bha e dìreach do-chreidsinneach gun deach e a dh'Uibhist agus nach do dh'fheuch e ri Gàidhlig a bhruidhinn an sin. | 2. Chan eil fhios agam gun tàinig e an-dè. Chan eil leabaidh agam dha ach ann an seòmar a/do bhràthar. | 3. Thuirt e gun robh am biadh gun bhlas idir anns an taigh-òsta sin agus gun do cheannaich e pizza gun chàise is gun mhaorach an dèidh dha tilleadh dhachaigh. | 4. An e sin do phiuthar nach do dh'ionnsaich Gàidhlig ged a dh'fhuirich i ann an Leòdhas?

Schottisch-deutsches Vokabelverzeichnis

A

a *Vokativ-Anredepartikel*
a/an, am *Fragepartikel*
à/às, *Präp.* aus
a bhon-dè, *Adv.* vorgestern
a cheanna, *Adv.* schon
a dh'aithghearr, *Adv.* bald
a dh'ionnsaigh, *Präp.* entgegen, in Richtung auf … zu
a h-uile duine alle
a h-uile neach alle
a h-uile rud alles
a h-uile sìon alles
a rèir coltais, *idiom.* offensichtlich, ihrem Aussehen nach
a, *Poss.Pron, mask. + Len.* sein, seine
a, *Poss.Pron., fem.* ihr, ihre
a, *Rel.Pron.* der, die, das / welcher, welche, welches
a'/ag Kurzform von *aig* vor Verbalnomen
a' bhon-raoir, *Adv.* vorgestern Nacht
a' bhon-uiridh, *Adv.* vorletztes Jahr
abair, *v unr.*, ràdh, *vn* sagen
abhainn, aibhne, aibhnichean, *nf* Fluss
àbhaisteach, -iche, *Adj.* gewohnt, gewöhnlich
a-bhos, *Adv.* drüben, hier drüben
ach, *Konj.* aber, außer
acras, acrais, *nm* Hunger
ad, aide, adan, *nf* Hut
adhbhar, -air, -air/-an, *nm* Grund, Begründung
agus, *Konj.* und
agus mar sin deshalb / und so
agus mar sin air adhart und so weiter und so fort
aidich, *v*, aideachadh, *vn* anerkennen, zugeben, bestätigen
aig, *Präp.* bei
aig a' cheann thall letzten Endes, letztlich
aillse, -an, *nf* Krebs *(Krankheit)*
ailtire, -ean, *nm* Architekt
ainm, -e, -ean, *nm* Name
air, *Präp.* auf
air adhart, *Adv.* vor, vorwärts
air ais, *Adv.* zurück, rückwärts
air an latha seo an diesem Tag
air beulaibh, *Präp. + Gen.* vor
air cùlaibh, *Präp. + Gen.* hinter
air falbh, *Adv.* weg, verschwunden
air leth, *Adv.* außergewöhnlich
air sàilleibh, *Präp. + Gen.* wegen, infolge
airgead, airgid, *nm* Geld, Silber
airson, *Präp.* für, zum Wohle von
airson a' chiad turais zum ersten Mal
airson na ciad uaireach zum ersten Mal
aiste, aistidhean, *nf* Referat, Hausarbeit
àite, -ean/-eachan, *nm* Ort, Platz, Stelle
àite-bìdh, *nm* Restaurant
àite-parcaidh, *nm* Parkplatz
aithne, *nf* Kenntnis
aithne: is aithne do jmdn. kennen
àlainn, àille, *Adj.* schön
Albannach, -aich, -aich, *nm* Schotte
allt, uillt, uillt, *nm* Bach
am measg, *Präp. + Gen.* unter, inmitten (Personen, Dinge)
àm, ama, amannan, *nm* Zeit
a-mach, *Adv.* hinaus/heraus
a-mach à, *Adv.* heraus aus
amadan, -ain, *nm* Idiot
a-màireach, *Adv.* morgen
am-bliadhna, *Adv.* dieses Jahr
amh, aimhe, *Adj.* ungekocht, roh, unreif
amhach, -aich, -aichean, *nf* Hals
a-mhàin, *Adv.* nur, ausschließlich
àmhainn, -e, -ean, *nf* Backofen
a-muigh, *Adv.* draußen
an/am, *best. Art.* der, die, das
an/am, *Poss.Pron.* ihr, ihre (3. Pers. Pl.)
an aghaidh, *Präp. + Gen.* gegen, versus
an àite, *Präp. + Gen.* anstelle von, statt, anstatt, stattdessen

an ath-bhliadhna, *Adv.* nächstes Jahr
an ath-oidhche, *Adv.* morgen Abend, morgen Nacht
an ath-sheachdain, *Adv.* nächste Woche
an còmhnaidh, *Adv.* immer
an dàrna cuid … no entweder … oder
an dèidh sin, *Adv.* danach
an lùib, *Präp.* + *Gen.* involviert sein in
an sàs befasst, beschäftigt
an seo, *Adv.* hier
an sin, *Adv.* dort
an siud, *Adv.* dort drüben
an treas oidhche, *Adv.* übermorgen Nacht
an t-seachdain-sa, *Adv.* diese Woche
an t-seachdain sa chaidh, *Adv.* letzte Woche
an t-seachdain sa tighinn, *Adv.* kommende Woche
an uair sin, *Adv.* dann
an-abaich unreif
ana-bhlasta, *Adj.* superlecker, köstlich
ana-ceartas Ungerechtigkeit
ana-creideach ungläubig
ana-criost Antichrist
ana-cuimseach exorbitant
a-nall, *Adv.* herüber
ana-measarra exzessiv
ana-miann Lust, Begierde
ana-miannach lüstern
an-còmhnaidh, *Adv.* stets, immer
an-dè, *Adv.* gestern
an-diugh, *Adv.* heute
an-dràsta, *Adv.* im Moment
an-earar, *Adv.* übermorgen
an-fhios Unkenntnis
an-iochd Herzlosigkeit
a-nìos, *Adv.* von unten, herauf
a-nis, *Adv.* jetzt
a-nise, *Adv.* jetzt
a-nist, *Adv.* jetzt
an-mhòr riesig groß, immens
anmoch, -oiche, *Adj.* spät
ann, *Präp.* in, anwesend
annabarach unwahrscheinlich
ann an, *Verdopplung von* ann in ein/eine
annasach, -aiche, *Adj.* ungewöhnlich, bemerkenswert
a-nochd, *Adv.* heute Abend
an-shocair Unruhe
a-nuas, *Adv.* herunter, von oben
an-uiridh, *Adv.* letztes Jahr
a-null, *Adv.* hinüber
a-null 's a-nall hin und her
aodach, -aich, -aichean, *nm* Kleidung
aois, -e, -ean, *nf* Alter
aon eins
aonan, aonar, *nm* Eine/r (Person)
aonaranach, -aiche, *Adj.* einsam
aontaich, *v*, aontachadh, *vn* zustimmen
ar, *Poss.Pron.* unser, unsere
àraidh, -e, *Adj.* bestimmt, gewiss
aran, arain, *nm* Brot
a-raoir / an-raoir, *Adv.* gestern Abend
àrd, àirde, *Adj.* hoch
a rèir coltais, *idiom.* anscheinend, offensichtlich, ihrem Aussehen nach
a-riamh (*Prät.*) / gu brath (*Futur*), *Adv.* nie
a-rithist, *Adv.* wieder, noch einmal
às/an dèidh làimh nachher, im Nachhinein
às/an dèidh, *Präp.* + *Konj.* nach, hinter her
às a sin daher (örtlich)
às aonais, *Präp.* + *Gen.* ohne
às dèidh sin danach
às leth, *Präp.* + *Gen.* seitens, im Namen von
as, *Rel. Konj.* (a + *Kopula* is) *zur Bildung des Superlativs der Adjektive*
a-staigh, *Adv.* drinnen
astar, -air, -an, *nm* Entfernung, Distanz
a-steach, *Adv.* hinein, herein
athair, athar, athraichean, *nm* Vater
atharraich, *v*, atharrachadh, *vn* ändern, verändern

B

bac, *v*, bacadh, *vn* unterbinden, verhindern, abhalten
baga, -ichean, *nm* Tüte, Tasche
baile, bailtean, *nm* Ort, Dorf, Siedlung
bainne, *nm* Milch
balach, balaich, balaich, *nm* Junge
balla, -achan, *nm* Wand, Mauer

ball-coise, *nm* Fußball
bàn, bàine, *Adj.* blond, hell, blank, leer, wüst, weiß
banaltram, -aim, -an, *nf* Krankenschwester
banana, -than, *nm* Banane
banca, -aichean, *nm* Bank, Geldinstitut
ban-rìgh, *nf* Königin
bàr, bàir, -aichean, *nm* Bar, Theke
baraill, -e, -ean, *nm* Fass, Tonne
bàrd, bàird, bàird, *nm* Dichter
barrachd, *nf* Überschuss, Überlegenheit
bàsaich, *v*, bàsachadh, *vn* sterben
bàt'-aiseig, *nm* Fähre, Fährschiff
bàta, -aichean, *nm* Boot
beachd, -a, -an, *nm* Idee, Meinung, Ansicht
beag air bheag nach und nach
beag, lugha, *Adj.* klein
beagan, *nm (+ Gen.)* Weniges, (ein) wenig
bealach, -aich, -aichean, *nm* Gebirgspass, Schlucht
bean, *Gen.:* mnà, *Dat.:* mnaoi, mnathan, *nf* Ehefrau
beartach, -aiche, *Adj.* reich
beatha, beatha, beathannan, *nf* Leben
beathach, -aich, -aichean, *nm* Tier
being, -e, -ean, *nf* Bank, Sitzgelegenheit
beinn, beinne, beanntan, *nf* Berg
beò, beòtha, *Adj.* lebendig
beud, beud, beudan, *nm* Verlust (trad.)
beul, beòil, *nm* Mund
Beurla, *nf* Englisch
bha, *aF von* bi *im Prät.* war, warst, waren, wart
bheil, *abF von* bi *im Präsens* sein
bhios/bhitheas, *rel. Futur von* bi der sein wird / kann; der immer ist
bho, *Präp. + Len.* von
bhon a seo von daher
bi sein
biadh, bìdh, *nm* Essen, Speise
biast, bèiste, -an, *nf* Tier, Untier, Bestie, Biest
biathaich, *v*, biathadh, *vn* füttern
bidh, *aF von* bi *im Futur* sein werden
bileag, -eige, -an, *nf* Blatt, Broschüre, Billett
Bioball, -aill, -aill, *nm* Bibel
blas, -ais, -an, *nm* Geschmack
blasta, *Adj.* lecker
blàth, blàith, -an, *nm* Blume, Blüte
blàth: fo bhlàth blühend
blàth, blàithe, *Adj.* warm
blàths, blàiths, *nm* Wärme
bliadhna, bliadhnachan/bliadhnaichean, *nf* Jahr
bò, bà, *Dat.:* boin, bà, *Gen. Pl.:* bò, *Gen. Pl. best.:* nam bò, *nf* Kuh
bochd, bochda, *Adj.* arm, bedürftig
bodach, -aich, -aich, *nm* alter Mann
bog, buige, *Adj.* weich
bogsa, -aichean, *nm* Kiste, Box
bòidheach, bòidhche, *Adj.* schön, anmutig
boireannach, -aich, aich, *nm* Frau
bonaid, -e, ean, *nf* Mütze, Kappe, Haube
bòrd, bùird, bùird, *nm* Tisch
botal, -ail, -ail, *nm* Flasche
bothan, -ain, -ain, *nm* Hütte
bracaist, -e, -ean, *nm* Frühstück
bràthair, bràthar, bràithrean, *nm* Bruder
breab, v, breabadh, *vn* treten
brèagha, ~, *Adj.* schön
breith, -e, -ean, *nf* Geburt, Gebären
breug, brèige, -an, *nf* Lüge
briogais, -e, -ean, *nf* Hose
briosgaid, -e, -ean, *nf* Keks
bris, *v*, briseadh, *vn* brechen, zerbrechen
bris, *v*, briseadh, *vn* a-steach einbrechen
brochan, -ain, *nm* Haferbrei
bròg, bròige, -an, *nf* Schuh
brònach, -aiche, *Adj.* traurig, betrübt
brot, -(a), *nm* Suppe
bruach, bruaich, bruaichean, *nf* Ufer
brùideil, -e, *Adj.* brutal
bruidhinn, *v*, bruidhinn, *vn* + ri sprechen (mit)
buachaillich, *v*, buachailleachd, *vn* hüten
buail, *v*, bualadh, *vn* schlagen
buain, *v*, buain, *vn* pflücken, ernten
buileach, *Adv.* gänzlich, ganz
buin, *v*, buntainn, *vn* + do gehören zu
bun-sgoil, -e, -tean, *nf* Grundschule
buntàta, *nm* Kartoffel(n)
bùrach, bùraich, *nm* Durcheinander
bus, -aichean, *nm* Bus
bùth, bùtha, bùthan, *nf* Laden, Geschäft

C

cabhag, -eig, *nf* Eile
càch, càich/chàich, *Pron.* die Anderen, der Rest
càch a chèile gegenseitig, miteinander
cafaidh, -ean, *nm* Café
caidil, *v*, cadal, *vn* schlafen, einschlafen
càil *(mit Verneinung)* nichts
caileag, caileige, -an, *nf* Mädchen
caill, *v*, call, *vn* verlieren
cailleach, cailliche, cailleachan, *nf* alte Frau
càirdean, *nm* Verwandte
càirdeas, -eis, *nm* Freundschaft
càirich/càir, *v*, càradh, *vn* reparieren
cairteal na h-uarach Viertelstunde
cairteal, -eil, -an, *nm* Viertel
càise, *nm/nf* Käse
caisteal, -eil, -an, *nm* Schloss, Burg
càite, *Interr.Pron. + abF* wo / wohin
càl, càil, *nm* Kohl
camara, -athan, *nm* Kamera
can, *v*, cantainn, *vn* sagen
cànan, cànain, *nm* Sprache
caochail, *v*, caochladh, *vn* sterben
caol-shràid, *nf* Gasse, enge Straße
caora, caorach, caoraich, *nf* Schaf
càr, càir, càraichean, *nm* Auto
car, caran, *Adv.* etwas, ziemlich
caraid, -ean, *nm* Freund
carson a, *Interr.Pron* warum
cas, cois, casan, *nf* Fuß
cat, cait, cait, *nm* Katze
ceann, cinn, cinn, *nm* Kopf; auch: Ende, Kopfende
ceannaich, *v*, ceannachd, *vn* kaufen
ceann-fath, -a, -an, *nm* Grund, Ursache
ceann-siudhe, *nm* Präsident
cearc, circe, -an, *nf* Huhn
cearc-fhraoich, circe-fhraoich, *nf* Moorhuhn
ceàrnag, ceàrnaig, ceàrnagan, *nf* Quadrat, Viereck; Platz
ceàrr, *Adj.* verkehrt, falsch
ceart, *Adj.* richtig
ceart cho math genau so, genau so gut
ceart gu leòr, *Adj.* in Ordnung, o.k.
ceasnaich, *v*, ceasnachadh, *vn* befragen, ausfragen
ceathrar, *nm* Viere, vier Personen
cèic, -e, -ean, *nf* Kuchen
ceileir, *v*, ceilearadh, *vn* zwitschern, singen
cèilidh, -e, -ean, *nf*, cèilidh, *nm* Zusammenkunft, Treffen
cèilidh, *v*, cèilidh, *vn* + air jmdn. besuchen
ceist, -e, -ean, *nf* Frage
Cèitean: an Cèitean, *nm* Mai
ceò, *nm* Nebel, Dunst
ceòl, ciùil, *nm* Musik
ceòl pop, *nm* Popmusik
ceud, -an, *nm + Adj.* Hundert, hundert
ceudan Hunderte
cha(n) + *abF* *Verneinungspartikel*
cho, *Adv.* so
cia mheud + *Sing.* a, *Interr.Pron* wie viel
ciad: a' chiad, *Adj. + Len.* der/die/das erste
ciallaich, *v*, ciallachadh, *vn* meinen, bedeuten
ciamar a, *Interr.Pron.* wie
cianail, *Adj.* jämmerlich, traurig, betrübt
cianail, *Adv.* äußerst, sehr
cidhe, -eachan, *nm* Kai, Anlegestelle
cidsin, -ean, *nm* Küche
cinnteach, -iche, *Adj.* sicher (im Sinne von »gewiss sein«)
cìoch, cìche, -an, *nf* Brust
cionn: a chionn `s gu, *Konj. + abF* weil, als Ergebnis von
clach, cloiche, -an, *nm* Stein
clachair, -ean, *nm* Maurer, Bauarbeiter
cladach, -aich, -aichean, *nm* Strand
clann, cloinne, *nf* Kinder
clàrsach, clàrsaich, clàrsaichean, *nf* Harfe
clas, -aichean, *nm* Klasse, Schulklasse
cleachdte, *Part. Perf.* + ri gewöhnt an
cleasaiche, -an, *nm* Schauspieler
clèireach, -ich, -ich, *nm* Büroangestellter
clì, *Adj.* links
cliùiteach, -iche, *Adj.* angesehen, berühmt
cluich, *v*, cluich, *vn* spielen
cluinn, *v unr.*, cluinntinn, *vn* hören
cnoc, cnuic, cnuic/-an, *nm* Hügel
cò (a) + Verb, *Interr.Pron.* wer (tut etw.)

cò (a), *Interr.Pron* wer
cò + *Nomen / Pers.Pron.* wer (ist jmd.)
cò aig a wer (hat etw.)
cò às a woher (stammt etw./ jmd.)
cò bhuaithe a von wem
cò còmhla ris a mit wem zusammen
cò dha a wem (gibt man)
cò dheth a woraus
cò leis a wem (gehört etw.)
cò mu dheidhinn a über wen
còcaire, còcaire, -an, *nm* Koch
còcaireachd, *vn* kochen
co-dhiù, *Adv.* jedenfalls
co-dhùnadh, co-dhùnaidh, *nm* Beschluss, Übereinkunft, Vereinbarung
cofaidh, -aichean, *nm* Kaffee
co-fharpais, -e, -ean, *nf* Wettbewerb
cogadh, -aidh, -aidhean, *nm* Krieg
còig, (a còig) fünf
còignear, *nf* Fünfe, fünf Personen
coille, -tean, *nf* Wald
coimhead, *v*, coimhead, *vn* + air anschauen, beobachten
coimhearsnachd, *nf* Gemeinde, Gemeinschaft, Nachbarschaft
coimpiutair, -ean, *nm* Rechner, Computer
coinnich, *v*, coinneachadh, *vn* (+ ri) treffen (jmdn. Treffen)
còir, -e, *Adj.* gut, lieb
coire, -achan, *nm* Kessel, Talkessel
coisich, *v*, coiseachd, *vn* wandern, laufen
coisinn, *v*, cosnadh, *vn* erhalten, verdienen, gewinnen
còisir, -e, -ean, *nf* Chor
cola-deug, *nf* vierzehn Tage, zwei Wochen
coltach, -aiche, *Adj.* (+ ri) ähnlich, gleich (Aussehen) (wie)
coltas, -ais, *nm* Aussehen, Erscheinung, Anschein
coma, *Adj.* gleichgültig, egal
comas, -ais, *nm* Macht, Vermögen, Fähigkeit
comasach, -aiche, *Adj.* fähig, in der Lage
comhairle, -an, *nf* Rat, Ratschlag
còmhla *(Adv.)* + ri zusammen (mit) (Personen)
còrd, *v*, còrdadh, *vn*, + ri gefallen
corp, cuirp, cuirp, *nm* Körper, Leib, Leiche
còrr, *nm* Extra, Ausgleich, Rest
cosg, *v*, cosg, *vn* kosten, (Geld) ausgeben, verbrauchen
còta, -aichean, *nm* Mantel
craicte, *Adj.* bescheuert, verrückt
craobh, craoibhe, -an, *nf* Baum
craol, *v*, a' craoladh, *vn* senden, ausstrahlen
creach, creiche, creachan, *nf* Ruin, Zerstörung
creag, creige, -an, *nf* Fels, Felsbrocken
creathal, creathail, creithlean, *nf* Wiege
creid, *v*, creidsinn, *vn* glauben
cridhe, -achan, *nm* Herz
crìoch, crìche, -an, *nf* Ende; Grenze
crith-thalmhainn, -e-talmhainn, -ean-talmhainn, *nf* Erdbeben
croch, *v*, crochadh, *vn*, + ri hängen (an, gegen)
croitear, -eir, -an, *nm* Kleinpächter in der Landwirtschaft, Crofter
crom, cruime, *Adj.* krumm, gebückt, gebogen
cruaidh, -e, *Adj.* hart
cruinnich, *v*, cruinneachadh, *vn* versammeln, sich versammeln, zusammenkommen
cù, coin, coin, *nm* Hund
cuairt, -e, -ean, *nf* Spaziergang, Tour, Runde
cuan, cuain, -tan, *nm* Ozean
cud(th)hromach, -aiche, *Adj.* wichtig
cuid, codach, codaichean, *nf* (An)Teil, Besitztümer, Portion, Eigentum, Ration
cuid, *Indef.Pron.* einige
cuideachd, *Adv.* auch
cuideigin, *Indef.Pron.* jemand
cuidich, *v*, cuideachadh, *vn* helfen
cuin (a), *Interr.Pron.* wann
cuir, *v*, cur, *vn* setzen, stellen, legen
cuir, *v*, cur, *vn* + gu senden
cuir, *v*, cuir, *vn* + air anziehen, anmachen (Licht)
cuir seachad verbringen
cuirm-chiùil, *nf* Konzert
cùm, *v*, cùmail, *vn* abhalten, veranstalten
cunnart, -airt, -an, *nm* Gefahr, Risiko
cunnartach, -aiche, *Adj.* gefährlich, riskant

cùnnt, *v*, cùnntadh, *vn* zählen
cùnntais, *v*, cùnntais, *vn* zählen (auf Uist und Barra gebräuchlich)
cupa, -annan, *nm* Tasse
cur na mara, *nm* Seekrankheit
cùrsa, -ichean, *nm* Kurs
cus, -uis, *nm* Überfluss, zu viel; viel(e) + *Gen.*
cuspair, -ean, *nm* Thema

D

dà zwei
dad, *Indef.Pron.* nichts
Dàmhair: an Dàmhair, *nf* Oktober
danns, *v*, dannsa, dannsadh, *vn* tanzen
dannsa, dannsaichean, *nm* Tanz
dannsair, -ean, *nm* Tänzer
daonnan, *Adv.* immer
daor, daoire, *Adj.* teuer
da-rìreabh / da-rìribh, *Adv.* im Ernst; in der Tat
dàrna: an dàrna/dara zweiter, zweite, zweites; der/die/das Zweite
dath, -a, -an, *nm* Farbe
dè (a), *Interr.Pron.* was
dè cho fad 's a, *Interr.Pron.* wie weit, wie lange
dè cho tric 's a wie oft
dè mu dheidhinn a worüber
de, *Präp. + Len.* von (Teil von etw.), von etw. weg
deagh, *Adj. vorangest. + Len.* gut, schön, angenehm
dealbh, deilbh, dealbhan, *nm* Bild
dèan, *v unr.*, dèanamh, *vn* tun, machen
dèan cabhag sich beeilen
dèanta, *Part. Perf.* erledigt
dearg, deirg, *Adj.* rot; auch: total, blank
deas, *nf + Adj.* Süden
deasaich, *v*, deasachadh, *vn* vorbereiten
deasbaich, *v*, deasbaireachd, *vn* diskutieren
deich zehn
deichead, -eid, -an, *nm* Dekade, Jahrzehnt
deichnear, *nf* zehn Personen, Zehne
dèideag, -eig, -an, *nf* Spielzeug
deireadh-seachdain, *nm* Wochenende
deise, -eachan, *nf* Anzug
deoch, dibhe, -an, *nf* Getränk
deug (dheug) Zehner bei den Zahlen 11–19
dhachaigh, *Adv.* heimwärts, nach Hause
dha-rìreabh / dha-rìribh, *Adv.* wirklich, tatsächlich, in der Tat
Di-Ardaoin, *nm* Donnerstag
dì-armaich, *v*, -adh, *vn* entwaffnen
dì-cheannaich, *v*, -achadh, *vn* enthaupten
Di-Ciadain, *nm* Mittwoch
Di-Dòmhnaich, *nm* Sonntag
Di-Haoine, *nm* Freitag
dì-làraich, *v*, -adh, *vn* abreißen
Di-Luain, *nm* Montag
dì-luchdaich, *v*, -achadh, *vn* entladen
Di-Màirt, *nm* Dienstag
dì-mol, *v*, -adh, *vn* tadeln
dìnnear, dìnnearach, dìnnearachan, *nf* Abendessen
dìochuimhnich, *v*, dìochuimneachadh, *vn* vergessen
diosgo, *nm* Diskothek
dìreach, dìriche, *Adj.* gerade, geradezu
dìrich, *v*, dìreadh, *vn* besteigen
Di-Sathairne, *nm* Samstag
dìth, *nm* Mangel
dithis(t), *nf* zwei Personen, Zweie
diùid, *Adj.* schüchtern
dlùth, *Adj.* dicht bei, angrenzend
dlùthaich, *v*, dhlùthachadh, *vn* sich nähern, annähern
do *Partikel für die abF der regelm. Verben im Prät.*
do/a, *Präp. + Len.* zu / nach / für
do, *Poss.Pron. + Len.* dein, deine
do-ainmeachadh undefinierbar
do-aithneachail unkenntlich
dòbhran, -ain, -ain, *nm* Otter
dòchas, -ais, -ais, *nm* Hoffnung
do-cheannsachadh unzähmbar, besiegbar
do-chreidsinneach, *Adj.* unglaublich
do-fhaicinneach unsichtbar
dòigh, -e, -ean, *nf* Art, Weise
doilgheas, -eis, -an, *nm* Kummer, Leid, Schmerz

doirbh, -e, *Adj.* schwierig, schwer
domhainn, doimhne, *Adj.* tief
do-mhearachdach unfehlbar
do-mhìneachadh unerklärlich
do-mhùchdadh unauslöschlich
dona, miosa, *Adj.* schlecht
doras, -ais, dorsan, *nm* Tür
dorch(a), duirche, *Adj.* dunkel
do-roinnteach, *Adj.* unteilbar
do-ruigsinneach, *Adj.* unerreichbar, unzugänglich
do-smachdaichte, *Adj.* unkontrollierbar
dotair, -ean, *nm* Doktor, Arzt
do-thuigsinneach unverständlich
dràibh, *v*, dràibheadh, *vn* fahren
dràibhear, -eir, -an, *nm* Fahrer
dràibhear-tacsaidh, *nm* Taxifahrer
dreuchd, dreuchd, dreuchdan, *nf* Arbeitsstelle, Aufgabe
droch, *Adj. vorangest.* + *Len.* schlecht
drochaid, drochaide, drochaidean, *nf* Brücke
druim, droma, dromannan, *nm* Rücken, auch: Bergrücken
duais, duais, -ean, *nf* Preis, Trophäe
dubh, duibhe, *Adj.* schwarz
Dùbhlachd: an Dùbhlachd, *nf* Dezember
duilgheadas, -an, *nm* Schwierigkeit
duilich, duilghe, *Adj.* traurig, leid
duilleach, -ich, *nm* Laub
duilleag, -eige, -an, *nf* Blatt, Seite
dùin, *v*, dùnadh, *vn* schließen
duine air choireigin irgendjemand
duine eile ein anderer
duine sam bith niemand
duine, *Pl.:* daoine, *nm* Mann, Ehemann, Mensch, Person, *Pl.:* Leute
dùinte, *Part. Perf. von* dùin geschlossen
dùisg, *v*, dùsgadh, *vn* erwachen
dùrachd, -an, *nf* Gruß
dùthaich, dùthcha, dùthchannan, *nf* Land

E

e, *Pers.Pron.* er
each, eich, *nm* Pferd
eachdraidh, -e, -ean, *nf* Geschichte, Historie
eaconomaidh, *nf* Wirtschaft
Eadailteach, -ich, -ich, *nm* Italiener
eadar, *Präp.* zwischen
eadar-àm, *nm* Zwischenzeit
eadar-lìon, eadar-lìn, eadar-lìontan, *nm* Internet
eadar-theangaich, *v*, eadar-theangachadh, *vn* übersetzen
eadhon, *Adv.* sogar
eagal, -ail, -ail/-an, *nm* + air Angst, Furcht
eagalach, -aiche, *Adj.* fürchterlich
eaglais, -e, -ean, *nf* Kirche
eanraich, eanraiche, *nf* Suppe
earball, -aill, -aill, *nm* Schwanz
earrann, -ainn, -an, *nf* Textauszug
eas-aonachd, *nf* Uneinigkeit
eas-aonta, *nm* Dissens
easbaig, easbaig, easbaigean, *nm* Bischof
easbhaidh-eòlais, *nf* Unerfahrenheit
eas-chruthach, -aiche, *Adj.* abstrakt
eas-onarach, -aiche, *Adj.* unehrenhaft
èigh, *v*, èigheachd, *vn* schreien
eil, *abF von* bi *im Präsens* sein
Eilbhiseach, *nm* + *Adj.* Schweizer, schweizerisch
eile, *Pron.* anderer, andere, anderes
eilean, -ein, -an, *nm* Insel
èirich, *v*, èirigh, *vn* aufstehen
èist ri, *v*, èisteachd ri, *vn* jmdm./etw. zuhören
eòlach, -aiche, *Adj.* wissend, kennend
eu-cinnteach, *Adj.* ungewiss
eucoir, *nf* Unrecht
eu-comasach, -aiche, *Adj.* unmöglich
eu-dòchas, -ais, *nm* Hoffnungslosigkeit, Verzweiflung
eu-dòchasach, -aiche, *Adj.* hoffnungslos
eun, eòin, eòin, *nm* Vogel
eu-slàinteach (euslàinteach), -ich, -ich, *nm* Patient, Kranker

F

facal, -ail, -ail/-lan, *nm* Wort
factoraidh, -ean, *nf* Fabrik

fad, faide, *nm* Länge, Distanz, Dauer
fad air falbh, *Adv.* weit weg
fad às, *Adv.* weit entfernt
fad bliadhna ein Jahr lang
fad uairean a thìde stundenlang
fada, faide, *Adj.* lang
fada air ais, *Adv.* weit zurück
fadalach, fadalaiche, *Adj.* spät
fàg, *v*, fàgail, *vn* lassen, verlassen
faic, *v unr.*, faicinn, *vn* sehen
faiceallach, -aiche, *Adj.* vorsichtig
faigh, *v unr.*, faighinn, *vn* bekommen
faighnich, *v*, faighneachd, *vn* + de fragen (etw. von jmdm. erfragen)
fàilte, *nf* Willkommen, Willkommensgruß
fàinne, -achan, *nm/f* Ring
faisg, -e, *Adj.* nah
faisg air nah bei / in der Nähe von
falbh, *v*, falbh, *vn* weggehen, abfahren
fallain, -e, *Adj.* gesund
fan, *v*, fantainn, *vn* bleiben
faod, *v* dürfen
Faoilteach: am Faoilteach / am Faoilleach, *nm* Januar
far (+ *abF*), *Rel.Pron.* wo
far, *Präp. + Gen.* aus, weg von
farmadach, -aiche, *Adj.* neidisch, neidvoll
farsaing, -e, *Adj.* weitläufig
fàs, *v*, fàs, *vn* wachsen, werden, sich entwickeln
fasan, -ain, -an, *nm* Mode
fastaich, *v*, fastadh, *vn* jmdn. anstellen, beschäftigen
feadhainn (eile) (*Pl.*) andere (*Pl.*)
feadhainn, feadhna, *nf* die, jene, einige (als Ersatz für die entspr. Nomen)
fealla-dhà, *nf* Scherz, Spaß
feannag-ghlas, feannaig-glaise, -an-glaise, *nf* Graukrähe
fear, *Indef.Pron (mask.)* einer
fear eile etw./jmd. anderes (mask.)
fear, fir, fir, *nm* Mann, Herr
fear-ceasnachaidh, *nm* Ermittler
feasgar, feasgair, feasgaran, *nm* Abend, Nachmittag
fèin-aithne, *nf* Identität
fèin-earbsa, *nf* Selbstvertrauen
fèineil, -e, *Adj.* selbstsüchtig, egoistisch
fèin-fhrithealadh, -aidh, *nm* Selbstbedienung
fèin-spèis, *nf* Eigenliebe, Egoismus
fèis, -e, -ean, *nf* Fest, Festival
feith, *v*, feitheamh, *vn* (ri) warten (auf)
feòil, feòla, *nf* Fleisch
feuch, *v*, feuchainn, *vn* probieren, versuchen
feum, *v* müssen, brauchen
feusag, -eige, -an, *nf* Bart
fhathast, *Adv.* noch
fhèin/fhìn, *Refl.Pron.* selbst
fiabhras, -ais, *nm* Fieber
fiadh, fèidh, *nm* Hirsch
fianais, -e, -ean, *nf* Beweis(e), Zeugnis
fichead zwanzig
fideag, fideige, -an, *nf* Flöte
fidheall, fidhle, fidhlean, *nf* Geige, Fiedel
film, filmichean, *nm* Film
fiodhan, fiodhain, -an, *nm* Käsepresse
fion, fiona, *nm* Wein
fìor, *Adv. + Len.* wirklich, ehrlich
fios, -a, -an, *nm* Wissen
fireannach, -aich, -aich, *nm* Mann
fiù 's, *Adv.* sogar
fiughair, *nf* Hoffnung, Erwartung
flat, -aichean, *nm* Mietwohnung, Apartment
fliuch, fliche, *Adj.* feucht, nass
flùr, flùir, flùirichean, *nm* Blume
fo, *Präp. + Len.* unter
fo-aodaich, *nm* Unterwäsche
follaiseach, -iche, *Adj.* offensichtlich, öffentlich
fòn, fònaichean, *nm* Telefon
fòn-làimhe, *nm* Mobiltelefon
fonn, fuinn, *nm* Melodie, Klang
fo-rèile, *nf* U-Bahn
fosgail, *v*, fosgladh, *vn* öffnen
fosgailte, *Part. Perf. von* fosgail geöffnet
fo-sgoil, *nf* Vorschule
Fraingis, *nf* Französisch
Frangach, -ich, -ich, *nm* Franzose
fras, froise, frasan, *nf* Regenschauer, Dusche
freagair, *v*, freagairt, *vn* antworten
freagarrach, -aiche, *Adj.* geeignet, angemessen

fuadaich, *v*, fuadachadh, *vn* verbannen, vertreiben
fuaim, fuaime, fuaimean, *nf* Klang, Geräusch
fuar, fuaire, *Adj.* kalt
fuaradair, -ean, *nm* Kühlschrank
fuath: is fuath leam, *idiom.* ich verabscheue
fuineadh, *v*, fuineadh, *vn* backen
fuirich, *v*, fuireach, *vn* wohnen
furasta, fasa, *Adj.* einfach

G

gabh, *v*, gabhail, *vn* nehmen, empfangen
gach, *Indef.Pron.* jeder, jede, jedes
gach darna fear jeder zweite
gach darna tè jede zweite
gach duine jeder einzelne
gach neach jeder einzelne
gach nì jedes einzelne Ding
Gàidhlig, *nf* Gälisch
gaisgeach, gaisgich, *nm* Held
gaol, gaoil, *nm* Liebe
gaoth, gaoithe, -an/-ean, *nf* Wind
garbh, gairbhe, *Adj.* rau, schroff
gàrradh, -aidh, -aidhean, *nm* Garten
gasta, *Adj.* ansehnlich, attraktiv, gut aussehend (nur auf Männer anwendbar)
geal, gile, *Adj.* weiß
geamhradh, -aidh, -aidhean, *nm* Winter
geansaidh, -ean, *nm* Pullover
gearain, *v*, gearan, *vn* klagen, jammern, sich beschweren
Gearmailteach, -ich, -ich, *nm* Deutscher
Gearmailtis, *nf* Deutsch
Gearran: am Gearran, *nm* Februar
ged a, *Konj.* obwohl
Giblean: an Giblean, *nm* April
gille, gillean, *nm* Junge
giomach, -aich, *nm* Hummer
glac, *v*, glacadh, *vn* fangen
glan, *v*, glanadh, *vn* putzen, reinigen
glasraich, *nf* Gemüse
glè, *Adv.* + *Len.* sehr (*Adjektivintensivierung*)
gleann, glinn(e), glinn/gleanntan, *nm* Tal
gleansach, -aiche, *Adj.* glänzend
gnothach, -aich, -aichean, *nm* Sache, Job, Transaktion, Unternehmung
goid, *v*, goid, *vn* stehlen
goilf, *nm* Golf
goirid, giorra, *Adj.* kurz
goirtich, *v*, goirteachadh, *vn* verletzen
gòrach, -aiche, *Adj.* dumm, töricht
gorm, guirme, *Adj.* blau
gràdh, gràidh, *nm* Liebe, Zuneigung
gràdh: a ghràidh, *Vok.* Schatz
gràdhaich, *v*, gràdhachadh, *vn* lieben
gràmar, -air, *nm* Grammatik
grannda, grainnde, *Adj.* hässlich
grèim, greime, greimeannan, *nm* Griff, Halt
greim-cridhe, *nm* Herzanfall
grian, *Gen.:* grèine, *Dat.:* grèin, *Pl.:* grianan, *nf* Sonne
grianach, -aiche, *Adj.* sonnig
grod, *v*, grodadh, *vn* schlecht werden, verrotten
grod, groide, *Adj.* schlecht, verdorben
grunn, -a, -an, *nm* Anzahl, Gruppe
gu *Adverbmarker*
gu brath tuilleadh nie mehr
gu brath, *Adv.* für immer/nie
gu h-àraid, *Adv.* besonders
gu h-òbann, *Adv.* plötzlich
gu ìre, *Adv.* in gewisser Weise
gu leòr, *Adv.* genug, ausreichend
gu math, *Adv.* ziemlich
gu mòr, *Adv.* sehr
gu ruige seo, *Adv.* bis hierhin
gu tur, *Adv.* vollkommen, völlig
gu, chun, *Präp.* bis, bis nach, bis zu (örtlich)
gu, gum, gun, *Konj.* dass
gu, gus, *Präp.* bis (zeitlich)
gun + *Len.* ohne
gun àireamh ungezählt, keine Zahl
gunna, -chan, -ichean, *nm* Gewehr
gus a seo, *Präp.* bisher
guth, -a, -an, *nm* Stimme

H

halò Hallo

I

i, *Pers.Pron.* sie (*Sg.*)
iad, *Pers.Pron.* sie (*Pl.*)
iarr, *v*, iarraidh, *vn* wollen
iasg, èisg, èisg, *nm* Fisch
iasgaich, *v*, iasgach, *vn* fischen
iasgair, -ean, *nm* Fischer, Angler
idir, *Adv.* überhaupt
ìm, ìme, *nm* Butter
imlich, *v*, imlich, *vn* lecken
innis do, *v*, innse do, *vn* jmdm. etw. erzählen
inntinneach, inntinniche, *Adj.* interessant
iogart, -airt, -airt, *nm* Joghurt
iomagain, -ean, *nm/nf* Angst, Sorge
iomairt, -e, -ean, *nf* Initiative
ionad-fàilte, ionad-fhàilte, *nm* Rezeption
iongnadh, -aidh, -aighean, *nm* Überraschung
ionaltair, *v*, ionaltradh, *vn* grasen, weiden
ionndrainn, *v*, ionndrainn, *vn* vermissen
ionnsaich, *v*, ionnsachadh, *vn* lernen
ionnsaigh: a dh'ionnsaigh, *Präp. + Gen.* in Richtung auf
is dòcha, *Adv.* vielleicht, wahrscheinlich
isean, -ein, -an, *nm* Küken
itealan, -ain, -ain, *nm* Flugzeug
ith, *v*, ithe, *vn* essen
Iuchar: an t-Iuchar, *nm* Juli
iuchair, iuchrach, iuchraichean, *nf* Schlüssel

L

laghach, -aiche, *Adj.* nett, freundlich
laghail, *Adj.* rechtmäßig, rechtlich, legal
làidir, treasa, *Adj.* stark
laigh, *v*, laighe, *vn* liegen, landen
làmh, làimhe, -an, *nf* Hand
làmh air làimh Hand in Hand
làn, làin, *Adj.* voll
làr, làir, làir, *nm* Boden
latha, lathaichean/làithean, *nm* Tag
latha air choireigin irgendeines Tages
latha bha seo eines Tages
le, *Präp.* mit
le seo / leis a seo von daher
leabaidh, leapa, leapannan, *nf* Bett
leabhar, -air, leabhraichean, *nm* Buch
leabharlann, *nm* Bücherei
leabhar-latha, *nm* Tagebuch
leanaban, leanabain, leanabanan, *nm* Baby, Kleinkind
leanabh, -ibh, -ibh, *nm* Baby, Kleinkind
leann, -a, -tan, *nm* Bier
leas, *nm* Nutzen, Vorteil
lèine, lèintean, *nf* Hemd
leis a sin/seo damit, also
leisg, leisge, *Adj.* faul
leth, *nm* Hälfte
leth-cheud fünfzig
leugh, *v*, leughadh, *vn* lesen
leumadair, -ean, *nm* Delfin, Springer
liadh, lèidhe, -an, *nf* Schöpfkelle, Suppenkelle
linn, -e, -tean, *nm* Jahrhundert, Ära, Zeitalter
lioft, -aichean, *nm* Lift
lìon, *v*, lìonadh, *vn* füllen, vervollständigen
lios, -a / lise, -an, *nm/nf* Garten, Hof
litir, litreach, litrichean, *nf* Brief, auch: Buchstabe
litreachas, litreachais, *nm* Literatur
loch, locha, -an, *nm* See (= der See)
loisg, *v*, losgadh, *vn* verbrennen, brennen
lorg, *v*, lorg, *vn* suchen, finden
luath, luaithe, *Adj.* schnell
luch, *Gen.:* lucha/luchainn, *Pl.:* luchan, *nf* Maus
lùchairt, -e, -ean, *nf* Palast
luchd, *nm, koll.* Leute (steht nie allein, sondern immer in Kombination)
luchd-èisteachd Zuhörer
luchd-obrach Arbeiter (Pl.)
luchd-siubhal Reisende, Passagiere
luchd-teagaisg Lehrer, Lehrende
luchd-turais Touristen
Lùnastal: an Lùnastal, *nm* August

M

ma, *Konj.* wenn
mac, mic, mic, *nm* Sohn
madadh-allaidh, madaidhean-allaidh, *nm* Wolf
madainn, maidne, maidnean, *nf* Morgen
mair, *v*, mairsinn, *vn* anhalten, dauern
manaidsear, -eir, -an, *nm* Manager
mar, *Präp.* so wie
mar a, *Konj. + Rel.Pron.* wie (Vergleich)
mar an ceudna, *Adv.* ebenso
mar sin, *Adv.* deshalb, infolgedessen
marbh, *Adj.* tot
marbh, *v*, marbhadh, *vn* töten
Màrt: am Màrt, *nm* März
mar-thà, *Adv.* schon
math, feàrr, *Adj.* gut
màthair, màthar, màthraichean, *nf* Mutter
meadhan, -ain, -ain, *nm* Mitte, Zentrum, Durchschnitt
meadhan-latha, *nm* mittags, Mittag
meadhan-oidhche, *nm* Mitternacht
mean air mhean nach und nach
meang(l)an, -ain, -an, *nm* Ast
mearachd, -an, *nf* Fehler, Irrtum
meas, -a, -an, *nm* Frucht, Pl: Obst
measg: am measg, *Präp. + Gen.* unter, inmitten (Personen / Dinge)
meil, *v*, meileadh, *vn* mahlen, pulverisieren
meud, *nm, nicht dekl.* Größe, Menge, Dimension
mi, *Pers.Pron* ich
mì-bhlasta geschmacklos
mì-cheartas Ungerechtigkeit
mì-chomasach unfähig
mì-chomhfhurtail, -e, *Adj.* unbequem
mì-chothromach unfair
mì-fhallain ungesund
mì-fhortanach,-aiche, *Adj.* unglücklich
mì-laghail, *Adj.* ungesetzlich
mìle, mìltean, *nm* Tausend, Meile
mill, *v*, milleadh, *vn* verderben, verunstalten, beschmutzen, versauen
mì-mhodh, *nm* Ungezogenheit
mì-mhodhail, -e, *Adj.* ungezogen
ministear, -eir, -an, *nm* Pastor (protest.)
mionaid, -e, -ean, *nm* Minute
mìos, -a, -an, *nm* Monat
mì-shealbhach, -aiche, *Adj.* glücklos
mì-shona, *Adj.* freudlos
mì-thoilichte, *Adj.* unglücklich
mì-thuigse, -an, *nm* Missverständnis
mo, *Poss.Pron. + Len.* mein, meine
moch, *Adj* früh
Mòd Mod (jährlich stattfindendes gälischsprachiges Musik- und Kulturfestival)
mol, *v*, moladh, *vn* loben, auch: vorschlagen
monadh, -aidh, -aidhean, *nm* (Hoch-)Moor
mòr, motha, *Adj.* groß
mòran, -ain, *nm + Gen.* viel/e, eine Menge
mòr-bhaile, *nm* Großstadt
mothaich do, *v*, mothachadh do, *vn* bemerken (etw.)
mu, *Präp. + Adv.* gegen (zeitlich)
mu, *Präp. + Len.* ungefähr
mu choinneimh, *Präp. + Gen.* gegenüber
mu dheidhinn, *Präp. + Gen.* über jmdn./etw.
mu dheireadh thall, *Adv.* schließlich, letzten Endes
mu thimcheall, *Präp. + Gen.* um … herum
mu thràth, *Adv.* schon
muc-mhara, muice-mara, mucan-mara, *nm* Wal
muinntir, -e, -ean, *nf* Bevölkerung
muir, mara, *nf/nm* Meer
muirtear, -ean, *nm* Mörder
mullach, -aich, -aich/- aichean, *nm* Gipfel, Dach, Spitze
mun cuairt, *Präp. + Gen.* umher
mura, *Konj. + abF* wenn nicht
murt, muirt, *nm* Mord
mus, *Konj. + abF* bevor, bis

N

na, *Art.* *best. Artikel (Nom./Dat. Pl. und Gen. Sing. fem.)*
na, *indir. Rel.Pron.* wer, was
nàbhaidh, -ean, *nm* Nachbar
nach + *abF* *negative Fragepartikel*

naidheachd, -an, *nf* Nachricht
nàireachadh, -aidh, *nm* Schämen
nam/nan, *Konj.* wenn *(konditional)*
nam, *Art.* *best. Artikel (Gen. Pl. vor b, p, f, m)*
nan, *Art.* *best. Artikel (Gen. Pl.)*
naoinear, *nf* neun Personen, Neune
nas, *Rel.Konj.* (na + is) *zur Bildung des Komparativs der Adjektive*
nas motha / na bu mhotha (*Prät.*) größer, *mit Verneinung:* auch nicht
neach, *nm* Person
neach eile ein anderer
neach sam bith jemand
neach-ceannairc, *nm* Terrorist
neach-naidheachd, *nm* Reporter, Journalist
neach-teagaisg, nm Lehrer (Sing.), Lehrkraft
nead, nid, nid, *nm* Nest
neo, no, *Konj.* oder
neo-àbhaisteach, -aiche, *Adj.* ungewöhnlich
neo-armaichte, *Adj.* unbewaffnet
neo-bhlasta, *Adj.* geschmacklos
neo-cheòlmhor, -mhoire, *Adj.* unmusikalisch
neo-chinnteach, -aiche, *Adj.* unsicher
neo-chiontach, *Adj.* unschuldig
neo-chomasach, *Adj.* unfähig, inkompetent
neo-eisimeileach, *Adj.* unabhängig
neo-fhallain, -e, *Adj.* ungesund
neo-fhoghlamaichte, *Adj.* ungebildet
neo-fhoirmeil, -e, *Adj.* informell, zwanglos
neo-fhreagarrach, -aiche, *Adj.* inkompatibel, unpassend
neo-pholataigeach, -aiche, *Adj.* unpolitisch
neo-thoileach, -aiche, *Adj.* unwillig
neo-thorrach, -aiche, *Adj.* unfruchtbar
nigh, *v*, nighe, *vn* reinigen
nighean, nighinn(e), -an, *nf* Tochter, Mädchen
nochd, *v*, nochdadh, *vn* erscheinen, auftauchen
Nollaig, -e, *nf* Weihnachten
not, notaichean, *nm* Pfund (Währung)
nuair a, *Konj.* als
nurs, -aichean, *nf* Krankenschwester

O

o chionn, *Adv.* seit
o seo a-mach von nun an
o sin von daher (Begründung)
obair, obrach, obraichean, *nf* Arbeit
òban, òbain, *nm* kleine Bucht
ochd acht
ochdnar, *nm* acht Personen, Achte
òg, òige, *Adj.* jung
ogha, ogha, -aichean, *nm* Enkel
Òg-Mhìos: an t-Òg-Mhìos, *nm* Juni
oidhche, -annan, *nf* Nacht
oifis, -ean, *nf* Büro
oifis a' phuist, *nf* Postamt
oileanach, -aich, -aich, *nm* Student/in
oilthigh, -ean, *nm* Universität, Hochschule
oir + *aF* denn
oisean, oisein, oiseanan, *nm* Ecke
òl, *v*, òl, *vn* trinken
olc, *Adj.* böse, übel
òran, òrain, -an, *nm* Lied
os cionn, *Präp. + Gen.* über, oberhalb
ospadal, -ail, -an, *nf* Krankenhaus

P

pàigh, *v*, pàigheadh, *vn* bezahlen
pàipear, -eir, -an, *nm* Papier
pàipear-naidheachd, *nm* Zeitung
pàiste, -ean, *nm* Kind, Kleinkind
pàrant, pàrant, pàrantan, *nm* Elternteil, Pl.: Eltern
pàrlamaid, -e, *nf* Parlament
pasta, *nm* Pasta
pathadh, -aidh, *nm* Durst
peann, pinn, pinn, *nm* Stift
pile, pilichean, *nf* Pille
pinnt, -ean, *nm* Pint
pìob, pìoba, -an, *nf* Dudelsack, Pfeife, Rohr
pìobaire, -ean, *nm* Dudelsackspieler, Pfeifer
piobar, -air, -an, *nm* Pfeffer

pìos, -a, -an, *nm* Stück
piuthar, peathar, peathrichean, *nf* Schwester
pòg, pòige, -an, *nf* Kuss
pòg, *v*, pògadh, *vn* küssen
poileas, poilis, poilis, *nm* Polizist
port-adhair, *nm* Flughafen
pòs, *v*, pòsadh, *vn* heiraten
post-dealain, *nm* E-Mail
prèasant, -aint, -an, *nm* Geschenk
priomh-bhaile, *nm* Hauptstadt
priomh-mhinistear, *nm* Ministerpräsident
prionnsa, -an, -achan, *nm* Prinz
prìosan, -ain, -ain, *nm* Gefängnis
prìseil, -e, *Adj.* wertvoll, kostbar
prògram, -aim, -an, *nm* Programm
pròiseact, -eict, -an, *nm/nf* Projekt
prothaid, -e, -ean, *nf* Profit
putadh, -aidh, *nm* Stoß, Schub

R

rach, *v unr.*, dol, *vn* gehen
rach, *v unr.*, dol, *vn* + às ausgehen (Feuer)
radan, radain, *nm* Ratte
ràmhach, -aich, *nm* Ruderboot, Ruder
rathad, -aid, -aidean, *nm* Straße, Landstraße, Weg, Route
reamhar, reamhra, *Adj.* dick
reic, *v*, reic, *vn* verkaufen
reiceadair, -ean, *nm* Verkäufer
rèidio, -othan, *nm* Radio
reòiteag, -eige, -ean, *nf* Eis, Eiscreme
ri, *Präp.* zu, gegen
ri taobh, *Präp.* + *Gen.* neben
riamh, *Adv.* jemals, nie zuvor
riamh roimhe, *Adv.* nie zuvor
rìgh, -rean, *nm* König
ro + *Len.*, ro fhuar zu, zu kalt
ro bheartach zu reich
ro bhlàth zu warm
ro bhòidheach zu hübsch
ro fhuar zu kalt
ro, *Präp.* + *Len.* vor
ro làimh, *Adv.* vorher, im Voraus
ro- + *Len.* absolut, extrem
ro-amaideach, *Adj.* extrem bescheuert
robh, *abF von* bi *im Prät.* sein
ro-bheartach, *Adj.* überreich, extrem reich
ro-bhòidheach, *Adj.* extrem hübsch
ro-chùramach, *Adj.* übervorsichtig
ro-dhian, *Adj.* übereifrig
ro-fheumail, *Adj.* übernützlich
ro-fhuar, *Adj.* extrem kalt
roinn, -e, -ean, *nf* Teil, Abschnitt
Ròmanach, -aich, *nm* Römer
rothar, -air, -an, *nm* Fahrrad
ro-tharraing, *Adj.* überzogen
ro-theth, *Adj.* extrem heiß
ro-throm, *Adj.* übergewichtig
rud, -an, *nm* Ding, Sache
rud beag + *Adj.* ein bisschen + *Adj.*
rudeigin, *Indef.Pron.* etwas
ruig, *v. unr.*, ruigsinn, *vn* ankommen, erreichen
Ruisis, *nf* Russisch, die russische Sprache
ruith, *v*, ruith, *vn* rennen
ruith air falbh, *v*, *vn* wegrennen
rùm, rùim, -an(nan), *nm* Zimmer, Raum
rùnaire, -an, *nm* Sekretär/in

S

sa bhad, *Adv.* sofort
sa' bhos, *Adv.* drüben, hier drüben
sàbhailte, *Part. Perf. von* sàbhail sicher
sad, *v*, sadadh, *vn* (weg-)werfen, schleudern
saighdear, -eir, -an, *nm* Soldat
sailead, -eid, -an, *nm* Salat
salach, salaiche, *Adj.* schmutzig
salaich, *v*, salachadh, *vn* beschmutzen
salann, salainn, *nm* Salz
sàmhach, -aiche, *Adj.* leise
Samhain: an t-Samhain, *nf* November
samhradh, -aidh, -aidhean, *nm* Sommer
saoil, *v*, saoilsinn, *vn* denken
saor, saoire, *Adj.* preiswert, billig, frei
saor-làithean, *Pl.*, *nm* Urlaub, Ferien
saorsa, *nf* Freiheit

sàr, *Adj. vorangest. + Len.* exzellent, perfekt, ideal
seach, *Präp* außer
seachad, *Adv.* vorbei
seachad air, *Adv.* vorbei an
seachdain, -e, -ean, *nf* Woche
seachnar, *nm* sieben Personen, Sieben(e)
seach-rathad, -aid, -aidean, *nm* Umgehungsstraße
seadh, *Interj.* jawohl, so ist es
sealg, *v*, sealg, *vn* jagen
seall, *v*, sealltainn, *vn* schauen
sealladh, seallaidh, seallaidhean, *nm* Ausblick
sean, sine, *Adj.* alt, gealtert
seanair, -ar, -ean, *nm* Großvater
seanmhair, -ar, -ean, *nf* Großmutter
seann, *Adj. vorangest. + Len.* alt, klapprig
seas, *v*, seasamh, *vn* aufstehen, stehen
seinn, *v*, seinn, *vn* singen, vortragen, vorspielen (Instrument, Lied)
seinneadair, -ean, *nm* Sänger
seirm, *v*, seirm, *vn* klingeln
seo, *Dem.Pron.* dieser, diese, dieses (ist), (hier ist)
seoclaid, -ean, *nf* Schokolade
seòl, *v*, seòladh, *vn* segeln, übersetzen (Schiff)
seòmar, -air, seòmraichean, *nm* Zimmer
seòmar-cadail, *nm* Schlafzimmer
seòmar-suidhe, *nm* Wohnzimmer
sgadan, -ain, -ain, *nm* Hering
sgaoil, *v*, sgaoileadh, *vn* verteilen
sgàth: air sgàth 's gu, *Konj. + abF* weil
sgàthan, -ain, -an, *nm* Spiegel
sgeul, sgeòil, *nm* Geschichte, Erzählung
sgiam, *v*, sgiamhail, *vn* kreischen, schreien
sgian, sgèine, sgèinean, *nf* Messer
sgioblaich, *v*, sgioblachadh, *vn* aufräumen
sgìre, -ean, *nf* Gegend
sgìth, sgìthe, *Adj.* müde
sgoil, -e, -tean, *nf* Schule
sgoilear, -eir, -an, *nm* Schüler
sgoinneil, -e, *Adj.* toll, fantastisch, klasse
sgread, *v*, sgreadail, *vn* kreischen, schreien
sgrìobh, *v*, sgrìobhadh, *vn* schreiben
sgrìobhadh, sgrìobhaidh, sgrìobhaidhean, *nm* Schreiben
sgrùdh, *v*, sgrùdhadh, *vn* untersuchen, überprüfen
sguab, *v*, sguabadh, *vn* fegen, kehren
sgudal, -ail, *nm* Abfall, Müll
shìos, *Adv.* unten
shuas, *Adv.* oben
sianar, *nm* sechs Personen, Sechse
sibh, *Pers.Pron.* euch / Sie
sìde, *nf* Wetter
sin, *Dem.Pron.* jener, jene, jenes (ist), (dort ist)
sìn, *v*, sìneadh, *vn* strecken, ausstrecken
sinn, *Pers.Pron.* wir
sìon, *nm* Sache
sìon, *nm*, *(mit Verneinung)* nichts
sìos, *Adv.* nach unten, hinunter
siubhail, *v*, siubhal, *vn* reisen
siùcair, -air, -ean, *nm* Zucker
siud, *Dem.Pron.* jener, jene, jenes dort hinten
slàinte, *nf* Gesundheit
slighe, -ean, *nf* Weg, Pfad, Route
sluig, *v*, slugadh, *vn* schlucken
smachd, *nf* Besatzung, Kontrolle, Gewalt
smàil, *v*, smàladh, *vn* löschen
smaoinich, *v*, smaoineachadh, *vn* denken
smoc, *v*, smocadh, *vn* rauchen, räuchern
smùid, -e, *nf* Dampf, Rauch, Dunst
smùid: gabh smùid sich betrinken
snàmh, *v*, snàmh, *vn* schwimmen
sneachd, -a, *nm* Schnee
snog, snoige, *Adj.* hübsch, nett
so-àicheadh, *Adj.* widerlegbar
so-cheannsachadh durchführbar
so-dhèanta, *Adj.* machbar, praktikabel
so-dhearbhadh, *Adj.* belegbar
sòfa, -than, *nf* Sofa
soilleir, -e, *Adj.* klar, hell
solas, solais, *nm* Licht
so-leigheas, *Adj.* heilbar
so-leisgeulach, *Adj.* entschuldbar
so-òl, *Adj.* trinkbar
so-sgriosadh, *Adj.* zerstörbar
so-thionndaidh, *Adj.* übertragbar
so-thuigsinn, *Adj.* leicht verständlich

spad, *v*, spadadh, *vn* schlachten, töten
spaideil, -e, *Adj.* schick, angesagt
spìocach, -aiche, *Adj.* geizig
sporan, -ain, -an, *nm* Geldbeutel, Geldbörse; Ledertasche beim Kilt
spòrs, -a, -achan, *nm* Sport, Zeitvertreib
sràid, -e, -ean, *nf* Straße
sreap, *v*, sreap, *vn* klettern
sròn, sròine, srònan, *nf* Nase
stad, *v*, stad(adh), *vn* halten, anhalten
stad, staid, staid, *nm* Halt, Unterbrechung
stèisean, -ein, -eanan, *nm* Bahnhof
stiallach, -aiche, *Adj.* gestreift
stiùir, -e, -ichean, *nf* Steuer
stoirm, -e, -ean, *nf* Sturm
stoirmeil, -e, *Adj.* stürmisch
suarach, -aiche, *Adj.* unbedeutend, wertlos, verächtlich
suas, *Adv.* nach oben, hinauf
suidh, *v*, suidhe, *vn* hinsetzen, sitzen, platzieren
suidheachadh, -aidh, *nm* Situation, Lage
sùil, sùla, sùilean, *Gen. Pl.:* sùl, *nf* Auge
Sultain: an t-Sultain, *nf* September

T

tachair, *v*, tachairt, *vn* geschehen, passieren
tacsaidh, -ean, *nm* Taxi
tadhail, *v.* tadhal, *vn*, + air besuchen, besichtigen, bereisen
taghadh, -aidh, aidhean, *nf* Wahl
taghta, *Part. Perf. von* tagh, *v* erlesen, gut genug, prima
taigeis, -e, -ean, *nf* Haggis
taigh, -e, -ean, *nm* Haus
taigh-beag, *nm* Toilette
taigh-chearc, *nm* Hühnerhaus
taigh-dhealbh, *nm* Kino
taigh-òsta, *nm* Hotel
taigh-parcaidh, *nm* Parkhaus
taigh-seinnse, *nm* Kneipe
taigh-stàile, *nm* Destillerie
taing, -e, *nf* Dank
taitneach, taitniche, *Adj.* angenehm, erfreulich, ansprechend
talla, -achan, *nm* Halle
taobh, taoibh, -an, *nm* Seite
tapadh leat/leibh Danke (dir/euch)
tarbh, tairbh, tairbh, *nm* Stier
tarraing, *v*, tarraing, *vn* anlocken, anziehen
tarraing, *v*, tarraing, *vn* + à jmdn. aufziehen, lächerlich machen
tarraingeach, -aiche, *Adj.* spannend
tarsainn air, *Präp. + Dat.* über
tè, *Indef.Pron., fem.* eine + Adj.
tè eile eine andere
teagaisg, *v*, teagasg, *vn* lehren, unterrichten
teagamh, -aimh, -an, *nm* Zweifel
teaghlach, -aich, -aichean, *nm* Familie
teasaich, *v*, teasachadh, *vn* erhitzen
teich, *v*, teicheadh, *vn* fliehen
teicheadh, -chidh, -chidhean *nm* Fliehen, Weglaufen, Abhauen
teine, -tean, *nm* Feuer
telebhisean, -ein, -an, *nm* Fernseher
teum, *v*, teumadh, *vn* beißen, packen
tha, *abF von* bi *im Präsens* sein
thairis air, *Präp.* über, hinüber
thall, ud thall, *Adv.* drüben, dort drüben
thar, *Präp. + Dat.* über
thig, *v. unr.*, tighinn, *vn* kommen
thoir, *v unr.*, toirt, *vn* geben, nehmen, bringen
thu/tu, *Pers.Pron* du
tì, tìtheachan, *nm* Tee
ticead, -aid, -an, *nm* Fahrkarte, Ticket
tìde, -an/-achan, *nf* Zeit
tidsear, -eir, -an, *nm* Lehrer
tilg, *v*, tilgeil, *vn* werfen
till, *v*, tilleadh, *vn* zurückkehren
timcheall air, *Präp.* um herum
tinn, -e, *Adj.* krank
tionndaidh, *v*, tionndadh, *vn* wenden
tiops, *nm* Pommes frites
tìr, -e, -ean, *nf* Land
tog, *v*, togail, *vn* bauen
togalach, -aich, -aichean, *nm* Gebäude
toil: is toil le mögen
toilichte, toilichte, *Adj.* froh, glücklich

tòisich, *v*, tòiseachadh, *vn* beginnen, anfangen
toit, -e, *nf* Rauch, Qualm, Dampf
toll, *v*, tolladh, *vn* löchern
toll, tuill, tuill, *nm* Loch
tonn, tuinn, tuinn/-an, *nm/nf* Welle
toradh, -aidh, -aidhean, *nm* Ergebnis, Resultat, Ertrag
tòrr, -a, -an, *nm* Menge, Masse, Haufen
tràigh, -e, tràghad, tràighean, *nf* Strand
trama, -ichean, *nm* Straßenbahn
trang, trainge, *Adj.* fleißig, beschäftigt
trannsa, -achan, *nf* Flur, Korridor
tràth, tràithe, *Adj.* früh
trèana, -aichean, *nm* Zug
trì drei
tric, trice, *Adj.* oft, häufig
triùir, *nf* drei Personen, Dreie
tro, *Präp. + Len.* durch
troid, *v*, trod, *vn* streiten
troid, *v*, trod, *vn* + ri mit jmdm. schimpfen
trom, truime, *Adj.* schwer
truinnsear, -eir, -an, *nm* Teller
tuath, *Adj.* nördlich
tuathanach, -aich, -aich, *nm* Bauer
tubhailt, -e, -ean, *nm* Handtuch, auch: Tischdecke
tuig, *v*, tuigsinn, *vn* verstehen
tuilleadh, *Adv.* mehr
tuit, *v*, tuiteam, *vn* fallen
tuiteam, -eim, -an, *nm* Fall, Sturz
turas, -ais, -ais/tursan, *nm* Mal; Reise

U

uabhas, -ais, *nm* Unmenge, Schrecken
uabhasach, uabhasaiche, *Adj.* schrecklich
uabhasach + *Adj.* unwahrscheinlich, sehr
uair, -e/uarach, uairean, *nf* Stunde, Uhrzeit
uaireigin, *Adv.* irgendwann, einmal, einst
uamh, -a, -an, *nf* Höhle
uasal, uaisle, *Adj.* adlig; stolz
ubhal, ubhail, ùbhlan, *nm* Apfel
ud, *Dem.Pron.* jener, jene, jenes
ugh, uighe, uighean, *nm* Ei
uile, *Indef.Pron.* alle
ùine, -achan, *nf* Zeit
uinneag, -eige, -an, *nf* Fenster
uisge, uisgeachan, *nm* Wasser
uisge-beatha, *nm* Whisky
ur, *Poss.Pron.* euer, eure
ùr, ùire, *Adj.* neu, frisch
urrain: is urrainn do, *idiom.* können (Fähigkeit)

Abkürzungen im Vokabelverzeichnis

abF	abhängige Form
Adj.	Adjektiv
Adv.	Adverb
aF	Aussageform
best. Art.	bestimmter Artikel
Dat.	Dativ
Dem.Pron.	Demonstrativpronomen
fem.	feminin
Gen.	Genitiv
idiom.	idiomatisch
Indef.Pron.	Indefinitpronomen
Interr.Pron.	Interrogativpronomen
koll.	Kollokativ
Konj.	Konjunktion
Len.	Lenition
mask.	maskulin
nf	Nomen feminin
nm	Nomen maskulin
Nom.	Nominativ
Part. Perf.	Partizip Perfekt
Pers.Pron.	Personalpronomen
Pl.	Plural
Poss.Pron.	Possessivpronomen
Pron.	Pronomen
Präp.	Präposition
Prät.	Präteritum
Refl.Pron.	Reflexivpronomen
Rel.Pron.	Relativpronomen
Sing.	Singular
v	Verb
v unr.	Verb unregelmäßig
vn	Verbalnomen
Vok.	Vokativ
vorangest.	vorangestellt

Stichwortregister

In diesem Stichwortregister werden vor allem die zentralen Stellen zu einem Grammatikthema angegeben. Wenn sich die jeweiligen Erklärungen über ein ganzes Kapitel erstrecken, wird lediglich die erste Seite des entsprechenden Kapitels angeführt.

Lehrbuch der schottisch-gälischen Sprache

Von Michael Klevenhaus
2009. XXXII, 372 Seiten und 1 mp3-CD
978-3-87548-520-2. Kartoniert

Zielgruppe: Lernende ohne Vorkenntnisse an Universitäten, Volkshochschulen und anderen Einrichtungen der Erwachsenenbildung oder im Selbststudium.

Lernziele: Kommunikative Kompetenz für Alltag, Reisen und Beruf; elementare Grammatikkenntnisse, Beherrschung entsprechender Satzstrukturen und eines Grund- und Aufbauwortschatzes; einfache Texte lesen und schreiben können; Kompetenzstufe A2 des Europäischen Referenzrahmens.

Konzeption: Dieses Lehrbuch beginnt mit einer Einführung in Charakteristika und Aussprache der schottisch-gälischen Sprache. Die sich anschließenden 40 Lektionen bestehen jeweils aus einem oder zwei Dialogen, Grammatikerklärungen, vielfältigen Übungen und einem Vokabelteil. Ergänzt werden die Erklärungen durch Wissenswertes über Land, Leute, Traditionen und das gesprochene Schottisch-Gälisch.

Der Anhang bietet ein alphabetisches Wörterverzeichnis (Schottisch-Gälisch-Deutsch). Auf der beigegebenen mp3-CD sind alle Dialoge zu hören.

Das getrennt erhältliche **Begleitheft** (72 S., 978-3-87548-554-7) enthält die Übersetzungen aller Lektionsdialoge, Grammatiktabellen und den Schlüssel zu den Übungen. Es ermöglicht die eigenständige Kontrolle und unterstützt das selbstständige Lernen der schottisch-gälischen Sprache.

Foto: Stephan Bachmann / pixelio.de

Wörterbuch Schottisch-Gälisch – Deutsch / Deutsch – Schottisch-Gälisch

Von Bernhard Maier
2010. 325 Seiten. 978-3-87548-557-8
Gebunden

Mit rund 15.000 Einträgen und zahlreichen Anwendungsbeispielen bietet das bislang umfangreichste und modernste Wörterbuch seiner Art den Grundwortschatz der schottisch-gälischen Gegenwarts- und Literatursprache.

Zu jedem Stichwort werden grammatische Angaben und Hinweise zur korrekten Verwendung gegeben. Bei schottisch-gälischen Substantiven erfolgt darüber hinaus die Angabe wichtiger Flexionsformen, bei Verben die des jeweiligen Verbalnomens. Zahlreiche Beispiele und Redewendungen veranschaulichen den Gebrauch der Sprache und geben Hinweise auf unterschiedliche Bedeutungen und Anwendungsbereiche. Historische und kulturgeschichtliche Erläuterungen ergänzen die Einträge.

Der übersichtliche Aufbau der Stichwortartikel macht dieses Wörterbuch zu einem zuverlässigen Hilfsmittel für Studium, Reise und Beruf.

Foto: Stephan Bachmann / pixelio.de